浙江省第一批省级课程思政教学研究项目（浙教函〔2021〕47号）

酒店项目
选址和价值评估

丁　镭　吴安萍　编著

Hotel Project
Site Selection and Valuation

ZHEJIANG UNIVERSITY PRESS
浙江大学出版社
·杭州·

图书在版编目（CIP）数据

酒店项目选址和价值评估 / 丁镭，吴安萍编著. —— 杭州：浙江大学出版社，2022.6
ISBN 978-7-308-21845-0

Ⅰ．①酒… Ⅱ．①丁… ②吴… Ⅲ．①饭店－选址 Ⅳ．①F719.2

中国版本图书馆CIP数据核字（2021）第206602号

酒店项目选址和价值评估

丁　镭　吴安萍　编著

责任编辑	黄静芬	
责任校对	徐　旸	
封面设计	周　灵	
出版发行	浙江大学出版社	

（杭州市天目山路148号　　邮政编码　310007）

（网址：http://www.zjupress.com）

排　　版	杭州林智广告有限公司
印　　刷	杭州宏雅印刷有限公司
开　　本	710mm×1000mm　1/16
印　　张	16.25
字　　数	280千
版 印 次	2022年6月第1版　2022年6月第1次印刷
书　　号	ISBN 978-7-308-21845-0
定　　价	78.00元

　　2019 年，在宏观经济增速放缓、房地产调控政策收紧的情况下，商业设施中酒店项目的发展势头较为良好。根据国家统计局公布的数据，2018 年全年最终消费支出对国内生产总值增长的贡献率为 76.2%[①]，消费作为我国经济增长主动力的作用得到进一步巩固。旅游消费增长能够促进国民经济增长，旅游消费中的餐饮消费逐年提高。在第三产业的蓬勃发展中，快捷酒店与中高端酒店大量涌入这一竞争市场，加快了扩张的步伐。但是，到了 2020 年，受新冠肺炎疫情的冲击和影响，酒店业遇到了前所未有的挑战和干扰。可见，酒店项目的投资是机遇和挑战并存的过程，其投资决策也会受到诸多要素的影响，如何科学、合理地分析拟建酒店项目的选址、定位、收益和价值，是酒店管理中一个亟待解决的重要理论和现实问题。

　　基于以上考虑，本书聚焦拟建酒店项目的投资决策过程中的四个核心问题：区域为什么要考虑新建酒店（第二章）、在哪里适合新建酒店（第三章）、准备建什么样的酒店（第四章到第六章）、拟建酒店的效益如何（第七章到第九章）。本书具有以下四个特点。

　　第一，注重多学科的交叉和融合。酒店项目选址和实践是一个复杂的研究过程，它既涉及多学科的理论交叉应用（经济学、地理学、城市规划、旅游科学、市场营销学、财务分析、管理学等），又包含诸多实践的调查分析；既涉及数据模型的定量分析，又涵盖贯通诸多理论逻辑的定性分析；既有对过往历史资料的总结和比较，又包括对未来市场的前景预测。因此，本书具备学科知识的综合性。

　　第二，体现了理论和实操的有机融合。本书不仅展示了酒店项目选址和价值

[①]　http://www.cnr.cn/sxpd/shgl/20190128/t20190128_524496402.shtml.

评估过程中的理论知识和思维内涵，而且系统呈现了选址和价值评估过程的实操性，并在每章的开头设计了学习目标和问题导入，从问题入手引导到后续的实践分析过程，比如数据的调查、问卷的设计和实际调研、酒店布局的规划设计、Excel 数据的整理和分析，以及图表的绘制。这些实操过程往往结合具体的实际研究案例进行典型性分析。因此，本书具备知识技能的针对性。

第三，增强了情景互动的趣味性。本书图文并茂，采用实景图片，展示实地酒店考察和实地酒店选址调研过程，让学习者的设计思路、实践作品能在酒店开发建设过程中得到应用和体现，增加了学习过程中的参与性、体验性、互动性和直观感受。因此，本书具备知识技能的趣味性。

第四，体现了课程思政元素的融合。本书在每章开头就明确了学习目标，包括知识目标（强调该章的重点知识内容）、能力目标（突出该章的能力训练要求）和素养目标（明确该章对学习者专业素养和思政理念的培育）。其中，素养目标着重聚焦酒店项目选址建设过程中读者对区域经济发展的使命情怀、对相关法规和标准的遵从恪守、对基础数据调查的严谨科学态度和对酒店行业的职业操守等。

本书的编著得益于宁波职业技术学院中外合作办学项目旅游管理专业课程"酒店项目策划和创业实践"（Hotel Project Planning and Entrepreneurship）的实施。随着宁波职业技术学院"双高校"国际化建设的推进，国际商旅学院中外合作办学项目积极开发本土化教学资源。目前，包括宁波职业技术学院在内的诸多高职院校正致力于办好援外培训项目、中外合作办学项目，吸引国际生前来留学，通过打造国际化高品质职教之路，服务"一带一路"倡议。自 2018 年秋季宁波职业技术学院与加拿大亚岗昆应用文理学院合作的旅游管理专业（中加合作办学项目）正式设立以来，学校注重强化学生的英语应用能力，语言教师均持有对外英语教学（TESOL）资格证书，经验丰富。在专业学习阶段，中加双方一流教师共同授课，

重视培养学生的服务意识、实践能力和操作技能，以及学生的人文素养、批判性思维能力和国际化视野，增加其未来在行业内进一步升迁和发展的潜力。在校期间，学生有机会在当地高端酒店企业实践及赴国外研修、带薪实习，在国际著名连锁酒店集团、高档度假酒店、国际邮轮、餐饮集团等，从事前厅、餐饮、客房、营销、财务及酒店督导、行政管理等工作。

本书由宁波职业技术学院丁镭、吴安萍编著，是宁波职业技术学院"双高校"国际化建设任务中教学资源本土化开发的成果，同时也将服务于"一带一路"沿线国家旅游管理项目的开发。本书的编写成员及其负责的内容为：丁镭、吴安萍、李云（第一章、第二章、第十章），丁镭、张琼、李云（第三章、第四章），丁镭、张琼（第五章、第六章、第七章），叶霜霜、何越、王雪玲（第八章、第九章）。丁镭负责统稿，张琼、阮一红参与了校稿和资料收集、分析工作。

感谢宁波职业技术学院国际交流合作处、国际商旅学院旅游管理专业、旅游管理（中加合作）的同事们在人力、物力和财力上的大力支持，感谢浙江大学出版社为本书的出版所做的大量工作和辛劳的付出。此外，也感谢我的学生徐凯欣同学在图表资料整理过程中提供的无私帮助。

本书可供旅游管理专业、酒店管理专业、旅游规划专业和人文地理专业高职院校和本科院校使用，也可以为"一带一路"沿线国家旅游管理项目开发过程中的酒店项目建设选址提供参考。

本书由多位编写者联合执笔，虽然编写前进行了多次研讨，编写后也进行了校对，但前后不呼应的情况仍可能存在。敬请读者和专家不吝赐教，谨此预致谢忱！

丁　镭

2022 年 3 月于宁波职业技术学院联盟大厦

目 录

CONTENTS

学习目标

◎ **知识目标**

1. 掌握拟建酒店项目的分析思路。

2. 理解拟建酒店项目的研究方法。

3. 掌握地图绘制的基本步骤和要求。

◎ **能力目标**

1. 初步筛选出拟建酒店项目的候选推荐位置。

2. 运用跨学科交叉的思维分析拟建酒店的选址项目。

◎ **素养目标**

1. 培养学习者小组分工和团队协作的意识和能力。

2. 培养学习者的地方认同和热爱家乡的情怀。

3. 培养学习者在经济发展过程中对相关土地法、城市规范法规、
   旅游酒店评定标准等的认识。

问题引入：你希望入住什么样的酒店？

第一节 研究思路: 拟建酒店的分析思路

旅游酒店（tourist hotel）指的是能够以夜为时间单位向游客提供配有餐饮及其相关服务的住宿设施，也被称为宾馆、饭店、旅馆、旅社、宾舍、度假村等。关于一个新品牌酒店的价值的市场调研可行性分析报告思路，主要按照目的（why）→位置、选址（where）→品牌、设施、财务、价值（what）这一顺序。具体来看，围绕如下四个问题展开分析。

一、为什么要考虑新建酒店

为什么要新建酒店？首先，肯定是出于市场的需求。有市场、有经济收益，才有后期的投资价值。当然，这也涉及几种不同的情形。①填补空白型：新开发区域，没有酒店入驻，新建的酒店可以填补空白。比如位于宁波北仑的春晓世茂希尔顿逸林酒店，就是填补了梅山湾新城地区五星级酒店的空白。②补充完善型：区域内已有不少酒店，但是随着社会经济的全面发展，顾客可能经常订不到房间，因此需要新建酒店，以满足未来发展的需要。③战略考虑型：酒店是企业集团入驻某一区域的重要组成。比如宁波北仑的春晓万年艾亚兰海景酒店，就是为了满足万年卡美丽亚游艇度假小镇建设和房地产开发的需要而建立的。酒店建设是企业自身开发的一种不可或缺的战略组成。④综合效益型：兼顾几种不同目的，不仅进行单纯的经济效益考量，还进行生态公益等方面的考虑。比如，上海佘山世茂洲际酒店（见图1-1），最初就是开发者希望把"城市的伤痕"变为瑰宝，为城市创造稀缺价值，因而将其建造在废石坑内。

总的来看，要回答为什么建设新酒店的问题，必须结合企业自身的发展战略和区域整体的市场空间来进行综合考量。

（a）　　　　　　　　　　　　　（b）

图1-1　上海佘山世茂洲际酒店（来自酒店官网）

二、适合在哪里新建酒店

　　酒店选址问题侧面解释了酒店建设的必要性和可行性。具体又可以拆分成两个小问题：①研究区（比如宁波北仑的梅山湾新城）是否适合新建酒店？这也是对区域为什么要考虑新建酒店这一问题的一个地理学回答，是宏观层面的回答。②新建在哪里合适？这就要对酒店选址进行一个科学合理的评估。这也是本书第三章中关于选址评价（site evaluation）的重点内容。为了使得拟建项目选址更具合理性和可比性，企业常常设置多个建设地址，并在其中确定一个最优的方案。比如，在梅山湾新城的候选地址中，规划者分别选择了春晓地块东塘路和沿海中线交汇的地址1以及梅山地块的七星南路和盐田大道交汇的地址2，来进行比较评估（见图1-2）。

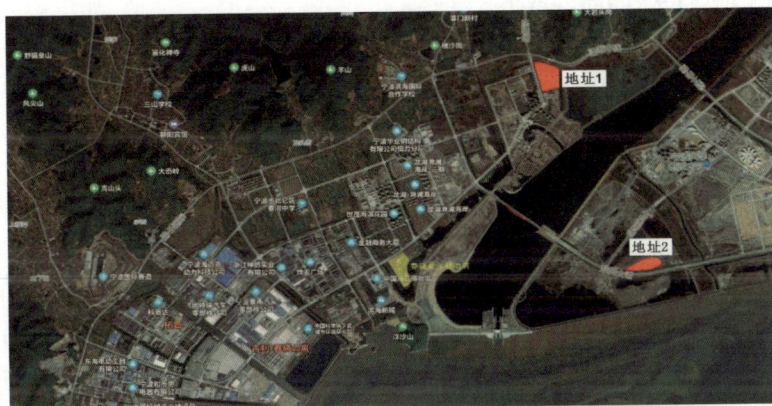

图1-2　宁波梅山湾新城推荐选址位置（据百度地球影像修改绘制）

具体来说，可以从以下几个思路开展评估。

（1）拟建区域周围居住的人口与交通

酒店的选址，在要求上和住宅的选址稍有不同。住宅的选址主要从微观环境出发，而酒店的选址则主要从大处着眼，注重宏观环境的利用。

在建造酒店之前，先要调查该城市的居住人员情况，以及经济人口和流动人口情况，应该是以人气旺、消费强为佳。要考虑铁路、航空及其他交通乘客的流动数量，交通的发展及可能改变的规划，交通枢纽及交通工具的变化，等等。对于梅山湾新城而言，目前除了正在建设的房地产项目较能吸引居民入住以外，还有未来创智岛（科教新城）能吸引大学生入住，梅山行政商务中心和产业园等能吸引工人、商人等前来，因此扩大了常住人口和流动人口的规模。而人口规模越大，拟建酒店的市场前景就越大，也就越有利于酒店的选址建设。

（2）拟建位置的地段与配套

城市中的地段和区域各具特点，如果有需要提供住宿、餐饮服务等的各项设施及活动场所，就有酒店的客源支持。对这些设施与场所的现状与发展做出分析是地区评估的内容之一。比如，在梅山湾新城的候选地址中，还要查看区域内的游览活动、商业活动、科教活动［宁波大学梅山校区、北京航空航天大学宁波创新研究院（研究生院）、麻省理工学院宁波（中国）供应链创新学院］、文化活动(春晓梅山非遗项目、宁波中国港口博物馆)、娱乐活动、体育活动(赛车、皮划艇、沙滩足球)等。这些活动场所的规模、数量、大小，对酒店的建造很有参考价值。拟建酒店所处区域活动的场所梅山湾新城的地段和总体配套如图1-3所示。

（3）拟建位置的同行竞争

在建造酒店之前，还要了解该区域内现有的酒店设施情况与竞争对手的经营特色：是否有新建酒店的规划，以及区域内的主要餐饮设施及其规模特色、营业时间、顾客层次、消费单价、营业额、菜系和菜单内容是什么，等等。首先要考虑如何避开同类竞争；其次要考虑差异化特色发展。如果实在要建设同类型的酒店，就要完善自身的特色和品牌个性，体现竞争力。

当然，对于一个逐渐成熟的区域来说，如果能够形成酒店的集聚和规模效应（比如，宁波象山半边山景区内部集中建设了宁波象山海景皇冠假日酒店、宁波工人疗养院、柿子红了等7家民宿，见图1-4），多家酒店也是可以紧挨而建的，酒店彼此之间成了吸引游客到来的因素和游客分流的补充。比如，在宁波北仑春晓世茂希尔顿逸林酒店附近，后续建设了宁波凯顿假日酒店（万人沙滩店），不同的酒店性质既相互补充，也为游客提供了更多选择。

图1-3　宁波梅山湾新城的总体地段与配套（来自《宁波晚报》）

（a）　　　　　　　　　　　　　（b）

图1-4　宁波象山半边山景区内部集中分布的酒店、民宿（作者拍摄）

三、准备建什么样的酒店

解决了前面两个问题，也就基本上回答了本节的拟建酒店项目定位问题。但我们还要回答以下问题：我们准备建什么样的酒店、怎么建？这就要考虑酒店的类型、等级、规模、品牌、设施等。结合相关投资和财务预算，我们要对建什么样式的酒店（设施和功能、布局）这个问题进行回答。

对于酒店性质，前期要根据市场调查和基地选择结果、主要经营方针，拟定接待住客的层次、管理水平及酒店名称等，确定酒店的性质、等级、规模与结构。应尽量符合所选定的基础，一旦发现不足应及时调整和完善。

对于酒店规模，要了解不同性质等级、不同经营方式的酒店都不相同。一般来说，客房面积和其他配套面积各占 50% 为妥。建造一家酒店不是为了生存一两年，而是希望长久地发展下去，让自己的品牌能够在市场经济中屹立不倒。这里还涉及酒店的标准分类，包括有限服务酒店（limited service hotel）和完全服务酒店（full service hotel）。一星级、二星级、三星级酒店是有限服务酒店，评定星级时应对酒店住宿产品进行重点评价；四星级和五星级酒店（含白金五星级酒店）是完全服务酒店，评定星级时应对酒店产品进行全面评价。根据国家《旅游饭店星级的划分与评定》（GB/T 14308—2010），有限服务酒店绝不是简单意义上的"价格便宜"，也不是单纯减少功能与服务，而是强调酒店住宿的核心功能，关注价格与质量的性价比。有限服务酒店通常具有以下几个特点：第一，设备配置方面强调"必要硬件配置"，重视简单实用与低成本运行。第二，组织结构方面讲究高效的机构设置，注重一人多能的岗位职责。第三，服务方面突出"少而精"，客房是其经营的绝对重点，卫生、安全、方便是服务的基本要求。第四，市场方面以对价格较敏感的旅游者为主要消费群体，市场规模大，客源稳定。与有限服务酒店相区别，完全服务酒店高度重视酒店功能配置和服务项目的完整性，强调酒店环境、氛围与服务的整体协调性，关注宾客的全面感受和价值体现。

对于酒店结构，市场需要、经营方式和酒店等级决定了不同的酒店结构，除客房部分外，其他公共活动部分和饮食部分也占很大比例。例如，大型酒店应设有餐厅、商场、会议厅、游泳池、健身房、文化娱乐等各种设施，在餐厅内部还分不同的菜系特色。从经营角度讲，酒店由收益部分和非收益部分构成。当总建筑面积确定之后，在进行酒店结构设计时，酒店经营者应精心安排以下几个部分：客房部分包括单人房、双人房、各种套房等；餐饮部分包括主餐厅、副餐厅、主酒吧、俱乐部、鸡尾酒室、咖啡室等，另外应包括与宴会有关的大、中、小宴会厅；其他营业部分包括会议室、健身设施、桑拿、美容、游泳池、洗衣部、商业中心等；非收益部分包括酒店大堂（见图1-5）、总服务台、办公室、行李房、电话总机室、电脑室、仓库、更衣室、医务室、职工食堂、锅炉房、停车场、洗车场等。

（a） （b）

图 1-5 宁波天港禧悦酒店大堂（作者拍摄）

这里需要对不同的酒店类型做进一步的详细解释。

◆ **根据不同目的和性质的分类**

①商务型酒店。它主要以接待从事商务活动的客人为主，是为商务活动服务的。这类客人对酒店的地理位置要求较高，要求酒店靠近城区或商业中心区。商务型酒店的客流量一般不随季节的更迭而产生大的变化。商务型酒店设施齐全，服务功能较为完善。

②度假型酒店。它以接待休假的客人为主，多兴建在海滨、温泉、风景区附近（赵冉、谢霞、王松茂，2020）。其经营的季节性较强。度假型酒店要求有较完善的娱乐设备，比如前述象山半边山景区内部的皇冠假日酒店。

③长住型酒店。它为租住者提供较长时间的食宿服务。此类酒店客房多采取家庭式结构，以套房为主，房间大者可供一个家庭使用，小者有仅供一人使用的单人房间。它既提供酒店服务，又提供家庭服务。

④会议型酒店。它是以接待会议旅客为主的酒店，除食宿娱乐外还为会议代表提供接送站、会议资料打印、录像摄像、旅游等服务。这类酒店要求有较为完善的会议服务设施（大小会议室、同声传译设备、投影仪等）和功能齐全的娱乐设施。会议型酒店是伴随会展产业而发展起来的一个新兴酒店业态。例如，宁波北仑的春晓世茂希尔顿逸林酒店就是一个承载着重要会议功能的五星级酒店，它不仅满足了一般游客的度假需要，而且是梅山湾新城举办重要会议的首选酒店。例如，2017 年 7 月的宁波国际海洋新兴产业论坛、2020 年 8 月 25 日的梅山湾新城发布暨重大项目签约仪式都是在该酒店举办的（见图 1-6）。

（a）

（b）

图1-6　宁波春晓世茂希尔顿逸林酒店举办的会议（作者拍摄）

⑤观光型酒店。它主要为观光旅游者服务，多建造在旅游景点，不仅应满足旅游者食住的需要，还应有公共服务设施，以满足旅游者休息、娱乐、购物的综合需要，使旅客的旅游生活丰富多彩，也使他们能得到精神上和物质上的享受。

⑥经济型酒店。它多为旅游出差者预备，价格低廉，服务方便快捷。特点可以说是快来快去，总体节奏较快，实现住宿者和商家互利的目标。

⑦连锁酒店。它是指以加盟经营模式运营的酒店。连锁酒店一般具有全国统一的品牌形象识别系统、全国统一的会员体系和营销体系，价格相对较有优势，符合大众化消费需求。连锁酒店可以说是经济型酒店的精品，包括如家、汉庭等知名品牌酒店，它们占有的市场份额越来越大。

◆ **根据酒店建筑规模的分类**

目前，行政部门对酒店的规模还没有一个统一的划分标准。较通行的分类方法是以客房和床位的数量多少为标准，区分为大、中、小型三种。

①大型酒店，客房数量为600间以上。

②中型酒店，客房数量为300—600间。

③小型酒店，客房数量为300间以下。

◆ **根据酒店星级划分标准的分类**

依据《旅游饭店星级的划分与评定》（GB/T 14308—2010），一般用星的数量和设色来表示旅游饭店的等级。星级分为五个等级，即一星级、二星级、三星级、四星级、五星级（含白金五星级）。最低为一星级，最高为白金五星级。星级越高，表示旅游饭店的档次越高。

一星级酒店。设备简单，具备食、宿两个最基本功能，能满足客人最简单的旅行需要，提供基本的服务，属于经济等级，符合经济能力一般的旅游者的需要。

二星级酒店。设备一般，除具备客房、餐厅等基本设备外，还有商品销售、邮寄、理发等综合服务功能，服务质量较好，属于一般旅行等级。以法国波尔多市阿加特二星旅馆为例，它共有 7 个楼层 148 个房间，每个房间有 2 张床，每个房间面积为 13.5 平方米（包括一个 2.5 平方米的卫生间，有抽水马桶、洗澡盆及淋浴喷头），房内有冷热风设备、地毯、电话，家具较简单，收费低廉，经济实惠。

三星级酒店。设备齐全，不仅提供食宿，还有会议室、游艺厅、酒吧间、咖啡厅、美容室等综合服务设施。每间客房面积约为 20 平方米，家具齐全，并有电冰箱、彩色电视机等家电。服务质量较好，收费标准较高。目前，这种中等水平的饭店在国际上最受欢迎，数量较多。

四星级酒店。设备豪华，综合服务设施完善，服务项目多，服务质量优良，讲究室内环境艺术，提供优质服务。客人不仅能够得到高级的物质享受，而且能够得到很好的精神享受。这种饭店在国际上通常被认为是一流水平的饭店，收费一般很高。

五星级酒店。这是旅游饭店的最高等级。设备十分豪华，设施更加完善，除了房间设施豪华外，服务设施也很齐全，有各种各样的餐厅、较大规模的宴会厅和会议厅。综合服务比较齐全，是社交、会议、娱乐、购物、消遣、保健等活动的中心。环境优美，服务质量要求很高，是一个亲切快意的小社会，收费标准很高。

综合来看，拟建的酒店是新城开发的重要商业配套和组成，也是支撑区域旅游业发展的关键一环（见图1-7）。因此，新建酒店要结合区域的发展需求和特点，选择合适的星级、规模、品牌、设施和服务，并带来经济、社会等诸多价值和效益，满足并迎合客户的最大需要。

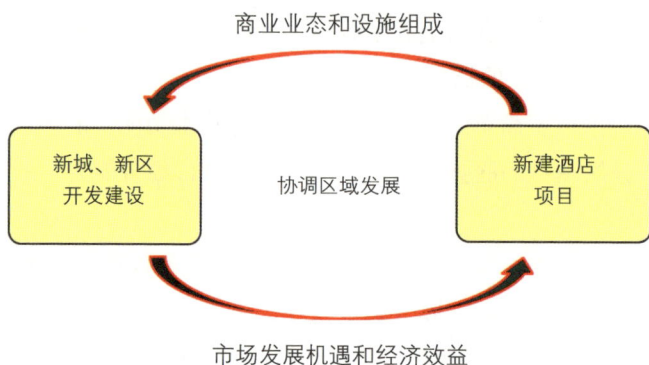

商业业态和设施组成

新城、新区
开发建设

协调区域发展

新建酒店
项目

市场发展机遇和经济效益

图1-7　新城建设和新建酒店之间的相互关系

四、拟建酒店的效益价值如何

拟建酒店项目的效益价值问题，主要是酒店项目的投资可行性问题。它既是对第三个问题——准备建什么样的酒店的一个财务可行性论证，也是对第一个问题——为什么要考虑新建酒店（如果可行，能带来多少经济效益）的间接回答。

具体来说，拟建酒店的效益价值主要包括以下几个方面的内容。

（1）拟建酒店的客房定价问题（具体见第七章）。客房是酒店收入的重要来源，甚至是某些小旅馆的唯一收入来源。因此，合理定价并且能吸引稳定客源入住，是保障酒店效益的根本条件。

（2）拟建酒店的收入支出效益问题（具体见第八章）。人们主要通过财务来分析拟建酒店的资本投入项目和收入状况，并预测酒店的各种收入（主要来自酒店的客房部门、餐饮部门、会议部门等）和支出项目的金额，进而评估酒店项目建设的财务可行性。

（3）拟建酒店的价值评估问题（具体见第九章）。人们主要通过市场法、收益现值法、成本法等方法来评估拟建酒店项目的价值，并帮助确定拟建酒店项目的潜在价值。当然，这也是酒店企业未来实施上市融资、并购等决策行为的一个重要分析依据。

第二节 研究方法：分析和研究方法

拟建酒店的项目选址、市场调研、策划和创新实践是一个复杂的研究过程，它涉及多学科的理论交叉应用（见图 1-8）。

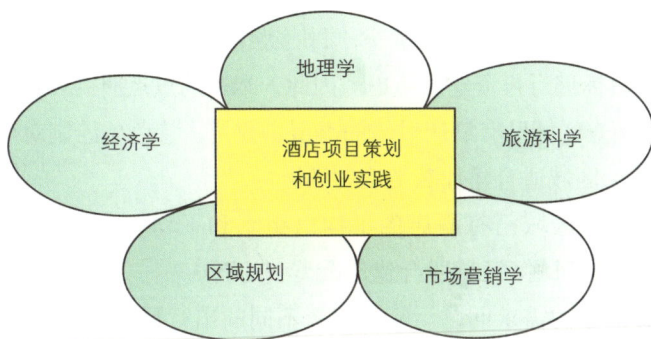

图 1-8 多学科交叉背景下的课程分析方法

不同的学科有着不同的思维方式和研究方法。酒店项目课程分析方法涉及经济学、地理学、区域规划、旅游科学、市场营销学、财务分析、管理学等，各有各的特点。对拟建酒店项目的分析包含诸多实践的调查分析：既涉及数据模型的定量分析，又涵盖贯通诸多理论逻辑的定性分析；既有对历史资料的总结和比较，又包括对未来市场的前景预测。因此，我们必须用全面系统、发展和比较分析的思维来对拟建酒店项目进行理性分析和判断。

一、经济学分析方法

经济学分析方法主要是为了解决新建酒店经济和市场上的可行性问题。那么，应如何判断酒店选址是可行的？从宏观经济学（macro-economics）来看，区域经济的总体发展状况是影响酒店选址的根本原因。本章第一节和第二章第一节"区域经济现状分析"都是围绕此问题展开的，具体反映区域的经济和旅游业发展状况；第四章、第五章的酒店供需关系研究将从微观经济学（micro-economics）角度出发，重点讨论和回答如何判断酒店选址是否可行这个问题。

如图 1-7 所述，我们需要重点讨论区域经济对酒店选址带来的影响。比如，从行政上来看，梅山湾新城隶属于浙江省宁波市北仑区，因此，梅山湾新城的经济发展必然受北仑区甚至宁波市经济和旅游业发展的影响和制约。我们在搞清楚梅山湾新城的酒店选址问题之前，必须先分析清楚区域整体的经济演化特征和发展趋势（具体见第二章第一节）。

（1）调查酒店的供给问题。这主要是为了分析和判断区域已有酒店市场的饱和程度和竞争问题。①如果区域已有酒店分布较多，那么在新建酒店时就要谨慎考虑市场竞争问题。②分析已有酒店的竞争供给，比如类型、设施、服务、品牌，找出差异性发展思路，即哪一种酒店类型是欠缺的、有市场发展潜力的，我们应以此为目标进行投资建设考虑。因此，本书的重点研究和调查任务如下。

任务 1：调查区域已有酒店供给的类型、数量、特色（绘制对应的 Excel 表格）。解决问题：区域适合建什么类型的酒店？

任务 2：调查区域已有酒店的平均出租率和平均客房价格（绘制对应的 Excel 表格）。解决问题：区域适合建什么类型的酒店？

（2）调查酒店的需求问题。从消费者不同的出行目的出发，进行结构比例估算，进而相对精准地预测酒店住宿的需求量。结合历年游客到访数据，并以一定的旅游市场调查分析为数据基础，进行合理的估算和预测。这主要涉及未来酒店住宿需求的市场问题，也是选择酒店类型、规模的一个重要依据。

任务 3：调查区域游客的出行目的（商务、旅游、会议等）。解决问题：酒店住宿需求量预计如何？新建酒店主要有四种供给需求背景（见表 1-1）。拟建酒店项目合适、合理的选址区域一般是现有酒店的竞争压力较小、未来酒店住宿行业的市场需求巨大的区域，这样可以使得投资的效益实现最大化。

表1-1 新建酒店的不同供给需求背景

情形	描述	总结
情形 1	现有供给竞争小，未来市场需求大	有潜力，适合发展新酒店
情形 2	现有供给竞争大，未来市场需求大	有市场机会，找准新酒店特色
情形 3	现有供给竞争小，未来市场需求小	市场平淡无奇，新项目谨慎进入
情形 4	现有供给竞争大，未来市场需求小	市场过于饱和，不适合建新酒店

二、地理学分析方法

地理学分析方法主要是为了解决新建酒店选址的合理性问题。那么如何判断酒店选址位置是合理的？我们在第三章中将讨论和回答这个问题。

（1）地理定性描述方法。比如：自然地理特征的描述——区位坐标、地质地貌、气象水文、土壤植被等；人文地理特征的描述——交通区位条件、经济部门、发展水平、产业状况特征等（这部分主要回答和解决区域经济状况问题）。

（2）地图描述方法。地图描述方法指在地图上表达制图对象特征的基本方法。每种方法都可用来表达制图对象的一个或几个方面的特征。同样，每一个制图对象的多方面特征也可通过几种方法来表示。在制图中，为反映某一制图对象的多种特征，我们往往在一幅地图上同时采用几种表示法。这并不是简单的叠置，而是以一种或两种表示方法为主，做到点、线、面结合，各种表示方法互不干扰。在选用表示方法时，须根据各种表示方法的功能及可能采用的地图表示手段来决定，也要考虑制图对象本身的性质和分布形式（点状分布、线状分布、面状分布、零星分布、连续分布、断续分布）及制图对象表示的特征（分布范围、质量特征、数量特征、动态变化）。同时，还要考虑地图比例尺、用途及依据的制图资料等。

在本次研究中，我们要完成以下几个图幅的绘制。

▶ 研究区基本地理区位图。拟解决问题：宏观地理区位状况，包括主要行政边界、交通（站）、行政设施、村庄居民点、主要企业分布等信息。具体可以通过百度地图、高德地图、天地图、谷歌地图等提取相关地图要素信息。

绘图的基本步骤如下：

步骤1：确定地图边界范围。

步骤2：识别不同等级的交通道路。

步骤3：标记主要旅游景点。

步骤4：标记主要交通站点。

步骤5：标记主要商圈。

步骤6：标记主要居民点、企业、科研院所。

步骤7：标记其他重要的地理信息单元（如医院、加油站）。

步骤8：注明图例、比例尺、指北针等要素。

▶ 研究区旅游资源分布图。拟解决问题：旅游资源和酒店的关系。主要关注区域的旅游资源类型、等级，包括现有旅游资源、规划建设中的旅游资源（景点）。

▶ 研究区已有酒店分布图。拟解决问题：任务 1 中有关酒店属性的地图直观表达和距离测算（可达性问题评价）。这也有助于酒店经营者直观判断区域酒店分布的密度和供给竞争状况。

资料阅读

酒店区位地图中的公路

酒店的交通区位主要看跟交通站点（机场、火车站、汽车站、地铁站、航运码头等）、道路干线（国道、省道等）之间的关系。当然，随着自驾游、酒店到交通站点的专门接驳车和公共交通体系的完善，这些因素的影响有所减弱。

公路按行政等级可分为国家公路、省公路、县公路、乡公路（简称为国道、省道、县道、乡道）以及专用公路五个等级，一般把国道和省道称为干线，县道和乡道称为支线；按使用任务、功能和适应的交通量分为高速公路、一级公路（设置中央隔离带，比如梅山湾新城的沿海中线）、二级公路（不设置中央隔离带）、三级公路、四级公路等五个等级。

这里，还需要强调地图绘制中不可或缺的要素。

①图例，即在地图上表示地理环境各要素，比如山脉、河流、城市、铁路等所用的符号。这些符号所表示的意义常注明在地图的右下角。图例是表达地图内容的基本形式和方法，是现代地图的语言，也是读图和用图所借助的工具。地图符号一般包括各种大小、粗细，颜色不同的点、线、图形等。符号的设计要能表达地面景物的形状、大小和位置，还要能反映各种景物的质和量的特征及其相互关系。因此，图例常设计成与实地景物轮廓相似的几何图形。

②图示比例尺，又称图解比例尺，是以图形的方式来表示图上距离与实地距离关系的一种比例尺形式。它又分为直线比例尺、斜线比例尺和投影比例尺三种。图示比例尺在地图上以一条线段为基准注明地图上 1 厘米所代表的实地距离数。

③指北针，它是一种用于指示方向的工具，广泛应用于各领域的方向判读，譬如航海、野外探险、城市道路地图阅读。它也是登山探险不可或缺的工具，基本功能是利用地球磁场作用，指示北方方位，必须配合地图寻求相对位置，

才能让人明了自己身处的位置。

（3）地理测距（交通距离）方法。测量地面上两点连线长度，通常需要测定水平距离，即两点连线投影在某水准面上的长度，它是确定地面点的平面位置的要素之一。但是，道路是弯曲的，不同交通工具的出行速度也是不同的，地面直线距离并不意味着实际出行的距离。因此，在考虑我们实际出行状况的时候，可以借鉴日益发达的百度地图、谷歌地图等的测距功能进行交通（时间）距离的估算，包括公交、驾车、步行、自行车等不同的出行方式（通过设置一定的时速）。

方法1：百度地图导航。这是我们在日常旅游或者出行时经常使用的一个功能，可以快速判断并选择最优的出行路线。当然，在实际行程中，由于交通堵塞、交通管制、道路施工等因素，不同时间段的出行距离还有差别。

方法2：利用测距功能进行测量。测距功能对于某些处在规划中或者建设中、还没有正式投入使用的交通路段具有较好的适用性，人们可以借此快速判断出两地之间的相对距离。

三、区域规划分析方法

区域规划分析方法跟地理学分析方法有紧密的关联，主要是为了解决新建酒店的建设合法性和未来发展前景的判断问题，主要包括：①能不能建设，符不符合区域的相关规划？②区域的这些规划带来的酒店市场预期如何？我们在第二章第二节"区域未来规划分析"中将展开详细描述，而第三章"酒店的选址和评价"将重点讨论和回答"区域规划和酒店建设协调性"这个问题，具体涉及以下四个规划内容的分析和调查。

（1）区域发展规划。主要涉及区域地块未来人口规模等问题，比如，滨海新城、科教新城、自由贸易区等的开发建设可能会大大增加可容纳人口，这就增加了未来酒店的需求。如果是传统工业、制造业等工业园区的建设，可能就会以产业工人为主，相对应的高档、豪华酒店需求会偏少。

比如，根据2020年8月底发布的《梅山湾新城总体策略研究及概念性城市设计》（见图1-9），研究区宁波北仑梅山湾新城作为浙江与世界互联互通的"先行区"和"桥头堡"，按照"世界一流强港"的定位，作为国家海洋战略的重要展示窗口、长三角对外开放的海上门户，以打造丝路辉煌、港航繁茂的海洋新城为发展目标，着力构建"一港一湾一城"。

（2）区域土地利用规划。所选地块位置的土地利用性质是什么，符不符合商业用地要求，适不适合建设酒店？如果适合，就按照正常流程申请审批；如果不适合，需要提交土地利用性质变更的行政审批，这会增加酒店建设的复杂性和操作难度、经济成本等。

图1-9　宁波梅山湾新城区域未来规划定位（来自《宁波晚报》）

（3）区域交通规划。所选地块位置有无未来的交通规划，交通区位条件会不会得到改善，都是需要重点考虑的问题，同时还需要避免被拆迁的可能。好的酒店选址，应该是离主要交通干道、站点距离较近的，方便顾客的出行。

比如，梅山湾新城目前正着力构建高效、绿色、可持续发展的交通体系。强化与宁波中心城和北仑主城区的快速联系；预留与中心城区直达互联的轨道交通走廊；补充完善区域快速路网系统；优化疏港交通布局，预留多式联运服务中心枢纽，为两港一体化提供支持。

（4）区域旅游规划。旅游出行是满足未来新建酒店需求的一个重要驱动因素。因此，如果区域内有较多旅游项目在进行规划和建设，可能就会吸引较多游客的到来，从而增加酒店住宿的需求。这部分内容具体见第二章第一节的第三部分和第二节的第五部分，其中重点讨论和分析了梅山湾省级旅游度假区的规划内容。

四、旅游科学分析方法

（1）旅游地生命周期理论

一个旅游地的发展过程一般包括探索、起步、发展、稳固、停滞和衰落或复苏等六个阶段（见图 1-10）。旅游地生命周期理论在城市旅游目的地研究中的应用，能够为城市旅游的长期繁荣提供宏观指引，有助于旅游地政府部门制定合理的产业政策，也有助于旅游投资者做出正确的决策，是将旅游理论应用于产业实践的很有意义的研究领域。对于作为旅游地开发组成部分的酒店建设而言，我们必须厘清区域当前所处的旅游地生命周期的阶段和旅游产品的特征、特色，综合判断新建酒店的可行性。比如，起步阶段旅游者人数增多，旅游活动变得有组织、有规律，本地居民为旅游者提供一些简陋的膳宿设施，地方政府被迫改善设施与交通状况；而发展阶段的特征则是旅游广告加大旅游市场，外来投资骤增，简陋的膳宿设施逐渐被大规模、现代化的设施所取代，旅游地自然面貌的改变比较显著。这两个时期也是酒店新建的重要窗口时期。而在探索和停滞衰落阶段，需要谨慎考虑是否新建酒店。

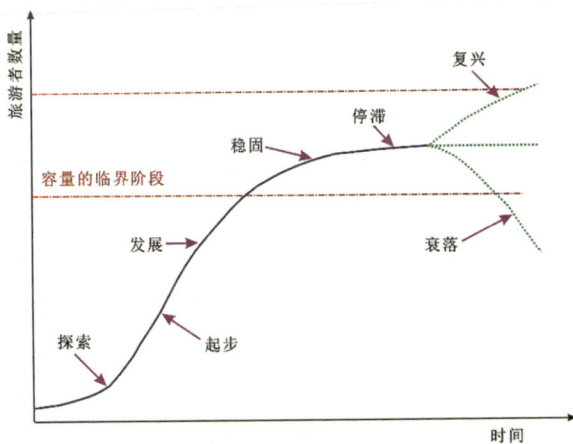

图 1-10　旅游地生命周期理论曲线（保继刚、楚义芳，2012∶159）

（2）酒店需求预测

预测是酒店管理和分析决策的重要判断基础。基于现状和历史的相关信息，并结合未来的发展规划（前述的各类规划）内容，利用科学的预测分析方法，对酒店的需求、财务的变化和游客量等内容展开估计。具体见第七章第二节的相关预测方法。

（3）酒店选址的综合适宜性评价

酒店选址的综合适宜性评价反映的是酒店旅游通达性及周边设施的综合得分状况，这侧面印证了区域经济及综合业态发展情况，也反映出城市空间不同区域发展的异质性等问题。具体见第三章第三节。

五、市场营销学分析方法

（1）访谈法

访谈法又称晤谈法，是指通过访员和受访人面对面的交谈来了解受访人心理和行为的心理学基本研究方法。因研究问题的性质、目的或研究对象的不同，访谈法具有不同的形式。根据访谈进程的标准化程度，我们可将访谈分为结构型访谈和非结构型访谈。访谈法运用面广，操作简单，叙述性强，能够收集多方面的工作分析资料，因而深受人们的青睐。

例如，可以采访并调查相关游客、管理者的看法。主要采访对象有：普通游客、酒店顾客、宁波中国港口博物馆和梅山湾沙滩公园管理者、不同类型的酒店业主和经营者、春晓希尔顿逸林酒店的会议中心、梅山湾新城（梅山保税港区）管委会、春晓—梅山街道相关政府行政人员和其他资源的管理人员。具体调查方式主要有：①面对面访谈调查、问卷；②电话调查。

情景模拟：假设你是一个酒店规划师，你正在开展酒店选址研究。现在你需要采访一个专业旅游教师，收集他对你的选址的看法和意见，进而对你的拟建酒店的选址和建设内容进行完善。

① 设计访谈提纲，介绍拟建酒店的选址、类型和主要设施。

② 恰当进行提问，获取你想要的知识和信息（旅游住宿意愿、消费情况、酒店设施和服务建议）。

③ 准确捕捉信息，及时记录有关资料、信息。

④ 适当地做出回应，开展必要的讨论。

⑤ 及时做好访谈记录，一般需要照片、录音或录像。

（2）SWOT分析法

SWOT分析（态势分析）是基于内外部竞争环境和条件的态势系统分析，它通过调查，列举与研究对象息息相关的各种内部优势、劣势和外部的机会、威胁等，依照矩阵形式排列，然后用系统分析的方法，把各种因素相互匹配并加以分析，得出一系列相应的结论。在酒店项目选址方面，SWOT 分析法主要用来对拟建酒店选址前的区域分析进行综合评价，具体见第二章第三节的相关内容。

（3）供给竞争分析法

供给竞争分析主要是评估竞争者的优势与劣势。各种竞争者能否执行他们的战略和达到其目标，取决于每个竞争者的资源和能力。拟建酒店的企业需要评估每个竞争者（不同层级）的优势与劣势，并从中挖掘自身酒店建设项目的特色，避免同质同类的建设，这有利于酒店实行差异化竞争，提升自身酒店品牌的竞争力，具体见第四章相关内容。

第三节　研究安排：任务分解和评价

本书中的研究以项目和任务驱动为实施主线，以研究报告（酒店选址建设的可行性分析报告、最终报告）及其幻灯片展示（PPT）为主要考核内容，结合实地问卷调查、线上数据收集、酒店电话访谈和专家座谈等形式的过程性考核进行任务分解，具体安排如下。

一、研究内容组织和时间安排

本书按照 72 个学时进行进度安排，每周为 4 学时，共 18 周。每周具体对应的任务和进度安排见表 1-2。

表 1-2　本书的内容进度安排

时间	研究章节	研究任务和内容介绍
第一周	第一节　导入 （对应第一章、第二章）	介绍课程和总体安排： 根据地图分析，确定初步位置 根据酒店搜索，分析研究区的高星级酒店品牌 注册百度网盘（替代谷歌云端硬盘） 小组任务分工，完成技能统计表 初步筛选区域所有酒店（携程等不同网站）

续表

时间	研究章节	研究任务和内容介绍
第二周	第二节　背景讨论（对应第一章、第二章）	背景讨论： 绘制地理区位图 调查研究区内的所有酒店 调查统计每日客房价格变化（每日作业） 绘制旅游资源分布图
第三周	第三节　区域分析（对应第二章）	分析研究区1（历史和现状）： 研究报告的格式和规范 省级的经济发展分析 城市的经济发展分析
第四周	第四节　经济概论（对应第二章）	分析研究区2（历史和现状）： 投资与酒店业发展关系 研究区的经济发展分析 研究区的旅游发展分析＋结论
第五周	第五节　选址评估（1）（对应第三章第一、二节）	拟建酒店位置评价： 酒店的多个候选位置介绍 酒店设施的规划 酒店停车位的布局
第六周	第六节　选址评估（2）（对应第三章第三节）	拟建酒店位置评价： 酒店的可达性评价（交通综合评价） 酒店的可视性评价 酒店位置的专家采访（意见采集） 酒店位置、布局的PPT小组展示
第七周	第七节　供给分析（1）（对应第四章第一、二节）	拟建酒店供给分析： 全国、省级总体供给状况 城市供给特征 研究区的供给特征（客房数量变化）
第八周	第八节　供给分析（2）（对应第四章第三节）	拟建酒店供给竞争者分析： 主要竞争者及其特征 次要竞争者及其特征 竞争供给的预测分析
第九周	第九节　需求分析（1）（对应第五章第一、二节）	拟建酒店的需求分析： 全国、省级总体需求状况 城市需求特征 研究区的需求特征（客房出租率变化）

时间	研究章节	研究任务和内容介绍
第十周	第十节　需求分析（2） （对应第五章第三节）	拟建酒店的需求变化和预测： 需求市场细分调研（问卷设计、调查） 需求市场细分 未来需求的预测
第十一周	第十一节　总结讨论	中期总结： 研究报告的准备 相关图件的绘制整理、调研报告的分析整理 拟建酒店的规划设想、小组讨论和初步展示
第十二周	第十二节　设施和规划 （对应第六章）	酒店布局和设施规划： 主要设施和布局 主要设施的设计标准和规范
第十三周	第十三节　客房定价 （对应第七章）	酒店客房价格的预测： 客房的定价和方法 历史房价收集和整理 未来房价的预测和估计
第十四周	第十四节　收支效益 （对应第八章第一、二节）	酒店收支效益的财务评估： 酒店客房成本指标 酒店的预期费用组成 酒店的预期收入组成
第十五周	第十五节　财务分析 （对应第八章第三节）	酒店收支效益的预测： 部门的收入和支出费用估计 可变费用支出预估、固定费用支出预估 酒店的其他收入来源 收支汇总和财务可行性分析
第十六周	第十六节　价值评估 （对应第九章）	酒店价值评估： 价值评估的方法和技术思路 价值评估的流程和结果分析 价值评估的结果应用
第十七周	第十七节　报告分析 （对应第十章等）	研究报告的补充完善（不确定性分析） 排版、校对、检查文字和格式 相关附件的图表整理、PPT 的制作
第十八周	第十八节　访谈展示	终期考核： 小组 PPT 成果展示和考核

二、研究小组分工和任务分解

本书主要供学习者学习酒店项目选址和创业相关的基本概念，对某一个选定区域内新酒店设施的可行性进行系统研究，通过小组合作的形式，完成一份报告。研究报告主要涵盖三个关键内容，包括酒店选址的适宜性、酒店的供求分析和酒店的财务可行性。各小组完成一份报告，并进行 PPT 展示，以证明他们对研究的各个方面都有良好的掌握。

小组成员以 4—6 人为宜，其中 1 人担任组长，负责总协调、组织和管理，1 人主要负责调研和资料收集，1 人主要负责数据收集、分析和图表绘制，1 人主要负责文字撰写、PPT 汇报等，还有 1 人主要负责课程研究报告的内容检查校对等（见表 1-3）。具体涉及的内容有：财务会计技能（accounting skills）、酒店市场营销技能（hospitality marketing skills）、经济学分析技能（economic analysis skills）、Excel 数据分析及制图技能（Excel skills）、文字整理排版技能（word skills）、组织技能（organizational skills）、领导能力（leadership skills）、沟通技能（communication skills）、餐饮知识和技能（food and beverage knowledge and skills）、酒店管理知识（hotel management knowledge）、城市相关背景知识（city background knowledge）。

表1-3　研究小组分工和任务分解样表

小组成员	主要职责	主要完成工作量	小组内互评打分
组长			
组员 1			
组员 2			
组员 3			
组员 4			

三、研究报告和内容组成

本书主要以任务和项目驱动的形式来完成一份研究报告，具体完成步骤包括：①选定研究区域；②拟定酒店建设选址；③明确酒店定位和总体设施布局；④分析拟建酒店项目效益；⑤评估酒店的价值。

研究报告的各章内容如下：

▶ 第一章　研究背景（Chapter 1　Scope of the Engagement），总体介绍研究背景、数据来源和研究方法等。

▶ 第二章　酒店选址和综合评价（Chapter 2　Site Evaluation & Facilities Description），重点介绍拟建酒店的点位选择及综合适宜性评价。

▶ 第三章　区域经济概括（Chapter 3　Economic Overview），进行拟建酒店项目的区域分析，主要包括现状分析和未来规划分析。

▶ 第四章　拟建酒店设施和空间布局（Chapter 4　Facilities Recommendations）。确定拟建酒店的定位、总体规划和设施布局，重点要确定酒店的设施组成和空间布局。

▶ 第五章　区域酒店供给分析（Chapter 5　Accommodation Supply Analysis），主要分析区域已有酒店的供给和竞争状况。

▶ 第六章　区域酒店需求分析（Chapter 6　Accommodation Demand Analyses），主要分析区域酒店市场的需求状况。

▶ 第七章　拟建酒店供需特征和目标市场细分（Chapter 7　Supply and Demand Implications-Subject Hotel），结合供需状况特征细分拟建酒店目标市场。

▶ 第八章　拟建酒店房价预测（Chapter 8　Average Daily Room Rate Projections），确定和预测拟建酒店项目的房价。

▶ 第九章　拟建酒店收支效益分析（Chapter 9　Average Daily Room Rate Projections）。分析拟建酒店的收入、支出效益。

▶ 第十章　拟建酒店项目价值评估（Chapter 10　Projection of Value），评估拟建酒店项目的价值。

▶ 第十一章　结束语和相关说明（Chapter 11　Disclosure），介绍调研过程中的相关数据、信息使用和披露状况。

▶ 附录（Appendix），汇总相关调查、绘制的图表和附录。

思 考

1. 以你所在的城市为例，观察并分析星级酒店主要分布在城市的哪些区域。
2. 调查回答：你所在的城市拥有的五星级酒店品牌主要有哪些？
3. 有限服务饭店和无限服务饭店有什么区别？
4. 酒店客房价格主要受哪些因素影响？
5. 去一个城市旅游时，你选择入住酒店的时候主要会考虑哪些因素？

第二章
酒店选址前的区域背景分析

Chapter 2
Background Analysis Before the Hotel Site Selection

学习目标

◎ **知识目标**

1. 理解经济学分析的相关指标。
2. 掌握区域旅游经济和酒店经济发展的分析思路。
3. 掌握区域未来相关规划的分析。
4. 掌握 SWOT 分析方法。

◎ **能力目标**

1. 根据区域的经济发展现状，对拟建酒店项目的城市选择做出可行性判断。
2. 根据区域的未来规划分析，对拟建酒店项目的区位选择做出可行性判断。
3. 利用 SWOT 分析法，对拟建酒店项目提出综合发展对策建议。

◎ **素养目标**

1. 促使学习者发展自己家乡经济的时代使命。
2. 培养学习者实事求是的调查精神。
3. 培养学习者在经济发展过程中对相关土地法、城市规范法规、旅游酒店评
   定标准等的认识。

问题引入：你了解你所在的区域吗？

第一节　区域经济现状分析

区域经济现状可以用来反映区域的经济状况和实力，也是酒店选址建设前的重要考量。那么，我们该如何准确定量地描述一个区域的经济（旅游经济）发展状况呢？

一、经济学相关基础概念

概念 1：国内（地区）生产总值

国内（地区）生产总值（Gross Domestic Product，GDP）是宏观经济学中的重要术语之一，也是日常生活、新闻媒体报道常常提到的重要表达。GDP 是指按国家（地区）市场价格计算的一个国家（地区）所有常驻单位在一定时期内生产活动的最终成果，常被公认为是衡量国家（地区）经济状况的最佳指标。GDP 是核算体系中一个重要的综合性统计指标，也是我国新国民经济核算体系中的核心指标，它反映了一个国家（地区）的经济实力和市场规模。

与之对应的概念是国民生产总值（Gross National Product，GNP），它是一个国家（地区）所有常驻单位在一定时期（通常为一年）内收入初次分配的最终结果。

概念 2：产业结构

产业结构（industrial structure）是发展经济学中的概念，也称国民经济的部门结构，是社会经济体系的主要组成部分。产业结构升级是通过产业内部各生产要素之间、产业之间时间、空间、层次相互转化实现生产要素改进、产业结构优化、产业附加值提高的系统工程。经济主体和经济客体的对称关系是最基本的产业结构，也是产业结构升级的最根本动力。研究产业结构，主要是研究生产资料和生活资料两大部类之间的关系；从部门来看，主要是研究农业、轻工业、重工业、建筑业、商业服务业等部门之间的关系，以及各产业部门的内部关系。

产业结构的分类方法主要是三次产业分类法。这种分类法根据社会生产活动历史发展的顺序来划分产业结构。产品直接取自自然界的部门称为第一产业

（包括农业、种植业、林业、牧业和渔业）；对初级产品进行再加工的部门称为第二产业（包括工业和建筑业）；为生产和消费提供各种服务的部门称为第三产业（包括流通业和服务业）。这种分类方法是世界上较为通用的产业结构分类方法。其中，旅游业作为服务业的重要组成，是第三产业的重要代表。

概念3：支柱产业

支柱产业（pillar industry）是指在国民经济体系中占有重要的战略地位，其产业规模在国民经济中占有较大份额，并起着支撑作用的产业或产业群。这类产业往往在国民经济中起支撑作用，但不一定能起到引导作用；同时，这类产业往往由先导产业发展壮大，达到较大产业规模以后就成为支柱产业，既对其他产业的发展起引导作用，又对国民经济起支撑作用。

宁波市的支柱产业主要有传统制造业、港口业、高新技术产业集群等。比如，吉利汽车在杭州湾新区打造全球首个无人驾驶综合示范区，并且计划将其打造成为面向智慧城市、智能交通和自动驾驶等应用领域的综合性示范区。同时，杭州湾新区拥有汽车及其关键零部件产业、通用航空产业、智能电视和智能终端产业、高性能新材料产业、生命健康产业、高端装备制造业以及体育产业及新型金融业等现代服务业。依托这些高新技术产业集群发展的新区建设，区域的商务和差旅活动会变得频繁，从而增加酒店的入住需求。

概念4：旅游产业

旅游产业（tourism industry）是指凭借旅游资源和设施，专门或者主要承担招徕、接待游客并为其提供交通、游览、住宿、餐饮、购物、文娱等六个环节的综合性行业。旅游业务由三部分构成：旅游业、交通客运业和以饭店为代表的住宿业。它们是旅游业的三大支柱。

狭义的旅游业，在中国主要指旅行社、旅游饭店、旅游车船公司以及专门从事旅游商品买卖的旅游商业等。广义的旅游业，除了包括专门从事旅游业务的部门以外，还包括与旅游相关的各行各业。旅行游览活动作为一种新型的高级社会消费形式，往往把物质生活消费和文化生活消费有机结合起来。

旅游产业涉及国民经济多个行业和部门，产业关联度高，是一项综合性产业。

概念5：增长极

如果把发生支配效应的经济空间看作力场，那么位于这个力场中的推进性单元就可以被描述为增长极（growth pole）。增长极是围绕推进性的主导工业部门而组织的有活力的高度联合的一组产业，它不仅能迅速增长，而且能通过乘数效应推动其他部门的增长。因此，增长并非出现在所有地方，而是以不同强度出现在一些增长点或增长极上，这些增长点或增长极通过不同的渠道向外扩散，对整个经济产生不同的最终影响。对于一块待开发区域，新建的高星级酒店就可能是一个增长极，可以充分带动周边地区相关产业的发展。

资料阅读

浙江旅游总收入破七千亿，成全省服务业支柱产业

浙江作为一个旅游资源大省，依据省内不同类型旅游资源的空间分布特点，将全省旅游发展空间划分为"一核两翼四圈多点"。其中，"一核"指长三角旅游中心城市杭州；两翼分别指东部海洋海岛旅游业和西部山区生态旅游业；"四圈"指杭州、宁波、温州、金华—义乌四大都市旅游经济圈。2006年以来，浙江省旅游业发展迅速，产业规模不断扩大，旅游收入和接待游客人次快速增长，旅游总收入从2006年的1690.10亿元增长到2015年的7139.14亿元，接待游客人次从2006年的1.66亿人次增长到2015年的5.35亿人次，年均复合增长率分别达到15.0%和11.1%。2016年度，浙江省旅游产业增加值为3305.00亿元，占地区生产总值比重为7.10%，占服务业增加值比重为13.80%。旅游业已经成为浙江省服务业的龙头产业，并逐步发展成为国民经济的支柱产业，浙江省旅游经济处在全国领先水平。到2020年，浙江省年接待游客总量达到7.15亿人次，旅游业总产出达到1.30万亿元，浙江省旅游业增加值占地区生产总值的比重提高到8.00%。

（赵皓月，2016）

二、城市总体经济发展现状分析

（1）经济发展现状分析思路

如何描述一个城市的经济发展状况？主要有两个思路：① GDP和产业结构的特征描述，回答经济实力的问题。② GDP和产业结构的变化情况描述，回答经济发展变化情况的问题。这里常常会涉及经济增长率的概念，它是末期GDP与基期GDP的比较，以末期现行价格计算末期GDP，得出的增长率是名义经济增长率。

比如2019年，宁波市全年实现GDP 11985.00亿元，按可比价格计算，同比增长6.80%。分产业看，第一产业实现增加值322.00亿元，增长2.30%；第二产业实现增加值 5783.00 亿元，增长 6.20%；第三产业实现增加值 5880.00 亿元，增长 7.60%。三次产业的增加值之比为 2.7 ∶ 48.2 ∶ 49.1（见图 2-1）。按常住人口计算，全市人均地区生产总值为 143157.00 元。

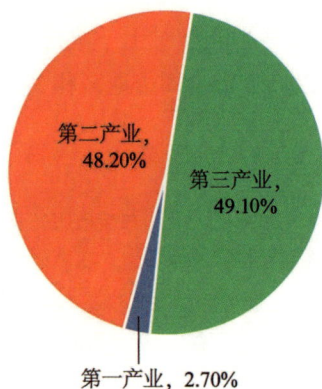

图 2-1　2019 年宁波市 GDP 构成情况
（来自《2019 年宁波市国民经济和社会发展统计公报》）[①]

做一做 1：查找相关数据，并描述宁波市经济发展变化情况。

附表 2-1　2012—2018 年宁波市 GDP 发展变化情况

年份	国内生产总值 / 亿元	增长率 /%	年份	国内生产总值 / 亿元	增长率 /%
2012			2016		
2013			2017		
2014			2018		
2015					

数据来源：《宁波统计年鉴》。

　　掌握了拟建酒店所在城市的经济总体发展状况后，我们还需要进一步了解拟建酒店所在行政区单元（县级或者镇级）的经济总体发展状况。对于一个大城市而言，考虑到不同县（市、区）之间发展的差异性，不同县（市、区）的居民经济收入状况和旅游消费水平也会呈现不同特点。比如，宁波市北仑区在产业发展过程中，从初期的农业和工业为主到当下的工业与服务业引领，工业强区始终是北仑产业发展的主基调，但其旅游服务业、商业则不如海曙区、鄞

---

① http://tjj.ningbo.gov.cn/art/2020/3/16/art_1229042825_43281777.html.

州区等发达。2018 年，北仑区财政总收入、一般公共预算收入、规模以上工业总产值、规模以上工业增加值等 10 个重要指标总量位列全市第一，全区 "246" 产业集群总产值（以大碶高端汽配模具园为代表）居全市首位。依托临港工业发展，北仑的经济以第二产业为主导，重点表现在石化产业、交通运输设备制造业、装备制造业和零配件产业等方面。

同时，2018 年北仑区（包括宁波保税区和大榭开发区，下同）实现 GDP 1618.39 亿元，按可比价计算，增长 7.10%。分产业看，第一产业实现增加值 8.07 亿元，比上年增长 1.00%；第二产业实现增加值 972.75 亿元，增长 5.60%，其中工业增加值 919.21 亿元，增长 5.70%；第三产业增加值 637.57 亿元，增长 9.60%，三次产业结构比为 0.5：60.1：39.4。按户籍人口计算，2018 年北仑区人均地区生产总值达到 386302.00 元（按年平均汇率折算为 58377.00 美元）[①]。

因此，我们可以从地区 GDP 比重占整个城市的 GDP 比重（变化）来衡量一个地区的经济贡献和地位。地区 GDP 比重占整个城市 GDP 的比重越高，则该地区越具有经济发展活力和旅游市场需求，也越具有潜在的开发和投资前景；反之，则该地区可能有经济衰退的痕迹，我们需要重新审视地区未来的旅游市场需求状况和投资前景。

做一做 2：查找相关数据，并描述宁波市北仑区经济发展变化情况。

附表 2-2　2012—2018 年宁波市北仑区 GDP 发展变化情况

年份	占全市比重 /%	增长率 /%	年份	占全市比重 /%	增长率 /%
2012			2016		
2013			2017		
2014			2018		
2015					

数据来源：《宁波统计年鉴》《北仑区国民经济和社会发展统计公报》。

---

① http://www.msd.gov.cn/art/2019/2/27/art_1229055571_407337.html.

（2）经济发展数据的查询、收集步骤

城市的经济发展数据主要参考各个城市的统计年鉴、国民经济和社会发展统计公报等政府公开的权威统计数据资料。下面以宁波市为例，进行简要的统计年鉴数据查询步骤说明。

第一步：进入宁波统计信息网（见图2-2），找到网站下的"数据"栏目，然后找到"宁波统计年鉴"，这里收录了历年《宁波统计年鉴》资料。值得注意的是，某一年的统计年鉴对应的实际数据为上一个年度的相应数据，比如《2020年宁波统计年鉴》所收录的是2019年宁波市国民经济相关统计数据。

图 2-2　宁波市统计信息网 [①]

此外，统计年鉴查询的进入端口还有中国知网（https://www.cnki.net/），它收录了各个省（区、市）、各个城市、各个不同专题（如工业、旅游、能源）的完整统计年鉴资料，为相关经济发展数据的查询、比较提供了便利。

第二步：查询年鉴栏目数据。比如，进入《2020年宁波统计年鉴》（2019年数据），找到第三篇的国民经济核算，然后找到历年生产总值数据（见图2-3）。此外，该栏目下还收录第一产业、第二产业、第三产业产值数据，并附带人均生产总值（按户籍人口）和人均生产总值（按常住人口）。这些数据为我们系统分析区域总体经济发展状况提供了基础。

---

① http://tjj.ningbo.gov.cn/col/col1229041012/index.html.

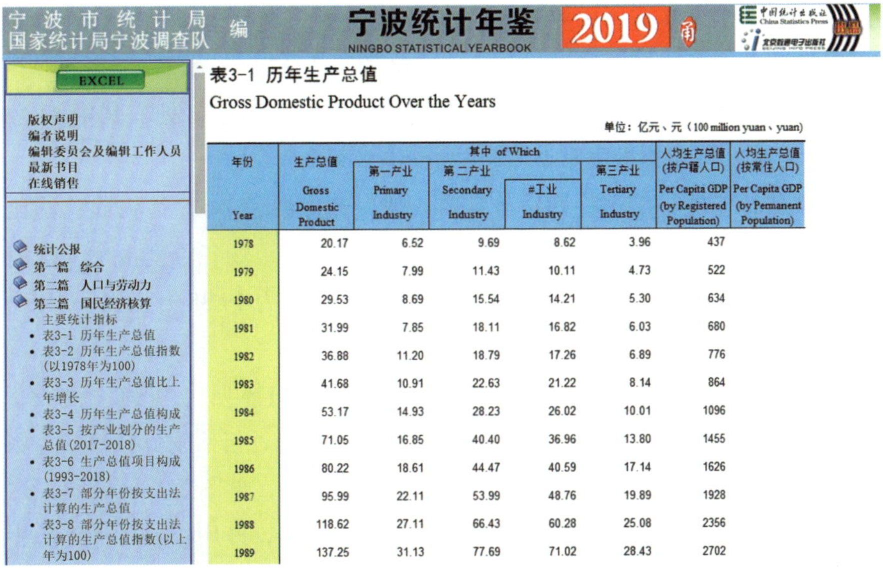
宁波市统计局
国家统计局宁波调查队 编
宁波统计年鉴 2019
NINGBO STATISTICAL YEARBOOK

EXCEL

版权声明
编者说明
编辑委员会及编辑工作人员
最新书目
在线销售

统计公报
第一篇 综合
第二篇 人口与劳动力
第三篇 国民经济核算
- 主要统计指标
- 表3-1 历年生产总值
- 表3-2 历年生产总值指数(以1978年为100)
- 表3-3 历年生产总值比上年增长
- 表3-4 历年生产总值构成
- 表3-5 按产业划分的生产总值(2017-2018)
- 表3-6 生产总值项目构成(1993-2018)
- 表3-7 部分年份按支出法计算的生产总值
- 表3-8 部分年份按支出法计算的生产总值指数(以上年为100)

表3-1 历年生产总值

Gross Domestic Product Over the Years

单位：亿元、元（100 million yuan、yuan）

年份 Year	生产总值 Gross Domestic Product	其中 of Which 第一产业 Primary Industry	第二产业 Secondary Industry	#工业 Industry	第三产业 Tertiary Industry	人均生产总值(按户籍人口) Per Capita GDP (by Registered Population)	人均生产总值(按常住人口) Per Capita GDP (by Permanent Population)
1978	20.17	6.52	9.69	8.62	3.96	437	
1979	24.15	7.99	11.43	10.11	4.73	522	
1980	29.53	8.69	15.54	14.21	5.30	634	
1981	31.99	7.85	18.11	16.82	6.03	680	
1982	36.88	11.20	18.79	17.26	6.89	776	
1983	41.68	10.91	22.63	21.22	8.14	864	
1984	53.17	14.93	28.23	26.02	10.01	1096	
1985	71.05	16.85	40.40	36.96	13.80	1455	
1986	80.22	18.61	44.47	40.59	17.14	1626	
1987	95.99	22.11	53.99	48.76	19.89	1928	
1988	118.62	27.11	66.43	60.28	25.08	2356	
1989	137.25	31.13	77.69	71.02	28.43	2702	

图 2-3　2019 年宁波统计年鉴（历年生产总值状况）

第三步：整理相关数据并进行分析。将上述查询的数据重新整理到一个 Excel 文件中，按照年份排列，并完成 GDP 增长率的计算。计算公式为：

$$\text{GDP 同比增长率} = \frac{\text{当年的指标值} - \text{上年同期的值}}{\text{上年同期的值}} \times 100\%$$

三、城市旅游经济发展现状分析

城市旅游经济的发展现状分析主要聚焦于旅游经济指标变化分析和旅游资源现状分析两个方面。前者包括旅游人数、旅游收入等指标，它反映了一个地区旅游市场的规模和潜在需求状况，是新建酒店需要参考的重要市场信息因素；后者主要包括自然和人文旅游资源景观，它反映了一个地区的旅游市场前景，是新建酒店选址评估的一个重要参考变量。

（1）旅游经济发展现状分析思路

这里以宁波市为例，进行案例说明分析。作为现代港口城市与历史文化名城的宁波，有着丰富的旅游资源。旅游经济也对宁波整个国民经济发展有着重要的推动作用。

根据《2019 年宁波市旅游市场运行和发展分析报告》，2019 年宁波全年全市实现旅游总收入 2330.90 亿元，比上年增长 16.20%。接待国内游客 1.40 亿人次，增长 12.20%；实现国内旅游收入 2303.10 亿元，增长 16.40%。住宿设施接待入境过夜游客 76.20 万人次，实现入境旅游收入 27.59 亿元。年末全市共有星级酒店 102 家，其中五星级 21 家；共有 4A 级以上景区 34 处，其中 5A 级 2 处。宁海县成功创建首批国家全域旅游示范区。

2019 年，宁波市旅游住宿设施接待入境过夜旅游者 76.22 万人次，同比下降 9.28%。从分季度情况看，2019 年宁波市入境旅游市场各季度接待人次波动不大。一季度至四季度接待入境过夜旅游者人次分别为 19.38 万人次、21.09 万人次、16.58 万人次和 19.16 万人次。

同理，根据前述进入《宁波统计年鉴》的流程（具体见《宁波统计年鉴》第十一篇"对外经济、旅游"显示的部分年份旅游业简况，包括旅行社数量、旅游星级饭店数量、国内旅游总人数、旅游总收入等信息，见图 2-4）。同时，这里可以继续分析整理相关数据，完成附表 2-3 和附表 2-4，并用以分析描述历年来宁波市旅游经济的发展状况。

图 2-4 《2020 年宁波统计年鉴》（部分年份旅游业简况）

我们还需要进一步了解拟建酒店所在行政区单元（县级或者镇级）的旅游经济总体发展状况。比如，我们可以从区域接待游客人数占整个城市接待游客总数的比重（变化）、区域国内外旅游收入占整个城市旅游总收入的比重出发，来衡量一个区域的旅游经济贡献和旅游市场份额地位。区域接待游客人数占整个城市接待的游客总数的比重越高，则该区域越具有旅游经济发展活力，也越具有潜在的旅游消费市场；反之，则该区域可能是旅游经济活力较差的地方，我们需要重新审视区域的旅游经济发展状况和前景。

做一做3：查找相关数据，并描述宁波市旅游经济发展变化情况。

附表2-3　2012—2018年宁波市旅游经济总收入变化

年份	旅游收入/亿元	增长率/%	年份	旅游收入/亿元	增长率/%
2012			2016		
2013			2017		
2014			2018		
2015					

数据来源：《宁波统计年鉴》。

做一做4：查找相关数据，并描述宁波市旅游人数发展变化情况。

附表2-4　2012—2018年宁波市游客人数变化

年份	旅游人数/人次	增长率/%	年份	旅游人数/人次	增长率/%
2012			2016		
2013			2017		
2014			2018		
2015					

数据来源：《宁波统计年鉴》。

比如，2019年宁波全市共接待国内游客13946.70万人次，同比增长12.20%；实现国内旅游收入2303.08亿元，同比增长16.40%。其中，北仑区接待国内游客1374.15万人次，同比增长15.87%，占该年度宁波市总体的9.85%，低于全市各县（市、区）平均份额12.5%，旅游经济市场总体不如奉化区、鄞州区、海曙区等旅游经济强区（见表2-1）。

表 2-1　2019 年宁波市各县（市、区）接待国内游客人次及增幅情况

县（市、区）	接待人数 /万人	增幅 /%	县（市、区）	接待人数 /万人	增幅 /%
海曙区	2105.24	17.42	余姚市	2061.00	15.00
江北区	1720.60	15.79	慈溪市	1926.80	13.20
镇海区	1315.40	17.60	宁海县	2039.73	17.13
北仑区	1374.15	15.87	象山县	2917.27	16.54
鄞州区	2553.46	15.43	东钱湖	519.80	15.10
奉化区	2800.61	16.97	杭州湾	600.20	9.20

数据来源：宁波市文化广电旅游局官网。

　　此外，2019 年，北仑区入境旅游市场增幅显著，主要得益于文体产业的带动。2019 年，世界女排联赛和国际排联东京奥运会女排资格赛两大热门赛事在北仑区举办，吸引了大量境外球迷来甬观看比赛，不仅增加了入境旅游者的接待人次，而且提高了宁波的全球知名度，对于吸引入境旅游者具有积极的作用。此外，北仑港进出口贸易集中，住宿设施接待的商务型入境旅游者人次也明显增加。

　　做一做 5：查找相关数据，并描述宁波市北仑区旅游经济发展变化情况。

附表 2-5　2012—2018 年宁波市北仑区旅游收入发展变化情况

年份	旅游收入 /万元	占全市比重 /%	增长率 /%	年份	旅游收入 /万元	占全市比重 /%	增长率 /%
2012				2016			
2013				2017			
2014				2018			
2015							

数据来源：《宁波统计年鉴》《北仑区国民经济和社会发展统计公报》。

做一做 6：查找相关数据，并描述宁波市北仑区旅游人数发展变化情况。

附表 2-6　2012—2018 年宁波市北仑区旅游人数发展变化情况

年份	旅游人数/万人	占全市比重/%	增长率/%	年份	旅游人数/万人	占全市比重/%	增长率/%
2012				2016			
2013				2017			
2014				2018			
2015							

数据来源：《宁波统计年鉴》《北仑区国民经济和社会发展统计公报》。

（2）旅游资源分析

良好的旅游资源是游客选择入住酒店的一个重要考量指标，并且会影响酒店的客房入住率、酒店等级规模以及酒店入住时间等。

以宁波市北仑区为例，依托凤凰山海港乐园、梅山湾省级旅游度假区等旅游资源，北仑区的旅游经济发展成为推动宁波市旅游业发展的一个重要力量。2018 年年底，北仑区共有 7 家星级饭店，10 家花级酒店，2 家星级餐馆，15 家旅行社，4 个工业旅游点，3 个国家 3A 级以上景区，1 个市乡村全域旅游示范区，1 个市乡村全域旅游示范区培育单位，4 个省 3A 级村庄景区，4 个省 2A 级村庄景区，15 个省 A 级村庄景区，4 个区级民宿集聚村。全年全区共接待国内外游客 1188.73 万人次，比上年增长 15.10%，实现国内外旅游总收入 82.93 亿元，比上年增长 18.20%。

从具体旅游资源来看，宁波市北仑区主要有梅山湾沙滩公园、宁波中国港口博物馆、宁波国际赛道、万年生态游艇港、春晓乡村旅游点、梅山盐场纪念馆、梅山湿地公园等，这些旅游资源和项目统一划归在梅山湾省级旅游度假区内。

其中，梅山湾沙滩公园坐落于洋沙山及春晓明月湖、梅山红桥与水道南堤之间（见图 2-5）。沙滩建设共由三个项目分期实施完成，即梅山水道南段、北段清淤整治工程，宁波滨海万人沙滩一期工程，宁波滨海万人沙滩绿化景观及附属配套设施工程，全部工程自 2013 年 9 月开工，至 2019 年 7 月完成，总投资约 4 亿元。2019 年 7 月 1 日起，梅山湾沙滩公园全线试行开放。梅山湾沙滩公园单日最高接待游客量为 42300 多人次。海岸线全长约 1.88 千米，水下沙滩宽度约 30—120 米，陆上沙滩宽度约 30—80 米，沙滩排球场面积约 1.07 万平方米。

图 2-5　梅山湾沙滩公园（作者拍摄）

四、区域经济对酒店行业发展的启示

　　区域经济发展状况对酒店行业发展尤其是新酒店建设选址的启示意义体现在：①潜力如何，区域经济发展是否有足够的旅游消费市场和经济活动潜力来支撑旅游产业（酒店建设）的发展？②过程如何，区域经济发展能给酒店建设提供哪些保障和过程机遇？③挑战如何，区域经济发展中酒店行业建设尚存在的问题和困难挑战有哪些？

　　近年来，随着互联网经济的飞速发展，网络消费、移动支付等概念深刻地影响着我们的日常生活。淘宝天猫、京东商城、苏宁易购等旗舰电商平台的出现，又进一步弱化了实体商圈的吸引力。曾经人潮涌动的城市核心商业区渐渐冷清了下来，而商业中心周边衍生出的餐饮业、娱乐业、酒店的经营业绩也受到了不同程度的冲击。时代的变化总是让投资者们猝不及防，如果新建酒店项目的投资者和经营者缺乏对趋势的预判，那么新的消费方式和替代品必然会使现有的经营模式和状态面临巨大挑战。因此，在对新建酒店项目进行选址的时候，酒店经营者不仅要判断目标地域内区域经济、酒店的发展趋势，还要在互联网时代的大背景下，宏观预测国内外经济形势（比如新冠肺炎疫情对旅游业的冲击和挑战）和消费者心理、行为的变化。

　　围绕上述思路，这里结合宁波北仑区梅山湾新城的经济发展状况对酒店建设的启示，进行实例说明。

（1）潜力较大。宁波尤其是北仑的经济快速发展，给北仑滨海新城的旅游业发展提供了机遇。以港口工业（工业旅游）、商务贸易、滨海旅游、体育赛事为基础的旅游资源多样化是未来旅游业综合发展的坚实基础，也是未来旅游住宿、酒店行业发展的重要依托。酒店业未来发展潜力较大。

（2）过程较难。以宁波国际海洋生态科技城和梅山湾省级旅游度假区为整合平台，各业态的旅游资源还需要更好地融合，打造真正有影响力的旅游品牌。需要结合未来城市发展、产业布局等进一步完善，因此包括酒店业在内的旅游产业的发展壮大尚需要一个慢慢磨合的过程。

（3）挑战犹在。受制于交通和区位条件，滨海新城的整个"人气"还相对较弱，如何吸引更多人口入住和更多游客到来，依然是一个大问题。因此，未来高端酒店业的发展尚存在一定挑战。

第二节　区域未来规划分析

区域经济现状分析是拟建酒店选址的宏观前提，而区域未来规划分析则是酒店建设是否真正可行的一个科学决策依据。城市发展各类规划是现代城市发展的前瞻性思考及合理性设计，将从根本上调整、影响和指导区域的经济社会发展（Silva, Barranco, Proietti, et al., 2021）。酒店作为经济社会发展的产物，必然会在诸多层面受到城市发展规划的影响，因为酒店的建设涉及区域发展定位、区域用地规划、区域交通规划、区域旅游规划等方面的内容，不同层级的区域功能定位和属性，也决定了不同级别和规模的酒店的建设特点。

一、区域规划相关基础概念

概念1：空间、区域、位置等

空间（space）是与时间相对应的概念，其外延包括区域（region）、地方、地点、地域等概念。地区是指地球表面的一部分，其边界是任意的，是根据研究目的划定的。地方是与中央相对应的各级行政区的统称。地带本是一个技术性术语，指从地球上划分出来的纬度带，现在多用它来界定与周围空间存在不同特点的地区。地点是不计面积的空间概念，也被称为区位。区域与这些概念既存在区别也存在联系。

区域首先是作为一个地理概念出现的。英国地理学家迪金森认为，区域概念是用来研究各种现象在地表特定地区结合成复合体的趋向的。这种结合从一定意义上说，将给予这类地区区别于周围地区的特点。这些复合体有一个场所、一个核心，有边缘地区，呈现出程度不同的变化梯度。经济学的区域概念指的是居民高度认同、地域完整、功能明确、内聚力强大的地域单元。按照一定的标准对空间进行划分就可以得到区域，如行政区域实际上就是按照行政属性进行划分的区域，所划分出来的区域在行政属性上具备相似性，同样也可以从其余属性对空间进行划分，如可以按照语言对不同空间进行划分，使用相同语言的空间可以划为一个区域，也可以按照地质、自然环境、气候等标准对空间进行划分以得到区域（见图 2-6）。

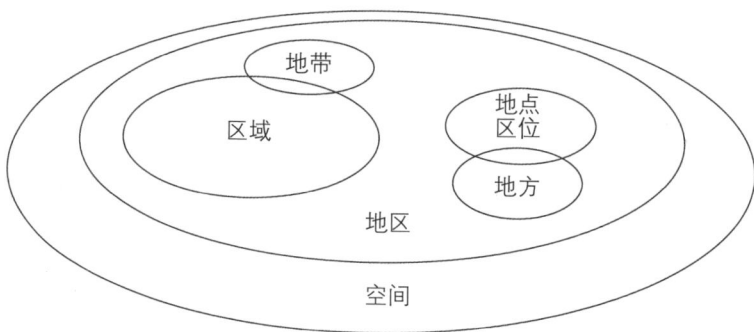

图 2-6　区域与相关概念的关系

这里，我们以建议点位（proposed site）来表述拟建酒店的地点、位置。拟建酒店所在的春晓街道是一个行政区域的概念，春晓和梅山组成的北仑滨海新城也是一个区域的概念，包括后续的保税港区、物流产业集聚区、生态科技城和省级度假旅游区等，名称不一样、目的不一样，在行政区域上有重叠也有差异，但都是区域的概念。在我们的日常生活中，位置、区域、区位、空间、地理位置等概念既有重叠，也有差异。宏观的大区位描述一般放在高级别的（国家视野、全球视野）行政尺度上，微观的区位描述注重跟自身相邻接的小尺度地理单元信息，比如周边是什么河、什么山、什么村（街道）、什么道路、什么厂房。

例如，梅山湾新城的区域宏观描述为：梅山湾新城地处宁波北仑的东南部沿海地区，下辖春晓街道和梅山街道，是"21世纪海上丝绸之路"与"长江经济带"的交汇处，紧邻亚太国际主航道要冲，是浙江经济与世界经济互联互通的"先行区"和"桥头堡"。其中，春晓街道位于北仑区最南端，三面环山，一面临海。东连北仑区柴桥街道，南濒象山港，西接鄞州区瞻岐镇，北邻北仑区大碶街道（太河南路）和柴桥街道。东南濒临新设的宁波市梅山保税港区，并可作为其陆地上的最直接服务腹地。距离宁波市中心区33千米，距离北仑城区新碶街道16千米。沿海中线经昆亭从南部滨海穿过，是主要的陆上交通线。

概念2：土地利用

土地利用（land use），即土地使用，指民事权利人为满足自己需要，按照土地的自然性能和用途对其加以利用的行为或法律事实。

土地利用分类是区分土地利用空间地域组成单元的过程。这种空间地域单元是土地利用的地域组合单位，表现人类对土地利用、改造的方式和成果，反映土地的利用形式和用途（功能）。依据我国《土地利用现状分类》（GB/T 21010—2017）标准，土地利用类型分为耕地、园地、林地、草地、商服用地、工矿仓储用地、住宅用地、公共管理与公共服务用地、特殊用地、交通运输用地、水域及水利设施用地、其他用地等12个一级类、73个二级类，适用于土地调查、规划、审批、供应、整治、执法、评价、统计、登记及信息化管理等。

其中，酒店用地用于建设商业用房屋，出让用地的使用年限，根据城市规划规定属于商业用地。商业用地是指因开展商业、旅游、娱乐活动而占用的场所，如用于建造商店、餐饮店、公园、游乐场、影剧院和俱乐部等的用地。

此外，根据《中华人民共和国城镇国有土地使用权出让和转让暂行条例》的规定，土地使用权出让最高年限按下列用途确定：居住用地（也就是人们常说的商品房用地），全国统一执行的土地使用年限为70年；工业用地（也就是人们常说的工厂、工业区），全国统一执行的土地使用年限为50年；教育、科技、文化、卫生、体育用地，全国统一执行的土地使用年限为50年；商业、旅游、娱乐用地，全国统一执行的土地使用年限为40年；综合或者其他用地，全国统一执行的土地使用年限为50年。

因此，在进行酒店选址建设的过程中，必须考虑拟建酒店位置的用地性质和年限问题。如果要变更土地用途，一要看城市规划是否允许，二要到土管局办理变更，三要补钱。一般而言，商业用地价格高于住宅用地价格，因为商业用地交易税费更高，商业住房贷款年限更短，商业用地生活成本更高（水电费更高）。

概念3：城市规划

城市规划（urban planning）是以发展眼光、科学论证、专家决策为前提，对城市经济结构、空间结构、社会结构发展进行规划，常常包括城市片区规划。城市规划具有指导和规范城市建设的重要作用，是城市综合管理的前期工作，也是城市管理的龙头。城市的复杂系统特性决定了城市规划是随城市发展与运行状况长期调整、不断修订、持续改进和完善的复杂的连续决策过程。

一个酒店处于一个城市中，必然会对城市的商业形态形成一定的影响，也会对周边的服务业产生一定的作用。当然，周边良好的商业氛围和商业形态也会对酒店的经营产生积极作用。城市规划中培育酒店周边业态的形成，应该包括以下几点。

（1）将服务业集中在一个规划片区中。酒店属于服务业，酒店往往是热闹、繁华、人气旺盛的地方，城市规划中，应该引导一些服务业商家在酒店周边扎根。

（2）突出商业文化的塑造和公众的认可。城市规划中，对酒店周边的形象设计也应比较讲究，一些城市规划中，充分突出了城市形象与酒店形象的完美结合。例如，道路的命名与酒店商号结合，城市植被配置与酒店接近。

（3）建设适合酒店发展的秩序和环境。进行城市规划的时候，应该考虑酒店需要的秩序和环境，酒店毕竟是一种特殊的商业形态，需要解决人文环境、治安、交通、改造改建、水电供应等问题，良好的氛围可以促进酒店的发展、人气的汇集。

二、区域城市规划和发展定位

城市发展定位是根据城市自身条件、竞争环境、需求趋势等及其动态变化，在全面深刻地分析有关城市发展的重大影响因素及其作用机理、复合效应的基础上，科学筛选城市地位的基本组成要素，合理确定城市发展的基调、特色和策略的过程。其含义是通过分析城市的主要职能，揭示某个城市区别于其他城市的本质特征，创新个性化的城市形象，抓住城市最基本的特征，确定城市发展的目标、占据的空间、扮演的角色、竞争的位置。例如，海南三亚的城市总体规划将其城市发展目标定位为世界著名旅游胜地。因而，其城市规划以旅游产业为核心，在发展专业化旅游城市的基础上，研究旅游产业发展的内涵和规模，明确三亚未来的旅游产业结构和产业拓展方向，打造内涵丰富、个性突出的旅游产业链，为建设国际性热带海滨风景旅游城市打下产业基础。

　　城市发展定位是城市营销和品牌建立的基础。城市发展定位既是进行城市品牌营销的前提，也是建立城市品牌的基础，还是塑造良好城市品牌的核心要素。要使城市脱颖而出，定位的关键点在于找出最能代表城市特点的"名片"。因此，城市管理者如果想准确定位，就要对自身以及外围竞争城市有深入的了解，找出代表城市的个性特点，并用简洁的语言表达出来。一旦定位下来，城市管理者就要耐住寂寞，不受外界的干扰，坚持下去，经过长时间的传播，定能提高受众对城市的认知。而如果想提高美誉度，城市管理者就要改善环境，提高整个城市的服务水平，让来访者真实感受到城市的魅力，并且使其感受超过期望值。做到了这一点，城市定位、城市营销、城市品牌就可以有机融合，从而释放出巨大的形象效应和辐射能量。

　　当然，城市的发展定位随着时间的演进、城市功能的拓展、产业的发展也会逐渐发生变化。例如，宁波北仑梅山湾新城区域发展路径总体上为梅山保税港区（2008）→梅山物流产业集聚区（2010）→宁波国际海洋生态科技城（2015）→宁波"一带一路"建设综合试验区核心区（2017）→梅山湾新城（2020）的发展历程。城市发展定位主要为梅山自由贸易岛→国际供应链创新试验区→中国新金融创新试验区→海洋经济与科技合作试验区→"一带一路"人文交流试验区→国际近零碳排放试验区。依据2020年发布的《梅山湾新城总体策略研究及概念性城市设计》方案（见图2-7），梅山湾新城以成为国家海洋战略的重要展示窗口、长三角对外开放的海上门户，打造丝路辉煌、港航繁茂的海洋新城为发展目标，着力构建"一港一湾一城"。

　　这里的"一港"即能级卓越的《梅山湾新城总体策略研究及概念性城市设计》的国际贸易港，借力自贸区联动创新区整体谋划，建设展现海洋文化自信和魅力的港航门户，打造文化交流与港航贸易的汇聚地；"一湾"即畅享自在的风尚休闲湾，聚焦蓝湾空间，建设28千米缤纷海湾带，打造全季休闲、全龄共享、全时体验的共享蓝湾；"一城"即创新驱动的智创未来城，以蓝湾山海图景为底色，聚焦国际交往、智慧科创、跨境贸易等核心功能，打造面向湾区、展现未来的海上花园城。随着美的文旅小镇、中国青少年户外营地等文化旅游项目的落地，梅山湾新城的商旅、会议住宿需求会进一步增长，有助于酒店行业的发展。

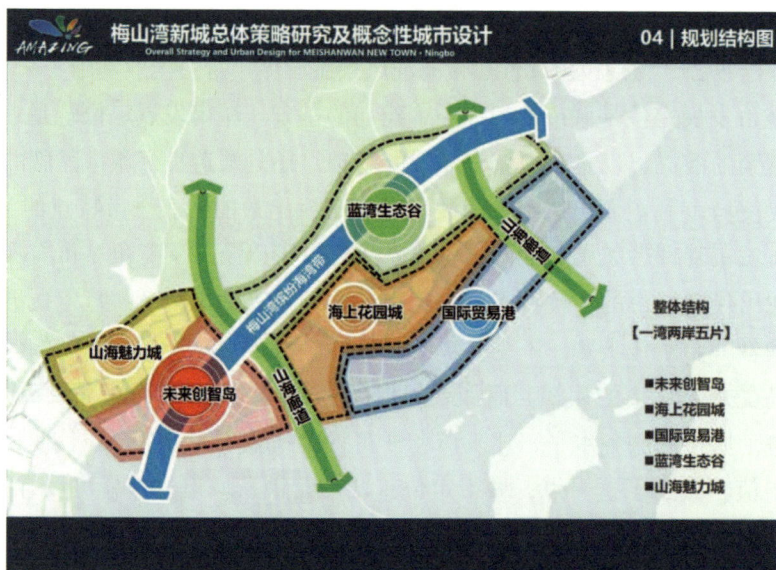

图 2-7　梅山湾新城的总体规划图（来自宁波梅山保税港区管委会[①]）

三、区域土地利用规划

土地利用规划是在一定区域内，从全局和长远利益出发，以区域内全部土地为对象，合理调整土地利用结构和布局，以利用为中心，根据国家社会经济可持续发展的要求和当地自然、经济、社会条件对土地开发、利用、治理、保护，在空间上、时间上所做的总体战略性布局和统筹安排。土地利用规划的目的在于加强土地利用的宏观控制和计划管理，合理利用土地资源，促进国民经济协调发展。土地利用规划实行土地用途管制的依据。我国土地利用规划体系按等级层次可分为土地利用总体规划、土地利用详细规划和土地利用专项规划。

酒店土地利用主要属于《土地利用现状分类和编码》一级编码中的商服用地（编码为 05）、二级编码中的住宿餐饮用地（编码为 052，指主要用于提供住宿、餐饮服务的用地，包括宾馆、酒店、饭店、旅馆、招待所、度假村、餐厅、酒吧等）。同时，酒店土地利用也可以划归到《城乡规划用地分类和代号》中的旅馆业用地（代号为 C25），主要是旅馆、招待所、度假村及其附属设施等的用地。

区域土地利用规划对新建酒店的影响主要体现在以下几个方面。

（1）酒店的选址要符合区域土地利用规划中的商服用地要求。如果不符合

---

① http://www.msd.gov.cn.

要求，就需要进行用地性质的变更调整。这无形之中会增加行政审批的手续和流程时间，影响酒店的建设进度。

比如，2020 年出台的《厦门市商业办公项目变更为酒店项目暂行规定》(厦资源规划规〔2020〕5 号)，对厦门市商业办公项目变更为酒店项目的有关事项进行了规定。

第五条　项目用途变更按照下列程序办理：

(一) 申请人向资源规划部门提出用途变更的申请。申请材料包含拟变更用途的房屋位置、面积、层数、变更理由等。项目应以栋、层等具有单独运营管理条件、相对独立的部分为基本单元进行申请。

(二) 资源规划部门根据片区控制性详细规划等进行初步审查，并通过"多规合一"业务协同平台征求发改、财政、生态环境、建设、文旅等相关主管部门以及属地区政府和管委会意见。相关部门根据职责参照新出让项目要求对变更的必要性、可行性及相关要求提出意见。文旅部门对酒店的规模、档次等提出明确意见；同时，属地区政府或管委会建立联席会议机制，组织发改、财政、审计、商务、税务、资源规划等部门对原出让合同和监管协议履约情况进行审核认定。

(三) 相关部门审查同意后，由资源规划部门会同属地区政府或管委会组织专家对规划条件变更等进行论证。建设单位应委托原项目主体设计单位或者其他具有相应资质等级的设计单位对项目变更后是否符合酒店的结构安全及消防安全有关规范进行复核确认。

(四) 经专家论证同意变更的，由资源规划部门对外公示 10 日。

(五) 公示期有异议的，由资源规划部门组织复核，经复核认定确有问题的，作出不予变更决定书，终止变更申请。公示期满无异议或有异议但处置完毕的，由资源规划部门将相关材料(包含规划条件变更、监管事项要求及违约条款等方案)报市政府研究。

(六) 经市政府同意后，资源规划部门核定规划条件。

(七) 资源规划部门根据规划条件等，拟定变更土地用途供地方案报市政府批准后，与申请人签订土地出让合同之补充合同并按规定结缴地价。属地区政府与申请人签订监管协议，按规定重新约定税收等相关事项。

(八) 资源规划部门将经依法批准的规划条件变更情况予以公布，同时通报同级监察机关。

(九) 申请人按项目基建程序依法办理后续相关建设审批手续。

其中，商业、办公用途项目要变更为酒店用途，必须同时符合下列六大条件。

①申请人与土地使用权人一致。

②已经取得预售许可证的在建或已建成项目，申请人应当先停止预售。

③应当征求利害关系人（含项目已售房产的买受人）意见。

④须成立独立的酒店经营法人公司。

⑤已按原出让合同和监管协议约定完成税收等承诺，或已按规定补足税额、缴纳违约金。

⑥功能变更后应能满足建筑结构和消防安全要求。

此外，项目申请变更须符合所在片区的控制性详细规划。市发改、财政、生态环境、建设、文旅等相关部门会根据职责参照新出让项目要求对变更的必要性、可行性及相关要求提出意见。因此，并不是符合以上六大条件的项目的申请就一定能够通过。

（2）酒店用地的规划评审后的方案需要进行公示。《中华人民共和国城乡规划法》（2019年4月23日第二次修正）第二十六条规定，城乡规划报送审批前，组织编制机关应当依法将城乡规划草案予以公告，并采取论证会、听证会或者其他方式征求专家和公众的意见。公示期间，欢迎单位和个人通过信函和电子邮件方式对规划提出意见与建议。

（3）酒店用地为商服用地，按规定，建筑规划用途应与土地用途保持一致。调整土地用途须根据总体规划，经当地规划委员会讨论通过并报市政府批准。因此，在不调整土地性质和用途的情况下，不可能批建住宅，即便当地允许分割销售，房屋用途也只能为商业服务。

（4）在工业用地上不能规划酒店项目。酒店是商业用地。如果想建设酒店，必须将土地性质更改为商业用地，而商业用地的出让价格远比工业用地高，且出让年限短，一般为40年，但工业用地为50年。当然，如果工业用地向商业用地转变，则必须符合城市规划，并按照土地出让的相关规定，根据《招标拍卖挂牌出让国有建设用地使用权规定》（中华人民共和国国土资源部令第39号），工业用地改变为经营性用地必须实行招拍挂出让的规定，工业用地调整为商业用地后，应收回原工业用地，重新按商业用地依法招拍挂出让。根据《中华人民共和国城市房地产管理法》（2019年修订）第十八条规定，土地使用者需要改变土地使用权出让合同约定的土地用途的，必须取得出让方和市、县人民政府城市规划行政主管部门的同意，签订土地使用权出让合同变更协议或者重新签订土地使用权出让合同，并相应调整土地使用权出让金。

（4）新建酒店的选址和土地使用涉及的最直接、最重要问题是土地价格，也就是项目的投资成本。这不仅是眼前的资本投入、成本核算问题，还会涉及将来的酒店整体价值评估问题。当然，不同地区和位置、不同建设规模和等级的酒店用地价格会有较大差异。例如，2020 年 6 月 23 日，西安经济技术开发区网上挂牌一宗 46.635 亩商服用地。采取"网上报名＋网上挂牌报价"的方式出让，要求建设酒店并且按照五星级酒店标准建设运营，成交价格是 38090 万元，亩单价为 817 万元，楼面地价达到了 2715 元／平方米。相比之下，在 2018 年 12 月 28 日，西安市拍卖出让的浐灞区 14.274 亩商服酒店用地，成交价格是 3290 万元，亩单价为 230 万元，楼面地价 1152 元／平方米。

四、区域交通规划

交通是城市形成、发展的重要条件，也是构成城市的主要物质要素。城市贸易、旅游活动必须有交通条件保证，而大量流动人口及服务人口是形成城市规模的主要因素之一。

交通规划（狭义）通常是指根据对历史和现在的交通供需状况与地区的人口、经济和土地利用之间的相互关系进行分析研究，分析和预测地区未来不同的人口、土地利用和经济发展情形下对交通运输发展的需求，确定未来交通运输设施发展建设的规模、结构、布局等方案，并对不同方案进行评价比选，确定推荐方案，同时提出建设实施方案（包括建设项目时序、投资估算、配套措施等）的一个完整过程。交通规划以合理组织人和物移动的方式为目的，以实现城市生活的方便、让人们出行便捷和利于人们游憩为宗旨，包括交通设施的配置和功能上的规划。交通规划是以土地规划、区域规划为基础而进行的适合区域定位发展的交通线路、交通方式和交通工具三者的合理配置，使其发挥各自的优势。按交通规划研究的不同地区范围，可以分为国家级交通运输规划、区域性交通运输规划和城市交通规划。

在国家级和区域性运输网络规划中，城市一般只作为一个节点来考虑。而城市本身的交通系统建设和发展则需要通过城市交通规划来专门研究。城市交通规划可分为全市性的交通规划和地区性的交通规划（如中心区或商业区交通规划、居住区交通规划、新开发区交通规划、火车站地区交通规划、航空港地区交通规划）。

在国家大力发展交通运输的背景下，旅游及商务出行的市场将会不断扩大，对酒店的需求量也会大大增加。此外，随着下沉市场交通设施的不断完善，加上国家对都市圈的打造，三线、四线城市旅游热不断升温，下沉市场成为旅游及酒店预订的新增长点。《中华人民共和国国民经济和社会发展第十四个五年规划和 2035 年远景目标纲要》中多次提到的关于提升文旅服务、加快交通建设及升级消费水平等的规划，关乎人民的幸福感和满足感，也为酒店行业的发展带来更多机遇。

区域交通规划对新建酒店的影响主要体现在以下几个方面。

（1）区域性的交通规划（如高铁、机场规划建设）可以改善城市整体的交通条件，增加游客的总量，进而对酒店项目选址、建设等级和规模带来影响。

（2）城市内部交通规划（如地铁、高速公路建设）对酒店业有很大影响，它可以带来明显的区位优势。好的交通位置可以加大客流量。因此，新建酒店的选址要符合最便捷的交通规划需要，方便游客的交通出入。

比如，宁波梅山湾新城的总体地理位置较为偏僻，对外交通连接渠道较少。目前，宁波市区（梅山距离宁波市区约 50 千米，目前开车需要 1—2 小时，无法有效吸引市区人口）和北仑中心城区没有直达春晓梅山的高速（最邻近的三个高速出入口分别为北仑的柴桥、大碶和鄞州的咸祥）。北仑城区到梅山，目前除了走拥挤的太河南路，只能选择从城区上高速。太河南路现在限速 60 千米，且路上有很多村庄，早晚很容易拥堵。加强春晓的对外联系，需要不断改善当前的交通环境。

具体交通规划建设如下：①建设象山湾疏港高速北仑段。象山湾疏港高速昆亭至塘溪段起于北仑区春晓街道昆亭村南侧，设置昆亭枢纽以连接宁波舟山港六横公路大桥，终于鄞州区塘溪镇鹳山村西侧，设置塘溪枢纽，接甬台温高速复线，是宁波市高速公路网"二环十射四连四疏港"规划布局中的"二环"重要组成部分和"四疏港"之一，路线全长 24.15 千米，共有桥梁 15 座，计划于 2023 年年底建成，项目投资概算约为 77.1 亿元。目前，从春晓昆亭出发到鄞州塘溪，开车需 40 分钟左右，该段高速建成后只要 15 分钟即可，将极大地改善春晓的交通条件。②建设宁波舟山港六横公路大桥（一期工程：北仑至梅山）。这是宁波舟山港六横、梅山两个重要港区的集疏运通道。该项目起于舟山六横干岩互通，顺接孙干公路，经六横南岙、佛渡岛、北仑梅山岛、春晓，终于北仑柴桥，接穿山疏港高速和规划杭甬高速复线，路线全长约 30.2 千米。工程按 100 千米 / 小时的高速公路标准建设，投资估算约 176.5 亿元。项目分段分期实施建设。六横公路大桥一期工程即梅山互通至柴桥枢纽段，为双向六车道高速公路，路线长约 10.8 千米。全线布设桥梁 6 座，隧道 2 座，互通立交 3 处（梅山互通、昆亭枢纽、柴桥枢纽），匝道收费站 1 处，以及必要的服务设施，等等。这样，从梅山到北仑柴桥的车程将从 30 分钟缩短到 10 分钟左右，将极大地改善梅山的交通条件。③规划宁波至梅山的城轨。依据《浙江省都市圈城际铁路二期建设规划（2017—2022 年）环境影响评价公示》，建设规划上报的宁波至象山再至梅山市域轨道交通项目（长 80.5 千米），拟采用主线、支线的形式，沿线设钱湖大道站、云龙站、横溪站、塘溪站、咸祥站、瞻岐站、滨海工业园区站、春晓集散中心站、昆亭集散中心站、贤庠站、大徐镇站、人民广场站、大目湾站等 13 个站。

五、区域旅游规划

旅游规划是指依托规划区域的旅游资源及内外部条件，对区域的旅游业要素进行优化配置和对旅游业的未来发展进行科学谋划。其实质就是根据市场环境的变化情况和可持续发展的要求，对与区域旅游业发展有关的生产要素进行科学合理的优化配置。区域旅游规划是以国家和地区社会经济发展战略为依据，以旅游发展方针、政策及法规为基础，与城市总体规划、土地利用规划相适应，与其他相关规划相协调，根据国民经济发展形势而制订的区域旅游业的规划。

区域旅游规划对新建酒店的影响主要体现在以下几个方面。

（1）酒店项目规划是区域旅游规划的一个组成和辅助。因而，区域旅游规划的层次、内涵、空间布局会直接影响到新建酒店项目的空间选址、范围和实际落地。当然，区域旅游规划项目的推进实施也是新建酒店客源入住的一个重要保障，两者休戚与共、利益相关。例如，度假酒店是旅游度假胜地里一种普遍的住宿形式，服务对象通常是以放松、保健、休闲、娱乐为目的的度假旅游者。与此同时，度假酒店在空间营建上更注重个性化，重点突出健康、放松、享受、娱乐。顾客在挑选度假酒店时以生态景观和自然环境的优劣为标准。

（2）旅游酒店的发展要依附区域旅游业的发展，也要兼顾前述的土地利用和交通规划等的适宜性。新建酒店的项目选址要综合权衡区域旅游规划带来的资源便利、交通规划带来的区位便利和土地利用规划带来的项目可行性。这意味着要把地方旅游业建设纳入土地利用总体规划、城市建设规划中。同时，要正确处理城镇规划、土地利用规划与景区规划、旅游发展总体规划、酒店项目建设的关系。把城镇规划与旅游规划融为一体，把风景名胜区、旅游度假区（包括酒店项目建设）的开发建设和生态保护结合起来。

如果说发展工业需要经济开发区，那么发展旅游则需要旅游度假区，旅游度假区实质上是旅游经济开发区。省级旅游度假区是旅游度假区的"金字招牌"，有了它，在旅游项目的开发建设过程中，审批和用地指标的使用都将更加方便、快捷，同时也为下一步申报国家级旅游度假区奠定了扎实基础。下面结合宁波梅山湾省级旅游度假区的旅游规划进行具体案例说明。

2017年12月21日，宁波梅山湾省级旅游度假区获省政府批复，成为继宁波东钱湖国家级旅游度假区、宁波九龙湖省级旅游度假区（镇海）、宁波松兰山省级旅游度假区（象山）、宁海森林温泉省级旅游度假区之后，宁波市第五个省级以上旅游度假区。

宁波梅山湾旅游度假区位于宁波市北仑区东部沿海，宁波国际海洋生态科技城中部，其红线范围北至白岩山—滴水岩—尖岭山体山脊线，南至梅山岛海岸线外1千米海域，东至梅东大桥，西至青明尖—白岩前山体山脊线。总占地面积为46.20平方千米，其中陆地面积38.24平方千米，海域面积7.96平方千米，主要涉及春晓街道、梅山街道、白峰街道。宁波梅山湾旅游度假区以长三角唯一的蓝色海湾、罕见的金色沙滩为依托，立足于国际视野，以产业融合战略及区域联动战略为引领，在整合现有资源的基础上，设计"一心、一轴、两镇、一基地"的空间结构，即"旅游集散中心""梅山湾蓝海休闲度假轴""海洋金融小镇、汽车文化小镇"和"国际健康度假基地"，打造一处以滨海休闲度假、体育运动赛事为核心功能，并汇集海洋主题游乐、健康养生度假、乡村休闲体验、保税展销购物等多元业态的高品质滨海运动休闲度假胜地，最终将宁波梅山湾旅游度假区打造成为国家级旅游度假区。宁波梅山湾旅游度假区的规划建设为后续包括酒店项目在内的旅游产业的发展提供了广阔空间。

第三节　区域酒店行业分析

在建造酒店之前，先要了解该城市内现有的酒店旅馆设施情况与竞争对手的经营特色和状况，掌握区域酒店市场的饱和程度。同时，要了解是否有新建酒店的规划，以及区域内饮食设施、规模特色、营业时间、顾客层次、消费单价、营业额、菜系和菜单内容等，避免重复建设和同类、同质竞争。

一、区域已有酒店现状调查

（1）基于携程网的区域酒店搜索、查找

通过区域酒店的空间分布、数量、规模、品牌、特色、服务功能等现状分析，可以了解和掌握区域酒店的总体状况，进而为后续的酒店选址和酒店竞争力分析比较提供依据。随着大数据互联网、共享经济的发展，酒店在进行市场分析时，除了实地考察以外，早已经离不开网络大数据分析的辅助。

目前，国内查询、预订区域酒店的线上平台较多，主要有携程、美团、飞猪旅行、去哪儿网、马蜂窝等大型在线代理商（online travel agent）。其中，携程是一个在线票务服务公司，创立于 1999 年，总部设在中国上海。携程旅行网拥有国内外 60 余万家会员酒店可供预订，有着较为完善和全面的酒店信息数据。携程旅行网可以为会员提供即时预订服务，合作酒店超过 32000 家，遍布全球 138 个国家和地区的 5900 余个城市，有 2000 余家酒店保留房。因此，这里基于携程网平台（https://hotels.ctrip.com/）进行区域酒店的搜索、信息梳理和现状分析。

第一步：进入携程网（见图 2-8），输入目的城市（比如宁波），搜索国内酒店。携程提供的酒店搜索服务包括位置区域、星级价格和高级筛选（如酒店类型、特色、品牌）等。

第二步：选择地图大图进行分区（目标区域），比如根据商业区分类来选择北仑洋沙山 / 万人沙滩 / 梅山岛片区。携程根据行政和地理位置等，对不同区域的酒店状况提供了分区选择服务（包括商业区、机场 / 火车站、地铁线、行政区 / 下辖市县、景点等），方便在目标区域内查询理想酒店。此外，携程还提供

了城市地标周边的酒店搜索功能，可以方便游客更高效率地找寻入住酒店。

第三步：比较查找结果，进行酒店分类筛选。携程提供的搜索结果里面有价格、星级、特色、酒店类型、其他筛选等诸多筛选功能，可以帮助游客快速找寻区域内的心仪酒店。

图 2-8　携程网酒店预订页面

值得注意的是，检索结果中的酒店可能包括运营中、建设中（待开业）和已经关停未营业的酒店，因此需要对检索结果进行进一步比较、甄别。其中，比较可行的一个办法是：根据酒店的评分或者点评进去查询，如果记载有最近时间段内的酒店入住信息，则表明酒店在正常运营。如果酒店信息不完善，或者半年、一年以上没有顾客入住、点评信息的，则可以初步认为该酒店处于未营业状态，后续需要通过实地调研或者电话询问等方式进行核实。

第四步：区域酒店比较分析。通过酒店信息的筛选，对区域的酒店分布状况进行梳理和总结（见表2-2）。重点分析酒店的星级、客房数量（酒店规模）、开业时间、装修时间（反映酒店新旧程度）、酒店设施、客房价格。

表 2-2　区域酒店分布状况统计

酒店名称	星级	客房数量	开业时间	装修时间	酒店设施	客房价格
酒店 1						
酒店 2						
酒店 3						
酒店 n						

（2）基于某品牌酒店的区域分析

通过对区域酒店的现状分布进行分析，我们虽然可以了解和掌握区域酒店的总体状况，但是无法为更精细的某品牌酒店选址提供支撑。因此，在进行区域拟建酒店的选址时，我们还需要了解所在城市拟建品牌酒店的总体分布状况，避免区域内的重复建设和自身竞争问题。

同样，基于携程网平台，我们可以进行区域内具体某品牌酒店分布现状的调查分析。

第一步：选择研究区域。为体现区域比较意义，需要选择相对更大范围的地域尺度进行分析（前述为范围较小的宁波北仑春晓梅山片区），可以是具体某个区，或者某个城市。这里可以选择整个宁波市为目标区域。

第二步：根据酒店品牌进行高级筛选。品牌类型主要有快捷连锁、中端连锁、高端连锁（高星级酒店品牌，见图 2-9）和其他品牌（包括民宿、别墅、青年旅舍、农家乐、特色住宿、客栈）。根据拟建酒店的品牌属性，选择对应的品牌类型，进行竞争者比较分析（具体见第四章）。

图 2-9　携程网酒店品牌高级连锁酒店的搜索页面

第三步：结果分析比较。高端品牌酒店以豪生酒店集团为例。截至 2020 年 7 月，搜寻出宁波共有 6 家豪生酒店，其中北仑区有石浦豪生，但在东南部的梅山湾新城片区没有分布该品牌酒店。中端品牌酒店以开元曼居酒店为例。搜寻出宁波共有 13 家酒店。

如果在同一个区域或者邻近区域，某个品牌的酒店已经有布局，则在新建酒店时需要考虑避免，以回避同类酒店面临的激烈竞争压力，进而影响各自的酒店业绩，使得项目方对酒店的投资得不到好的回报。这意味着连锁品牌酒店的扩张密度和空间分布要合理。同时，对于新开发区域而言，尽量要实现差异化竞争的市场策略，引入不同主题、不同品牌、不同功能特色的酒店，以满足更多消费者、不同层次消费水平的顾客的入住需求。

二、规划建设中的酒店项目调查

如前所述,线上平台检索结果中的酒店可能包含运营中、建设中(待开业)和已经关停或还未开始营业的酒店。因此,要对检索结果进行进一步调查,以筛选出正在规划建设中的酒店项目。

正在规划建设中的酒店项目的调查途径主要有两个:①前述的线上平台搜索,这些酒店项目虽然未正式运营,但是基本上已经建好或者即将正式投入运营。②实地调查。实地调查是对线上搜索调查的一种补充,主要是调查规划建设中的酒店项目选址、特色、品牌、主要酒店设施等项目。正在规划建设中的酒店项目的调查样表见表2-3。

表2-3 规划建设中的酒店项目调查样表

酒店名称	拟定星级	房间数量	拟开业时间	酒店设施	拟定客房价格
酒店1					
酒店2					
酒店3					
酒店n					

正在规划建设中的酒店项目也是我们拟建酒店的潜在重要竞争者。考虑到酒店的建设周期,我们拟建酒店的项目在开业时间上要滞后于目前正在建设施工的酒店项目。因此,拟建酒店项目的选址需要注意以下几点。

(1)拟建酒店项目的选址要与正在规划建设的酒店项目尽量错开,保持一定空间距离,给彼此留有足够的发展空间,也尽可能将市场竞争相对弱化。同时,这也有利于区域酒店行业集聚效应的发挥。

(2)拟建酒店项目的品牌、功能和特色要有别于正在规划建设的酒店项目,以实现差异化发展,并保持自己鲜明的特色。如果正在规划建设的酒店项目主打旅游度假功能,那么,我们拟建酒店项目可结合区域市场需要,发挥商务接待和会议功能。

(3)拟建酒店项目的正式运营时间要跟正在规划建设的酒店项目错开。运营时间错开,可选择对自身最有利的开业时间,有助于吸引和稳固自己的客源。

三、新建酒店项目的发展建议

综合前述区域分析内容，我们需要对新建的酒店项目做一个综合的可行性分析判断。这里引入 SWOT 分析法，并对其进行具体的决策判断。

SWOT 分析是基于内外部竞争环境的态势系统分析，它调查并列举与研究对象密切相关的各种内部优势、劣势与外部的机会和威胁等方面，依照矩阵形式排列，然后用系统分析的方法，把各种因素相互匹配并加以分析，得出一系列相应的结论，而结论通常带有决策性。SWOT 分析法可用于战略分析，因其便捷实用、条理清晰的特点，逐渐被应用于规划领域。在规划编制过程中运用 SWOT 分析法，可以避免制定发展战略时的主观性，以增强科学依据。运用这种分析方法，我们可以对研究对象进行全面、系统、准确的研究，从而根据研究结论制定相应的发展战略、计划以及对策等。优势（strengths, S）、劣势（weaknesses, W）是内部因素，机遇（opportunities, O）、威胁（threats, T）是外部因素。

这里以美食文化主题酒店 SWOT 分析为例进行阐释（见表 2-4）。中国酒店业近年来发展迅速，但受房地产等因素的影响，酒店运营成本上升，为了保证利润，酒店业经历了一系列的提价过程。但目前，经济型、商务型连锁酒店产生了服务与价位不匹配的现象，影响了顾客体验。反观文化主题酒店，将文化体验融入消费的各个环节，既满足了顾客的基本需求，又满足了其差异化需求，提升了体验感受。美食文化主题酒店是指以当地特色美食为主题，并根据营销需要将其他特色文化作为副主题的文化主题酒店。

表 2-4　美食文化主题酒店 SWOT 分析（张中译，2020：41）

分析模块	分析内容
S	1. 品牌识别度高；2. 服务体验性强；3. 目标市场广；4. 主题时效性长；5. 产品层次丰富；6. 顾客满意度高
W	1. 运营成本高；2. 选址要求高；3. 餐饮部门营业时间和模式受限
O	1. 消费升级；2. 政策扶持；3. 自助游比重增加
T	1. 各类主题酒店进入市场；2. 外卖业及餐饮实体门店竞争激烈；3. 入境游市场呈波动下行趋势

当然，美食文化主题酒店对选址要求较高。我国许多旅游城市的客流量季节性变化大，无法保证全年的营业额，所以美食文化主题酒店最宜建在受旅游季节性变化影响小的城市，许多美食文化突出但旅游淡旺季差异明显的城市或

区域不适宜开店。

　　总体来看，美食文化主题酒店符合当今旅游市场的消费趋势，且优势和机会远大于劣势和威胁，适宜在我国开展业务。不容忽视的是，酒店运营前期的高投入和运营中的高成本会给投资者带来一定的风险，管理者必须采用正确的营销方式来吸引消费者，保证盈利。

📖 本章小结

　　1. 区域经济现状分析是拟建酒店选址的宏观前提，而区域未来相关规划分析则是酒店建设真正是否可行的一个科学决策依据。

　　2. 区域经济现状分析主要可以从 GDP 发展、产业结构特征、旅游经济发展、旅游资源、居民消费水平等角度进行论述。

　　3. 区域未来规划分析主要包括城市规划和发展定位、土地利用规划、交通规划和区域旅游规划等内容。

　　4. 酒店土地利用属于住宿餐饮用地，在酒店选址过程中要格外注意项目所在点的用地性质。

　　5. 利用 SWOT 分析法，可以对酒店选址前的宏观环境做一个综合决策分析。

📖 思　考

　　1. 如果拟建酒店位置的原土地用途为商业、办公，那么现在选址开发建设酒店，将商业、办公用途变更为酒店用途的基本流程和步骤有哪些？

　　2. 以宁波杭州湾地区为例，根据 SWOT 分析原理，阐释该地区进行五星级酒店选址建设的可行性。

　　3. 绘制区域酒店分布图（包括已有酒店和建设中的酒店）。

　　4. 绘制区域旅游资源分布图（包括已有旅游景点和规划建设中的旅游景区）。

　　5. 绘制区域交通道路分布图（包括现有交通体系和区域交通规划）。

第三章

酒店的选址和评价

Chapter 3
Hotel Site Selection and Evaluation

学习目标

◎ 知识目标

1. 了解酒店选址的属性特征。

2. 掌握酒店选址的影响因素。

3. 掌握酒店选址的地理位置评价和综合适宜性评价。

4. 理解不同等级酒店的选址区别和联系。

5. 理解酒店选址的可视性评价。

◎ 能力目标

1. 根据区域的经济发展状况，分析酒店选址的内外部影响因素。

2. 根据相关评价方法，分析酒店选址的合理性。

3. 利用距离测算方法，评估酒店选址的交通区位。

◎ 素养目标

1. 培养学习者的综合分析和思维素养。

2. 培养学习者广泛调研、谨慎思考、小心求证的科学钻研精神。

3. 培养学习者的比较分析意识，使其做出最优的决策。

4. 培养学习者善思考、肯吃苦、能动手的专业素养。

问题引入：你认为酒店的区位选择主要受哪些因素影响？

第一节　酒店的地理空间分布

　　酒店的类型、数量及其地理空间分布是衡量一个地区或区域服务业发展水平的重要指标，也是评价区域经济发展水平以及对外开放程度的重要依据。因此，拟建酒店的选址评估与已有酒店的地理空间分布分析有着十分紧密的关联（Oppermann，Din & Amri，1996）。

一、酒店的区位选择

　　区位选择是地理学家、经济学家和旅游科学研究者共同关注的重要话题，也是酒店经营（者）扩张的重要决策。正如世界饭店业标准化之父埃尔斯沃思·密尔顿·斯塔特勒所言，对任何酒店来说，取得成功的三个最重要因素是地点、地点、地点（There are three things that make a hotel famous—location, location, location）。

　　酒店区位选择抑或选址是指在酒店规划建设之前对地址进行论证和决策的过程，它为企业选择合适的地理位置，从而实现酒店企业收益的最大化以及未来出现问题概率的最小化。酒店选址决策是企业战略规划中不可缺少的步骤，有着十分重大的意义，主要表现在以下几个方面。

　　（1）相对于其他因素，酒店选址具有长期性和固定性。当外部环境发生变化时，其他经营因素都可以随之进行调整，而选址一经确定就难以变动，选择得好，酒店可以长期受益。

　　（2）酒店选址事关企业的成败，企业位置的选择将显著影响实际运营的效益、成本以及日后企业规模的扩大。相对于制造型企业，服务性企业（如酒店）的选址更为重要，其位置的好坏在很大程度上直接决定了企业的营业收入，最终决定了酒店的生死存亡。比如，高星级酒店往往只在经济发达、人口密度高流动快、公共设施完备、交通方便的城市区域存在，经济落后地区则较难集聚数量众多的高星级酒店。因此，企业在酒店投资时需要慎重考虑城市的经济发展状况和投入、产出回报（Valentin & O'Neil，2019）。

　　（3）酒店选址是制定经营目标和经营战略的重要依据。商业企业在制定经营目标和经营战略时，需要考虑很多因素，其中包括对选址进行研究，从而为企业制定经营目标提供依据；同时，要在此基础上按照顾客构成及需求特点，确定促销战略（Masiero，Yong & Qiu，2019）。

一般而言，酒店选址一定要做到"三看"：大看区域、中看城乡、小看地段。看区域容易被忽视，它是指酒店投资人从企业战略角度出发，在世界范围、全国范围来研究比较不同的投资环境、投资机会、投资回报等，选择好投资区域。例如，在上海建一个五星级商务酒店需要约 14 亿元，而在海南建设可能只需要约 4 亿元。除了看城乡、地段外，还要看未来，即经营前景及未来发展（杨晓东、冯晴，2019）。

二、酒店选址的宏观、微观问题

酒店选址的分析前提是对所投资建设的城市的选择。从宏观上来看，不同城市等级和规模决定了酒店分布的等级、规模和数量，比如北京、上海、广州、深圳等一线城市高星级酒店的数量更多，规模更大。从 2019 年粤港澳大湾区的城市群来看（见表 3-1），广州、深圳属于一线城市，香港、澳门属于特别行政区，经济强劲，市场广阔，满足星级酒店偏好，有显著的集聚现象，而佛山、肇庆、惠州、中山、江门、珠海和东莞属于二线城市，经济实力和消费能力相对较弱，星级酒店的设立意愿有所降低。星级酒店的高密区主要分布于沿海大城市，可以看出地区经济发展的特征与高星级酒店空间分布规律是一致的；酒店业的发展是旅游产业的一部分，所以它们之间更是密不可分；良好的城市环境是吸引游客驻足的关键要素，同时，城市对游客的吸引程度也反映了城市环境基础设施建设的程度。

表 3-1　粤港澳大湾区各城市星级酒店分布数量（卢扬丽、吴庆双、王芳，2019：336）

城市名称	城市等级	酒店等级			城市名称	城市等级	酒店等级		
		三星	四星	五星			三星	四星	五星
香港	特别行政区	110	95	35	佛山	二线	101	105	32
澳门	特别行政区	15	17	33	珠海	二线	77	48	21
广州	一线	387	269	103	中山	二线	32	35	20
深圳	一线	135	199	73	江门	三线	57	42	24
东莞	二线	67	118	46	肇庆	三线	41	32	10
惠州	二线	114	76	38					

当然，城市星级酒店的空间布局与城市经济空间产业发展息息相关。区域经济发展水平、产业发展水平对城市星级酒店的空间布局影响主要表现在对星级酒店等级和数量关系上的影响（见表3-2）。经济发展水平高，产业集聚水平高，工商业发达，城市星级酒店等级和数量也随之增多，即高经济水平地区呈现聚集高等级星级酒店的发展趋势（Li & Du, 2018）；反之，经济发展水平较低，工商业欠发展，城市星级酒店登记和数量就会相应减少，即低经济水平地区呈现低等级酒店零散分布的发展趋势。

表3-2　2013年武汉市地区经济数据与星级酒店数量

地区	GDP/ 亿元	社会零售总额 / 亿元	星级酒店
汉阳区	695.48	381.50	4
硚口区	370.95	231.30	6
江汉区	667.00	600.00	12
江岸区	418.00	321.20	15
武昌区	640.00	468.60	27
洪山区	635.00	413.10	11
青山区	605.44	137.00	3

数据来源：武汉市各地区统计信息网（2013年）。

当然，拟建酒店项目的区域选择存在宏观和微观的问题。酒店宏观选址以地区或城市为单位，并决定了酒店等级的高度；而微观选址则是确定酒店设立的区位或具体位置，主要在微观层面决定了酒店的特色和定位（查根凤，2017）。

宏观区域选择主要是看拟建目标区域的政治（如人文因素、经济因素、可持续发展因素、制度形式、法律、通货膨胀、价格控制、许可政策）、经济（如GDP、产业结构及变化）、文化（如教育水平、风俗习惯、语言障碍、民族特征、民族主义）、技术（对个人服务方面的技术因素、有效管理的技术因素）、生态环境（对环境保护的法规、顾客对环境保护的要求）、人口、总体消费水平及消费结构、酒店行业整体运营情况等。其中，居民消费水平主要可以从社会消费品零售总额和限额以上餐饮业营业额两方面进行分析。在我国社会消费品零售总额统计中，除了包括对居民的零售外，还包括相当份额的对社会集团的零售，如公务、商务以及其他社会活动中的应酬性、公关性和补助性消费。消费的增加、商业的发展促进了地区的经济繁荣，同时对酒店业的发展具有推动作用。

做一做 1：2019 年宁波市地区经济数据与星级酒店数量关系如何？

附表 3-1 2019 年宁波市地区经济数据与星级酒店数量一览表

地区	GDP/ 亿元	社会消费品零售总额 / 亿元	三星级以上酒店数量
海曙区			
江北区			
镇海区			
北林区			
鄞州区			
奉化区			
余姚市			
慈溪市			
宁海县			
象山县			

数据来源：《宁波统计年鉴》。

微观区域选择主要依据同业竞争对手情况、交通情况、目标客户、酒店的开房率、酒店平均房价、营业收入 / 支出水平与结构、水煤电路等公共工程设施的投资开发情况、地段用途类别、周边开发计划与规划设计、工商圈、居民收入水平、供给因素、劳动力市场供给状况等等（李志龙、谢能仕，2019；储辙，2019）。

总的来看，酒店区域选择的宏观、微观问题构成了酒店选址的基本影响因素。

三、酒店地址的属性特征

逆向而言，根据不同消费者群体的目的偏好，酒店所选的地址往往带有一些普遍的属性特征（黄一庭，2019）。

（1）酒店的交通中转属性。这包括便利因素，即交通便利、起居便利、行为（办事）便利；识别因素，即酒店的可视性、可标注、可达性（易出入）；功能因素，即方便购物、饮食、会客、栖息、通信等目的。

外部交通区位是影响城市酒店选址布局的重要因素之一，主要以交通距离和交通时间为评价指标（Yang，Hao & Law，2014）。外部交通条件是城市快捷酒店与消费者之间的实体纽带。外部交通条件理想的区域不仅可以节约消费者的交通成本，还可以为酒店的运营和推广提供便利。外部交通区位通常包括城市内部交通以及城市对外交通两个方面，而市内纵横主干道、长途客运站、火车站、地铁站等二者重叠的区域必然就成了酒店选址布局的密集地段。

（2）酒店的休憩港湾属性。要求酒店选址的舒适度，考虑美观、整洁、环境优质、宜人；安静度，考虑隔音、避杂、独处、合围效应；轻松度，配套丰富、路径通达、事务就近。比如，希腊斯亚索斯东南海岸的斯基亚索思·布鲁酒店位于一个青翠的半岛，建在山坡上，主楼在顶部，一排平房位于斜坡下方，结合了纯立方体式的现代主义美学和清晰切割的线条与本土化的感觉，使客人进入与自然环境完美协调的优雅环境。此外，开元颐居酒店作为中高端泛度假人文精品酒店品牌，选址闹中取静、大隐于市，或位于生态环保景区、自然保护区、主题公园周边。

（3）酒店的生活延续属性。酒店是客人的第二个家，因此其地址的选择要考虑生活的延续性，追求安全、卫生、温馨、呵护、自然、和谐等。这要求酒店在选址设计中处理好环境、装饰、材料之间的协调。比如，在酒店设计室内布局的时候要注意到室内的空间尺寸问题，合适的空间尺寸可以给消费者带来良好的住宿体验。

第二节　酒店选址的影响因素

酒店选址的影响因素及评价指标是酒店选址的一个重要研究领域。迈克尔·柯尔特曼认为，酒店选址决策不仅要考虑交通条件，商业区、会议中心以及机场等也很重要（Coltman, 1989: 112）；尤赛和魏建国等学者认为，区域旅游市场、政治稳定性、汇率和开放程度与区位显著相关（Ussi & Wei, 2011）；威廉·格雷和塞尔瓦托·利古力的认识更加深刻，不但强调交通的便利性和可达性，而且看重整体区域经济环境、法规、地理因素、自然资源以及区域面积等（Gray & Liguori, 2002: 186-200）。

从经济理论来看，酒店地段受不同市场、成本和社会条件的制约，酒店选址问题需要权衡多维影响因素对酒店经济效益产生的综合影响。因此，酒店选址问题实质就是研究酒店所选的区位与周围环境之间的互动关系，酒店区位的周围环境即为酒店选址要考虑的影响因素。在酒店选址的过程中，除了要考虑经济型酒店内在机制的影响外，还要考虑许多与选址有关的外部因素。

一、酒店选址的外部因素

外部因素主要包括酒店的地理位置因素、人口因素、交通因素、公共设施因素、旅游资源因素、竞争性因素和政治政策因素等（段永峰、罗海霞，2013；程玉芳、崔小年、闫紫燕，2011）。

（1）地理位置因素

地理位置是指地球上某一事物与其他事物的空间关系，酒店的选址必须落实到一定的地理位置上。在地理位置因素方面，首先要考虑的是酒店位置的可视性。酒店位置的可视性主要指酒店是否靠近街道，人们是否能够在一定的距离范围内发现酒店的品牌标志，以及是否容易找到并到达酒店。例如，宁波富邦大酒店（见图3-1）位于宁波火车站北广场，乘客和游客出入宁波火车站时均可看到此酒店，位置极为便捷。如果酒店位于可视性较好的位置，即使它位于不靠近街道的区域，也可以有效地增加客人入住的可能性。其次，酒店选址时要注意酒店门面的开阔性，停车条件也是选址过程中的影响因素，容纳量大的停车位有利于吸引更多的顾客。比如，宁波春晓世茂希尔顿逸林酒店（见图3-2）。背山朝海，视野开阔，人们可凭栏欣赏花园美景及远眺浩瀚大海。

图3-1 可视性极佳的宁波富邦大酒店（作者拍摄）

图 3-2　开阔的宁波春晓世茂希尔顿逸林（作者拍摄）

　　同时，酒店在选址时必须考虑其主朝向，在规划红线允许的范围内尽可能将建筑调整到最佳朝向或接近最佳朝向，使得冬季能最大限度地利用日照，多获得热量，避开主导风向，减少酒店建筑物和外场地表面的热损失；夏季能最大限度地减少受热并利用自然来降温冷却，以达到节能的目的。

　　此外，需要注意的是，城市繁华地段具有可能带来高收益的量大质优的消费者群体，但是城市核心商圈周围的地价和物业成本均位于全城峰值，且高成本除了可能带来高回报外也潜藏着高风险，这就会使以较小的投资成本为安身立命之本的快捷酒店面临定位不准、目标不明的严峻考验（李美婷，2014）。

　　（2）人口因素

　　人口因素主要涉及人口数量、人口分布与密度、人口构成以及人口的消费水平等方面。一个地区人口的多少将直接影响酒店的客源量，人口数量越多、人口密度越大、人均可支配的资金越多的区域，人们的入住需求就越大，因而会越有利于酒店等服务型设施的建设。同时，人口结构不同，人们的消费心理就不相同，在进行酒店入住选择时也会有所差异。因此，区域人口的构成将会对酒店的选址产生一定的影响。当然，人口因素也决定了新建酒店的潜在目标市场群体，比如大多数经济型酒店都以中低端商务客人为目标顾客，而高星级酒店往往以中高端商务客人和高消费游客群体为目标。其中，高星级酒店作为消费水平高的市场组成要素，在选址上会充分考虑地区的商业发展程度、人口的消费水平。在商业水平较高的地区，由于商务会议、社交、购物等需要，人们对高星级酒店的需求会增大（梅林、韩蕾，2011）。

同时，酒店在选址时必须对当地消费群体的消费情况进行详细而深入的调查，包括消费水平、习惯、结构等，以此锁定目标消费群，制定合理的选址方案。另外，酒店经营者应具备高瞻远瞩的眼光，在对消费群体进行调查时，要通过对现状的分析预测出未来的消费趋势，这对于酒店未来的发展有着很大影响。

（3）交通因素

交通因素是指一个区域的交通状况。交通因素是在各种设施选址中都应考虑的因素，酒店考虑的交通因素主要是考察客人是否能够快捷方便地到达酒店。好的酒店必须位于交通比较便利、可达性较好的地方。星级酒店尤其是高星级酒店具有明显的交通指向，一般分布于城市主干道、城市主要交叉路口等交通较繁忙和可达性较高的地段。城市主干道一般是指一座城市中最宽的、具有明显标志性的道路，既是城市车辆交通的重要载体，也是现代城市规划的主要组成部分，往往贯穿整座城市，位于城市的轴线或环线上，并途经或靠近城市重要商业中心。汽车是城市中最主要的交通工具，因此城市主干道路的交通条件直接影响酒店的选址布局。比如，五星级酒店的交通便利度都比较高。北京国贸中心商务区内的此类酒店到最近地铁站的平均距离仅为 379 米，其中 1/3 集中在国贸地铁站周边 500 米左右的范围内，连通 1 号线和 10 号线。中关村的 4 家酒店到最近地铁站的平均距离略远，是 635 米，也在正常步行范围内。

交通因素可以通过距交通枢纽的距离、交通工具的种类、道路的通达性等指标来衡量（唐波、彭永超、王丹妮，等，2020）。好的交通区位能够保证城市对外交通的通畅，也能够保证城市内部交通的方便快捷。在城市中，高速公路、汽车站、火车站、飞机场、地铁等交通站点的分布，能够把城市和外部相连接。交通站点多的地段客流量比较大，人口流动快，出行方便，能够为酒店带来潜在的客源。酒店投资者在进行选址的时候，必须考虑到酒店和目标客源之间的距离及当地主要的交通方式，避免选址在道路拥挤或者交通设施稀缺的地段。交通因素中，是否在环城高速（或者高速出入口）500 米范围内也影响较大。可见，可达性是衡量一个区域适合开设经济型酒店与否的重要因素。

交通工具方面，如果到达酒店的交通工具种类较多，客人就容易到达酒店。酒店周边公交总线路和附近商圈的公交总线路对入住率有直接影响。在交通便利的区位，客人既可选择公交车、地铁，也可选择出租车，可选择交通方式的种类多少会影响酒店的入住率。关于道路的通达性，主干道和道路的交叉路口主干道一般道路比较宽阔畅通，人流量和车流量比较大，便于顾客到达，但是车流量太大又会造成道路拥挤，给客人带来不便。一般来说，酒店如果位于道路的交叉口处，经过酒店的交通路线就会贯穿东、西、南、北四个方向，会带来更多的潜在消费者。因此，酒店在选址时需要将城市主干道作为参考因素。

当然，不同类别等级的酒店对交通条件的要求也不一样。相较于连锁快捷酒店，高星级酒店需要综合考虑酒店的环境、空气、噪声等因素，并不是距离交通干道越近越好，而是最好选择在距离适中的 500—600 米，这样既考虑了交通因素，又避开了相对吵闹、环境质量稍差的交通干道带来的困扰，并且通过对比得知，高星级酒店与经济型酒店的选址对交通的依赖度是有较大差异的。

（4）公共基础设施因素

城市的公共基础设施主要包括行政机构、会展中心、教育机构、医疗机构、城市商圈、城市公园等，这些区域人流量一般比较密集，能够为酒店提供比较稳定和理想的客源。宁波天一广场商圈及周边地区就分布了众多高星级酒店，如宁波南苑饭店、宁波万豪酒店、宁波威斯汀酒店、宁波凯洲皇冠假日酒店等。

还有学者通过研究指出，会展中心与高星级酒店的分布呈正相关关系（宋文静，2016）。在上海国际会议中心、上海国际展览中心、上海世贸商城等大型会展场地，形成了密度极高的酒店分布状况；而在位于郊区的上海汽车会展中心的 1 千米范围内，也分布了 2 家高星级酒店。刘世奇（2016）对三甲医院周边酒店的住宿情况进行了调查，结果发现，大部分候诊病人更愿意选择住宿在家庭酒店和经济型酒店，因为饮食是一个重要的问题，长时间疗养和等候的病人都希望有个可独立做饭的空间。经济条件较差和需要手术长期居住的候诊病人选择家庭酒店的较多，而经济条件较好并且看病周期较短的候诊病人多选择经济性酒店。因此，在大型医院周边拟建的酒店最好是住宿家庭酒店和经济型酒店，而不宜为高星级商务型酒店。

其中，商圈业态包含三个层面的含义：一是各类住宿产品的聚集程度；二是商业服务设施的配套能力上，完善的社会化服务配套设施可以有效吸引经济型酒店的投资，影响其空间布局；三是商圈的繁荣程度，主要体现在商圈的可持续发展能力上。商业网点聚集的地方一般也是城市经济比较发达的区域，该区域内包括各类购物中心、大中型商场和娱乐场所等，可以满足客人餐饮、购物等方面的需求。商业设施配备比较繁荣的地带酒店的入住率会比较高，这也显示了商业设施对经济型酒店入住率的带动作用。比如，在宁波鄞州南部商务区密集分布有宁波开元名都大酒店、宁波罗蒙希尔顿花园酒店等诸多高星级酒店。曲小毅（2010）对北京市朝阳区经济型酒店微观选址的研究表明，朝阳区的经济型酒店显著依托三大要素——商业区、交通节点、旅游景点。其中，酒店到商业区的最近距离为 100 米，最远距离为 6000 米。该研究中的 88 家酒店到商业区的平均距离为 1269 米。

此外，区域的基础设施因素也体现了区域产业政策的落实和推行情况。酒店产业政策的推行主要依赖于产业环境、直接产业政策、行业组织和相关金融政策。能够在城市布局的产业形态多为对人们的工作和生活不会产生负面影响的"绿色产业"，如不少城市的高新技术产业园、经济开发区，这些区域的生产多是以科学技术和商业贸易等为代表的新兴业态。这显然对高质量的商业服务设施形成了很大的市场需求，经济型酒店可以在其中找到新的布局空间。

（5）旅游资源因素

城市中带有旅游景点的区域一般是人流量、车流量密集的地区，同时旅游景点一般会吸引外地游客前来游览，因此增加了该区域潜在客源的数量。一般而言，旅游资源越丰富、知名度越高、游玩时间越长，所能吸引的游客数量越多，该区域及周边的酒店分布也会越多。比如，宁波东钱湖度假区就吸引和布局了大量高星级和一般的酒店。曲小毅（2010）对北京市朝阳区经济型酒店微观选址的研究结果表明，朝阳区 88 家经济型酒店到景点景区的最近距离为 100 米，最远距离为 7700 米，酒店到景点的平均距离为 1663 米。

同时，从整体上看，旅游资源、主要景点景区对高星级酒店的分布有一定的影响，但影响并不明显，而且差异很大。比如，在作为上海市经济发展水平较高的市中心区域代表的浦东区，上海东方明珠电视塔、上海科技馆、环球金融中心等人文景点与高星级酒店的分布呈现高度正相关。但距离市区较远的景点景区与高星级酒店分布的关系并不明显，如上海鲜花港、上海航海博物馆、上海野生动物园以及上海迪士尼乐园周围的高星级酒店数量非常少，尤其是在上海迪士尼乐园附近，并没有形成密度较高的高星级酒店分布的情况。

当然，需要肯定的是旅游市场对酒店选址的积极带动作用。旅游市场依赖于良好的客源供应能力。产业视角的旅游行为是将旅游业视作一个整体概念，包含了实现一次全程旅游活动可能需要的各种服务的组合。这种组合需要良好的业态氛围，也是形成旅游城市化的推动力，能够有效地推动经济型酒店的合理布局。空间结构形态中的"点""轴""增长极"等都是经济型酒店布局的合理区域，而之后向点轴圈、网络式结构形态中的空间往往难以成为合理的布局区域。

（6）竞争性因素

谁是竞争者？这是拟建酒店企业必须弄清楚的首要问题。营销理论提供了不同的观念来帮助企业识别竞争者。这里，可以使用行业竞争观念与市场竞争观念去达到识别竞争者的目的。酒店的竞争性因素中，同质酒店数量的影响权重最高，空间产业聚集效应及区域竞争力不可忽视。第四章第三节将具体针对不同层级的供给竞争进行比较分析。

酒店的竞争性因素主要包括酒店附近竞争对手的品牌实力、竞争对手的数量、竞争对手的价格、竞争对手的服务设施等等。经济型酒店的竞争对手不仅包括周边的经济型酒店，还包括星级酒店和附近的旅行者。在进行经济型酒店区位选择或者新建酒店选址时，要充分了解竞争对手的地理位置、数量以及它们所提供的产品和服务的内容，了解本酒店和竞争对手在这些方面各具有什么优势和劣势、威胁和挑战，进而找准自身的目标定位（Medlik，1966）。

（7）政治政策因素

酒店的选址还深受政治政策因素的影响。政治因素作为投资的先决条件，对于区域经济和产业发展有着重要的推动作用，政策的倾斜可以促进产业的长足发展，进而通过人口、经济等其他外部因素的推动来影响酒店的选址布局。例如，20世纪90年代，国家提出振兴东北老工业基地等一系列政策，相关产业的发展受到刺激和促进，提升了就业与经济发展水平。因此，在某个区域建立某家酒店能否得到政策的支持、当地政府是否同时扶持与酒店相关的产业，以及当地经济结构如何，是酒店项目开展的关键。

二、酒店选址的内部因素

（1）酒店规模和品牌因素

影响酒店选址的第一个重要内部因素主要是酒店自身的定位、规模和品牌价值。高星级酒店、宾馆基本位于市中心地带，经济型酒店和商务型酒店大多分布在城市边缘及外缘地带。例如，北京五星级酒店的中心聚集分布情况十分明显。五环内聚集了约75%的五星级酒店，其中一大波都扎堆在了东二环至东四环之间，比如王府井、国贸中央商务区和亮马桥使馆区。北四环外的国家会议中心也是五星级酒店的高密度区域。这些高密度区域都分布在东城区和朝阳区。而五环外最北端的五星级酒店是响水湖自然风景区中的逸景·伴山酒店，首都机场附近则是五星级酒店的代表品牌——希尔顿酒店，距离天安门广场 55 千米的怀柔雁栖湖旁边则共有 3 家五星级酒店。

总的来看，酒店的等级、规模、品牌决定了其自身的价值定位和经济实力，也决定了其自身的选址条件和要求。因此，在进行酒店选址时，最重要的是估量自身的实力、品牌定位和规模，它决定了后续的资本投入、财务预算、风险评估（具体见第八章中的收益分析和描述）等诸多内容。

（2）酒店的投资成本

影响酒店选址的另一个重要内部因素是酒店的投资成本。在酒店投资成本中占据比例最大的就是建筑物的租金，酒店的地理位置直接决定了租金的高低，这也造成了酒店投资成本的差异。从理论上来看，选址地越接近中心地段，能够获得的资源就越多、质量就越高，但是考虑到土地费用问题，新建酒店所在位置必须在投资者资金允许的范围之内，否则该地段不能成为选址位置。一般经济型酒店大多位于商业区或者中心地段的边缘，既能保证客源市场，又能有效降低成本。

投资运营成本对经济型酒店空间分布的影响主要体现在规模拓展方式、人力资源成本以及营销成本三个方面。由于竞争的加剧，在城市中心和主要商业区内可供改造的厂房，酒店的租赁价格和进入成本越来越高。同时，为了寻求物业增值的长期回报，新建酒店物业的比例也在不断提高。综合运营成本、城市经济地租和级差地租状况、原有酒店分布格局、地势较好的写字楼及旧有厂房的分布状况，都会对经济型酒店的空间分布产生重要影响。

第三节　酒店选址的评价

拟建酒店选址评价是经济型酒店经营策略的重要组成部分，酒店宏观选址以地区或城市为单位，微观选址则是确定酒店设立的区位或具体位置。现有研究主要尝试利用区位理论，包括中心地理论、最小差异原理以及竞租理论等，来解释酒店区位决策问题。按照中心地理论，服务范围和需求门槛是酒店运营成败的两个关键概念；最小差异原则主要强调集群效应，根据集群效应的观点，竞争态势、发展潜力和周边环境是酒店进行区位决策的关键因素（Hao & Yang，

2016）；竞租理论认为，土地利用方式由地租决定，租金越高，区位距离城市中心越近。因此，需要重点考虑区位的周边环境、可达性、交通量及该区位与地理、交通和管理条件相关的财务条件。这里重点从酒店选址的地理位置评价、可视性评价、交通区域评价和综合适宜性评价入手，进行酒店选址的决策分析。

一、酒店选址的地理位置评价

对酒店地理位置的评价和描述主要包括以下几个要素。

（1）行政位置。比如位于某某区、某某街道、某某路，方便精确定位和寻找，尤其是当同一酒店品牌有许多分店的时候，更要根据行政区划来进行区分。

（2）交通位置。评价酒店的地理位置，重点要看它距离城市主要交通站点（如火车站、汽车站、机场）的远近，因为这些站点是顾客、游客从外地城市进入（离开）本地城市的首要通道。许多高星级酒店布局在这些主要交通站点的周围，如毗邻宁波火车站的宁波富邦大酒店、宁波南苑饭店。而邻近景区的酒店一般区位相对较差，距离市区相对较远，比如宁波春晓世茂希尔顿逸林酒店，位于北仑区春晓大道 689 号，距宁波栎社国际机场约 60 千米，距离宁波火车站约 50 千米，而位于东钱湖景区内的宁波东钱湖恒元酒店等距离宁波栎社国际机场亦有 22 千米，距离宁波火车站有 19 千米。

（3）地理环境。评价酒店的地理环境，主要是全方位评价和描述酒店周边地区的商圈、配套设施等社会环境及自然环境（包括景点、地形地貌、气象、水文）状况（张禛、刘国雪、李博成，2014）。

这里的地理位置描述和评价主要是从定性的宏观判断进行分析的，具体的交通位置和选址的综合适宜性定量评价结果见本节第三和第四部分。

二、酒店选址的交通区位评价

这里主要通过测算拟建酒店到主要旅游景区的交通距离（旅游交通区位 D1）、拟建酒店到主要商圈的交通距离（商圈交通区位 D2）、拟建酒店位置到主要交通站点的距离（交通站点区位 D3），来进行最后的综合距离测算比较。

（1）酒店到主要旅游景区的交通距离

依据酒店的交通中转属性，酒店的选址要方便顾客不同目的（如旅游、商务）的出行选择。比如，经济型酒店的目标市场多为中档消费的外来游客和商务人士，因此对旅游交通的通达性要求较高。酒店在交通沿线的串珠式布局或交通节点的片状布局不仅有利于酒店的经营发展，还增加了酒店客源市场的可达性，为消费者节约了交通成本。考虑到宁波北仑春晓世茂希尔顿逸林酒店的旅游度假背景，我们以旅游目的作为游客、顾客的首要出行目的，进行拟建酒店到邻近主要景区目的地的距离测度，作为评价参考。

这里基于百度地图，进行如下实例分析。

第一步：确定拟建酒店的位置。这个候选的空间位置可以是一个，也可以是多个，便于进行比较（选择更合适的），然后将选择的位置输入百度地图中，并进行标记。

第二步：选择出行方案。点击拟建的酒店位置，设定为出发点，输入终点（景区名称），进行出行线路标记（可以选择驾车、公交、步行和骑行等不同的交通出行方式），选择最佳出行方案。

第三步：距离测算汇总。将拟建酒店的候选位置到每一个邻近的主要景区之间的最佳出行方案的实际出行距离（非点位之间的直线距离）进行汇总，绘制交通距离统计表，并进行平均距离的估算。这里以宁波北仑春晓世茂希尔顿逸林酒店为例，进行拟建酒店到邻近主要旅游景区的交通距离测算，绘制的样表见表3-3。为便于比较，这里引入区域中已经建成并投入使用的春晓世茂希尔顿逸林酒店为参考酒店，测度其与邻近主要旅游景区的交通距离，并将这一测算结果与拟建酒店的候选位置（假设为位置1和位置2）的测算结果进行比对分析。如果拟建酒店的候选位置最后的平均距离低于春晓世茂希尔顿逸林酒店，则可以认为候选位置有着更为便捷的旅游出行交通区位，方便游客的入住和游览。同理，候选位置1和候选位置2之间也可以进行测算比较，哪个位置的平均距离更小，则哪个位置的旅游交通区位条件就更优。

表3-3　酒店到邻近主要旅游景区的交通距离（D1）

目的地	春晓世茂希尔顿逸林酒店	位置1	位置2
1.宁波中国港口博物馆			
2.梅山湾万人沙滩			
3.宁波国际赛道			
4.九峰山网岙景区			
5.昆亭村上车门			
平均距离 AD1			

（2）酒店到主要商圈的交通距离

便捷的商圈服务是方便游客购物、饮食的重要基础，也是对酒店选择的重要补充（Medlik，1966）。因此，拟建酒店的位置和交通距离应该是便于游客、消费者出入商圈进行购物消费的。

这里以宁波梅山湾新城为例进行简要说明。考虑到目前梅山湾新城的建设实际状况，这里我们选择龙湖星悦荟、新港商务广场作为商圈分析对象，同时选择北仑博地影秀城作为城区的商圈参照，进行距离比较分析。其中，宁波春晓龙湖星悦荟（见图3-3）总建体量为11万立方米，是滨海新城第一个也是最大的商业综合体。龙湖以自己强大的品牌力，为滨海新城吸引了诸多生活企业。同样，为便于比较，我们引入春晓世茂希尔顿逸林酒店为参考酒店，测度其与邻近主要商圈的交通距离，并将这一测算结果与拟建酒店的候选位置（位置1和位置2）的测算结果进行比对分析。

（a）　　　　　　　　　　　　　　　（b）

图3-3　宁波春晓龙湖星悦荟（滟澜星街）规划图和实景图比较（作者拍摄）

距离测算过程同上所述，结果见表3-4。

表3-4　酒店到主要商圈的交通距离（D2）

目的地	春晓世茂希尔顿逸林酒店	位置1	位置2
1. 龙湖星悦荟			
2. 新港商务广场			
3. 北仑博地影秀城			
平均距离 AD2			

（3）酒店到主要交通站点的距离

交通条件是评定地段优劣的重要指标。旅游人群对路线的要求更高，完备的交通路网（站点）决定了酒店的可达性；周边的交通枢纽数量也表现出地段的出行方便程度，因此交通便捷度对于消费者选择宾馆的决策具有重要影响。

交通条件主要包括外部交通条件（外部游客进入城市的交通工具）和内部交通条件（游客在城市内部流动的交通工具）。交通条件越便利，游客、消费者花在路上的时间越少，地理可进入性越强，交通区位更优越，适合拟建酒店项目的选址。这里以宁波北仑梅山湾新城的拟建酒店到邻近主要交通站点的距离为例进行说明。连通游客的外部交通条件包括宁波栎社国际机场、宁波火车南站、宁波汽车客运中心；连通游客的内部交通条件包括北仑汽车客运中心、北仑霞浦地铁站（地铁1号线）、北仑轮渡码头、北仑柴桥高速收费站。

这里同样引入春晓世茂希尔顿逸林酒店为参考酒店，测度其与邻近主要交通站点的距离，并将这一测算结果与拟建酒店的候选位置（位置1和位置2）测算结果进行比对分析（见表3-5）。

表3-5　酒店到邻近主要交通站点的距离（D3）

目的地	春晓世茂希尔顿逸林酒店	位置1	位置2
1.宁波栎社国际机场			
2.宁波火车南站			
3.宁波汽车客运中心			
4.北仑汽车客运中心			
5.北仑霞浦地铁站			
6.北仑轮渡码头			
7.北仑柴桥高速收费站			
平均距离AD3			

值得注意的是，此处没有将正在规划建设中的交通站点列入计算范围，而随着区域交通规划建设的实施，区域的内外部交通环境也会发生改变。比如，高速新建后，酒店到邻近的高速收费站距离缩短，进而会影响酒店到机场、火车站等外部交通站点的行程和距离。因此，若区域的未来交通规划涉及重要的站点设计，则在考虑拟建酒店位置的主要交通站点的距离时，需要将规划建设中的交通站点纳入进来，进行更为精准合理的距离估算。

（4）综合距离汇总

以酒店到邻近景区（AD1）、商圈（AD2）和交通站点（AD3）的平均距离为基准值，计算拟建酒店位置的综合交通可达性评价结果（AD4）（见表3-6）。

考虑到不同酒店性质、功能的差异以及不同区域的背景差异，在进行酒店交通区位评价的时候，不同交通条件距离的重要性是存在差异的。这就进一步涉及评价的权重系数问题。目前，量化赋权方法主要有主观赋权法（包括层次分析法、德尔菲法、结构熵权法等）和客观赋权法（包括BP神经网络方法、主成分分析法、均方差决策法、熵值法等）。这里用主观赋权法进行权重系数的估计。假定酒店到邻近主要景区的平均距离AD1赋值权重为0.5（旅游为顾客的主要出行目的），酒店到邻近主要商圈的平均距离AD2赋值权重为0.3（商务活动为顾客的次要出行目的），酒店到邻近主要交通站点的平均距离AD3赋值权重为0.2（交通站点位置为消费者地理进入的基础条件），进行权重汇总计算。综合结果值越低，则说明该候选点位的酒店交通可达性越好，越便捷；反之，则交通可达性相对较差。

表3-6 酒店的交通可达性评价结果

	春晓世茂希尔顿逸林酒店	位置1	位置2
AD1×0.5			
AD2×0.3			
AD3×0.2			
AD4			

最后的评价标准：①如果拟建酒店的候选位置最后的综合平均距离（AD4=AD1×0.5＋AD2×0.3＋AD3×0.2）低于春晓世茂希尔顿逸林酒店的综合平均距离，则可以认为候选位置有着比现有酒店更为便捷的交通区位，方便游客的入住、游览和消费。②在候选位置1和候选位置2之间进行AD4测算比较，综合平均距离越小，则交通区位越优。③若测得的候选位置最后的综合平均距离大于或者远大于春晓世茂希尔顿逸林酒店的综合平均距离，候选位置的交通区位就缺乏竞争力。因此，若在候选位置建设酒店项目，则需要考虑顾客往返于主要外部交通站点的时间和金钱成本，适时提供接送等必要的服务。

三、酒店选址的可视性评价

酒店要能被来自各个方向的人清楚看到。现在，很多酒店为了追求市中心的地段"见缝盖楼"，忽略了周边地形，后果就是虽然身处"黄金白银"地段，知名度及客源量却不高，或者面临被竞争对手"遮掩"的尴尬局面。所以，前期选址时要注意可视性，最好选择独栋物业。酒店选址的可视性评价主要分为两个部分：一是能被顾客感知"可视"（酒店位置可识别、方便找寻）；二是从酒店看外部有良好的观景效果（酒店的观景效果佳，比如有海景房、湖景房），酒店选址要考虑主要景观范围的最佳视角与视线的高度。

酒店能被顾客感知，需要具有良好的可视性，最好是"金角银边"（十字路口），有一定的广告属性。其中，金角是指街道拐角的地方，因为拐角酒店的前后左右可以有四股客流，而一般的酒店门面就只能有左右两股客流。道路拐角的酒店租金也因此要比其他位置贵些。一般可以认为，酒店选址有良好可视性的评价标准为：①处在主干道的十字路口，位于交通汇聚点，方便顾客出入；②周边没有高大建筑物遮挡，视野开阔，方便顾客识别和找寻。比如，宁波南苑饭店（见图3-4）是浙江省首家五星级饭店，地处宁波市中心城区，位于兴宁桥西、长春路和立交路交叉口，可视性极佳。

（a）　　　　　　　　　　（b）

图3-4　宁波南苑饭店（作者拍摄）

四、酒店选址的综合适宜性评价

（1）综合评价指标体系构建

酒店选址的综合适宜性评价反映的是酒店旅游通达性及周边设施的综合得分状况，侧面印证了区域经济及综合业态发展情况，也反映出了城市空间不同区域发展的不协调性等问题（Fang，Li & Li，2019；童昀，2017）。适宜性得分较高的酒店（拟建酒店项目）在景点可达性、道路便捷度、服务设施丰富程度等方面占据一定的优势，而适宜性较低的酒店则反映出所在区域的劣势，因此可以通过酒店适宜性评价来分析区域现状以及问题所在，进而为最终的酒店选址做出科学合理的判断。

不同等级和规模的酒店在酒店的适宜性评价指标选取中会有一定的差别，尤其是指标的侧重点会有不同。这里以上海的经济型酒店为案例，根据前文酒店选址的影响因素分析，来进行指标体系构建的阐释说明。在选取影响因素时，可纳入一些较为显著的影响因素，舍去相关性较小的因素。最终选定社会经济基础、交通条件、商业因素、公共服务四大因素计 13 项评价指标，以评估经济型酒店选址的适宜性，见表 3-7。

社会经济基础指标包括人口密度和平均房价 2 个指标。人口密度的大小影响客源及商业配套的多寡与便利，而平均房价的高低影响土地及运营成本。

交通条件包括公交车站（公交车站的数量）、地铁站（地铁站的数量）、环城高速（是否在环城高速 500 米范围内、快速到达城市各交通枢纽的可进入性）3 个内部交通条件的指标。

商业因素包括休闲娱乐场所（休闲设施的便利性）、餐饮店（配套设施）、商业大厦（稳定的客源）、大型购物设施（商业繁荣的程度）、同质酒店（产业集聚及区域竞争力）5 个指标。

公共服务包括高校（人力资源的数量和质量）、医院（特殊客源的考虑）、旅游酒店（到附近旅游景点的距离、地区旅游资源）3 个指标。

表 3-7　上海中心城区经济型酒店微观选址评价指标（查爱萍、徐娜、后智纲，2017 : 156）

影响因素	评价指标	编号	形状	半径 / 米	统计方法	评价单位
社会经济基础	人口密度	C1	点状	1000	密度	人 / 平方千米
	平均房价	C2	点状	1000	平均房价	元 / 平方米
交通条件	公交车站	C3	点状	500	数量	个
	地铁站	C4	点状	500	数量	个
	环城高速	C5	线状	500	1/0	1/0
商业因素	休闲娱乐场所	C6	点状	500	数量	个
	餐饮店	C7	点状	500	数量	个
	商业大厦	C8	点状	500	数量	个
	大型购物设施	C9	点状	2000	数量	个
	同质酒店	C10	点状	1000	数量	个

影响因素	评价指标	编号	形状	半径 / 米	统计方法	评价单位
公共服务	高校	C11	点状	1000	数量	个
	医院	C12	点状	1000	数量	个
	旅游景点	C13	点状	5000	数量	个

注：①选取上海中心城区76个街道的约3.6平方千米的平均面积，作为计算人口密度的缓冲区面积，以中心城区33家锦江之星为中心，作为半径1000米的圆形缓冲区。②根据戴斌、束菊萍（2007）的研究，经济型酒店周围500米内交通方便，才能显著增加经济型酒店的吸引力。判断每个锦江之星门店是否在环城高速500米缓冲区范围内，在缓冲区范围内则赋值为1，不在缓冲区范围内则赋值为0。③2014年中国经济型连锁酒店品牌规模十强中除锦江之星之外的九大品牌，包括如家快捷、7天酒店、汉庭酒店、格林豪泰、莫泰酒店、99旅馆、尚客优、布丁酒店与城市便捷等酒店。

（2）评价方法和流程

酒店微观选址的适宜性评价方法的主要思路和流程为：借助地理信息系统软件（比如 ArcGIS），在建立空间数据库的基础上，运用缓冲区分析和空间插值对研究区域内酒店微观选址的适宜性进行评价和预测；利用泰森多边形划分酒店的市场域，获得酒店在某一区位的平均市场域，以评价具体新酒店项目选址的总体概况，并确定新酒店项目的选址位置，具体包括以下六步。

第一步：基于地理信息系统（Geographic Information System，GIS），**建立空间数据库**。空间数据主要包括两部分：一部分是分析区域的空间数据，包括县（市、区）基础地理信息、街道信息，以及用以辅助可视化的水系、湖泊等信息；另一部分是空间信息点对应的属性信息，如已有经济型酒店的数据、临近住宅小区的房价、医院规模及等级、旅游景点等级。建立空间数据库后可将空间数据与属性信息进行链接，以便进行后续的空间分析。

第二步：确定评价指标权重。前文表3-6已经涉及权重系数的计算方法。考虑到经济型酒店的经营业绩、客房出租率、营业收入等相关数据不易获取，而结构熵权法不受评价指标之间的相互影响，我们仅根据已有数值本身的意义来确定权重。这里介绍结构熵权法，来进行评价指标权重的确定。

结构熵权法的基本原理是：分析系统指标及其相互关系，将其分解为若干个独立的层次结构，并将使用德尔菲调查法所采集的专家意见与模糊分析法相结合，对指标进行"典型排序"，分析熵值、盲度，得出同一层次各指标相对重要性的排序，从而测得指标权重，其基本步骤如下。

步骤1：采集专家意见形成"典型排序"。根据待测评指标设计"测评指标重要性排序调查表"（见表 3-8）。用德尔菲调查法采集专家意见，对待评测的指标进行典型排序。

表 3-8　测评指标重要性排序调查表

指标类别	评估人序号	第一选择	第二选择	第三选择	第四选择
指标 A	1	√			
	2		√		
	3	√			
指标 B	1		√		
	2	√			
	3			√	
指标 C	1			√	
	2			√	
	3		√		
指标 D	1				√
	2				√
	3				√

步骤 2：对"典型排序"进行定量转化。转化的隶属函数为：

$$\mu(a_{ij}) = -\frac{\ln(m-I)}{\ln(m-1)} \tag{3-1}$$

上述公式中，a_{ij} 为第 i 个专家对第 j 项指标的评价；m 为指标数量＋2，即 $j+2$；$b_{ij}=\mu(a_{ij})$，为 a_{ij} 的定量转换值；并求得 k 个专家对 j 项指标的"平均认识度" b_j：

$$b_j = \frac{\mu(a_{1j}) + \mu(a_{2j}) + \cdots + \mu(a_{kj})}{k} \tag{3-2}$$

步骤 3：专家认识不确定性产生的"盲度"分析。专家典型排序往往会因为数据噪声而产生潜在的偏差和不确定性，因此需要对其进行盲度分析。主要计算过程如下：

$$Q_j = \frac{[\max(b_{1j}, b_{2j}, \cdots, b_{kj}) - b_j] + [\min(b_{1j}, b_{2j}, \cdots, b_{kj}) - b_j]}{2} \tag{3-3}$$

$$x_j = b_j \times (1 - Q_j) \tag{3-4}$$

Q_j 为专家对 j 项指标的"认识盲度"；x_j 为对 j 项指标的 k 个专家的"总体认识度"。

步骤 4：归一化处理。对公式（3-4）得到的全体专家对指标的评价向量 $X=$ $(x_1, x_2, \cdots, x_j)$ 进行归一化处理，具体计算过程如下。

$$\alpha_j = \frac{x_j}{\sum_{i=1}^{m} x_j} \tag{3-5}$$

在公式（3-5）中，α_j 为 j 项指标的权重。依据上述公式，具体通过采集 20 位（分 4 组）酒店管理、经济地理、区域经济学等领域的专家的意见，形成"典型排序"，最后获得的综合指数为各指标权重。

第三步：确定划分评价单元。网格是将连续的工作区域平面空间离散化，即按一定的规则进行划分，形成若干多边形，每个多边形被称为网格单元，生成网格中心，并赋予其唯一的地理编码，用作分析单位评价单元。比如，采用规则地理网格中的方格来划分评价单元，将上海中心城区的 76 个街道划分成边长为 1 千米的方格，剔除不规则网格，最终确定 213 个边长为 1 千米的网格为分析评价单元，并赋予其 0 至 212 的唯一编号。

第四步：空间分析。空间分析方法主要有缓冲区分析和叠置分析。对于一个给定的分析对象 A，缓冲区 $Z = (X \mid d(X, A) \leq r)$，其中 d 为欧氏距离，r 为邻域半径或缓冲区建立的条件。主要采用点状要素和线状要素缓冲区分析，不同主题的数据层经过叠置分析之后产生了综合原不同数据层所有属性的新数据层，可采用图层擦除、交集操作、图层合并等 3 种叠置分析工具。

第五步：酒店选址的适宜性分析。利用空间分析并获取与所有评价单元对应的指标值，根据熵权法求得的权重值加权叠加，得到所有评价单元的适宜性评分。通过分析与经济型酒店微观选址的评价指标及其作用的集合效应的适宜性程度，分析经济型酒店微观选址区位的适宜性等级，指导经济型酒店在选定区域时的微观选址。

第六步：酒店具体拟建项目选址的评价。基于欧氏距离的泰森多边形计算来分析区域范围内已有门店的平均市场域范围，以评价在指定分析区域内酒店门店的总体选址水平。由泰森多边形的划分计算每个门店市场域的面积及所有门店的平均市场域半径。以平均市场域为半径做该门店的圆形缓冲区，合并所有交叉区域后得到总体市场域，总体市场域与分析区域进行叠置分析，观察经济型酒店在该区域内各具体门店选址的总体水平和适宜性，并预测新酒店建设项目的微观选址。

总之，酒店选址的综合适宜性评价作为酒店选址决策的重要依据，需要不断开展深入的研究和探索（王悦，2018）。对于不同经济发展区域、不同酒店等级规模，选址适宜性评价的指标和技术流程也会有所差异，未来需要结合更多的实证案例研究和探索来进行优化、完善。

✐ 本章小结

1. 酒店区域选择的宏观、微观问题构成了酒店选址的基本影响因素，酒店选址是一项长期性投资。

2. 酒店选址的影响因素主要包括外部因素和内部因素。外部因素主要包括酒店的地理位置因素、人口因素、交通因素、公共设施因素、旅游资源因素和竞争性因素等。内部因素包括酒店规模和品牌因素、酒店的投资运营成本因素。

3. 酒店选址评价可以从选址的地理位置评价、可视性评价、交通区域评价和综合适宜性评价 4 个层面进行分析。

4. 不同的酒店等级和规模在酒店的适宜性评价指标选取中会有一定的差别。

✐ 思 考

1. 如何理解 "There are three things that make a hotel famous—location, location, location." 对酒店选址的启示？

2. 影响酒店选址的内外部因素有哪些？

3. 比较经济型连锁酒店和高星级酒店在酒店选址过程中考虑因素的异同点，结合实例进行简要说明。

4. 以宁波梅山湾新城为例，选择适当区域为拟建酒店位置，进行综合交通区位条件的定量测算和比较评价。

5. 以宁波北仑为例，进行酒店微观选址的适宜性评价，并预测和找寻合适的高星级酒店投资位置。

第四章
酒店的供给分析

Chapter 4
Accommodation Supply Analysis of Hotel

学习目标

◎ **知识目标**

  1. 掌握酒店供给的内涵和影响因素。

  2. 了解酒店供给和客房价格的区域。

  3. 理解供给竞争者的分类。

  4. 掌握酒店供给竞争者的分析。

◎ **能力目标**

  1. 根据区域的经济发展状况分析和评估酒店客房供给能力和特征。

  2. 利用相关资料数据评估区域已有酒店的供给竞争者。

  3. 根据一定预测方法评估区域酒店未来的供给状况。

◎ **素养目标**

  1. 培养学习者的综合分析和思维素养。

  2. 培养学习者的数据挖掘能力和大数据分析意识。

  3. 培养学习者的竞争思维和分析意识。

  4. 培养学习者的事物洞察和预见能力。

问题引入：你认为酒店的区域供给该如何评估？

第一节　供给的基础理论知识

供给（supply）是相对于需求（demand）而言的，两者的关系研究是微观经济学关注的核心内容之一，这既是对前文第二章第三节中"区域已有酒店现状调查"的深入剖析，也是我们进行后续酒店选址决策分析的一个重要分析内容。

一、供给的相关概念辨析

概念1：供给

《管子·地图》中记载："论功劳，行赏罚，不敢蔽贤有私，供给军之求索。"供给，原本之意为以物资、钱财等给人而供其所需。在经济学中，供给是指在某一特定时期内，厂商在某一价格水平时愿意提供并且能够提供生产的商品数量。

要理解这个概念，需要明晰以下两个基本问题。

（1）供给是生产者的供给欲望和生产能力的统一。供给欲望主要源自生产者的利益追求目标，生产能力则体现了生产者在基础条件准备上的实力。如果只有供给欲望但没有生产能力，就不能形成有效供给。比如，如果咖啡吧的咖啡豆等原材料准备不足或断货，纵然咖啡师想制作生产咖啡（有生产欲望），也无法生产出美味浓郁的咖啡。同时，如果厂商具有充足的生产能力，但是没有供给欲望，缺乏生产动力，也不能形成该种商品的实际供给。

（2）在其他条件不变的情况下，供给的大小与价格的高低有密切关系。一种商品的价格如果发生变动，则会使厂商愿意提供的数量也发生变动。生产者始终追求更高的利润，如果咖啡在既定价格下有利可图，他们就会安排调制更多的咖啡，而不是去销售成品的矿泉水和其他饮料。而当高价咖啡的销售成了问题，不能吸引足够多的顾客，导致产品滞销的时候，生产者又当去反思产品的定价问题了。如何把握合理的价格，就是经济学的妙处。

概念2：供给曲线

供给曲线（supply curve）是以几何图形表示商品的价格（P）和供给量（Qs）

之间的函数关系（见图 4-1）。它是表明商品价格与供给量之间关系的一条曲线。一般而言，常见商品的供给曲线为向右上倾斜的曲线，斜率为正。这里可以用供给曲线来描述区域酒店客房数量和客房均价之间的关系。

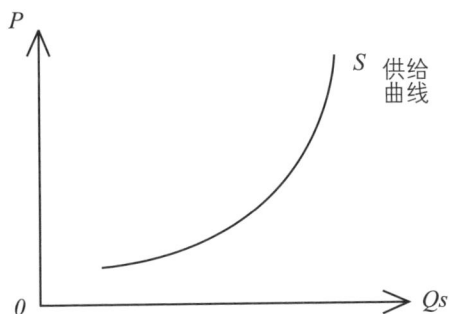

图 4-1　供给曲线

概念 3：供给定律

由图 4-1 可知，供给量和价格基本呈正相关关系。这就是供给定律（law of supply）：在其他条件不变的情况下，供给量与价格正方向相关——商品价格上涨，供给量增加；商品价格下降，供给量减少。对于生产者而言，更高的商品价格在理论上会带来更高的产品利润，这是激励厂商投产的主要驱动因素。

但是，在实际中，我们为何常说"物以稀为贵，物以多为贱"呢？这是因为在需求曲线不变的情况下，商品价格与供给量之间存在着反方向的变动关系：一种商品供给量增加时，这种商品的价格下降；相反，供给量减少时，价格上涨。这在后续的均衡价格理论中会进一步描述。所以，高价格并不意味着市场（消费者）会买账。对于酒店价格制定而言，酒店经营者要考虑淡旺季市场消费者的不同，并兼顾区域居民、消费者的收入状况和消费水平。

概念 4：供给侧

供给侧（supply side）为经济学术语，指供给方面。国民经济的平稳发展取决于经济中需求和供给的相对平衡。供给的范围和水平取决于社会生产力的发展水平，一切影响社会生产总量的因素都会影响供给量。但是，市场供给量不等于生产量，因为生产量中有一部分用于生产者自己消费、作为储备或出口，而供给量中的一部分可以是进口商品或储备商品。提供给市场的商品，不仅具有满足人类需要的使用价值，而且具有凝结着一定社会必要劳动时间的价值。

因此，供给不单纯是一种提供一定数量的特定使用价值的行为，而且是实现一定价值量的行为。

供给侧结构性改革是当前我国经济发展的一个核心命题。它是从提高供给质量出发，用改革的办法推进结构调整，矫正要素配置的扭曲，扩大有效供给，提高供给结构对需求变化的适应性和灵活性，提高全要素生产率，更好地满足广大人民群众的需要，促进经济社会的持续健康发展。或者说，供给侧结构性改革旨在调整经济结构，使要素实现最优配置，提升经济增长的质量和数量。需求侧改革主要有投资、消费、出口三驾马车，供给侧改革则有劳动力、土地、资本、制度创造、创新等要素。

对于酒店行业而言，涉及的供给侧内容有酒店用地、酒店资本、酒店员工、酒店管理制度、酒店产品的设计和创新开发。这些内容都是在酒店选址、建设和后期的运营管理过程中必须重视的焦点。

二、酒店供给的影响因素

酒店供给的影响因素较多。一般而言，其影响因素主要有以下几个方面。

（1）商品本身的价格。假定其他条件——特别是生产要素的成本和其他商品的价格不变，那么某种商品价格的增高将使单位商品的利润增大。这不但促使原厂商扩大生产，还能吸引别的厂商转产这种商品，结果这种商品的生产量将增加，供给量也将增加；反之，这种商品的供给量将减少。因此，一种商品的供给量与它上期价格的高低有关。

（2）生产要素的价格。生产要素价格的高低直接关系到商品的生产成本。在商品价格不变的条件下，如果生产要素的价格提高了，那么生产这种商品的利润就会减少，这种商品的供给量也会减少；反之，则会引起这种商品供给量的增加。

（3）生产技术的水平。生产技术水平的提高降低了原有商品的生产成本，在其他条件不变的情况下会导致这些商品供给量的增加。然而，它还带来了新的商品，这些新商品供给量的增加会导致被它替代的那些旧商品的供给量减少。

（4）生产者的预期。旅游有淡旺季。如果即将迎来旅游旺季，有诸多能吸引更多游客到来入住的旅游活动，区域的酒店客房需求量就会大增。这时候对于酒店管理者而言，就要想办法整理出更多的客房，增加供给量和流转量。

（5）政府或者管理部门的相关政策。如果政府出台的区域相关规划（旅游、土地、交通）能够促进旅游业、商务活动等的发展，就可以吸引更多外来游客，有利于酒店的供给。

（6）厂商的目标。商品的供给量取决于厂商的目标。如果厂商把获利置于高于一切的地位，那么能够获得丰厚利润的商品的供给量就会增加，利润较少的商品的供给量就会减少。

（7）其他商品的价格。一种商品的供给量不仅会随着自身价格的变化而变化，而且会随着其他商品价格的变化而变化。假如某种商品的价格不变而其他商品的价格发生了变化，那么它们的相对价格也会随之改变，从而影响相对利润，结果社会资源重新配置，影响这种商品的供给量。

从以上几个方面来看，并结合实际情况，我们可以来比较学校食堂饭菜和酒店客房的供给因素之间的差别（见表4-1）。从某种意义上说，影响供给的因素也是影响企业扩大销售、提高生产的因素，更是生产者扩大自身知名度和市场占有率的有效路径。

表 4-1 影响食堂饭菜和酒店客房供给的因素

理论因素	影响食堂饭菜供给的因素	影响酒店客房供给的因素
商品本身的价格	食堂饭菜的价格	酒店客房的价格
生产要素的价格	水、电、米、油、盐、醋等原料要素的价格	土地、劳动力、酒店用品等的价格
生产技术的水平	厨师的手艺和产出效率	酒店智能化方面的改造
生产者的预期	是不是邻近节假日，有没有对外开放活动，等等	有没有节庆活动等
政府或者管理部门的相关政策	学校的管理政策（是不是全封闭）	区域城乡、旅游、交通等的规划（是否完善）
厂商的目标	投资商的利润目标	投资商的利润目标
其他商品的价格	校门口及邻近街道的商贩的饭菜价格	农家乐、民宿等其他替代商品的价格

三、供给竞争者的分类

从旅游市场营销的角度来看，企业（拟建酒店项目）参与市场竞争，不仅要了解谁是自己的顾客，而且要弄清楚谁是自己的竞争对手（已有的酒店供给者）。从表面上看，识别竞争者是一项非常简单的工作，但是，由于需求的复杂性、层次性、易变性，技术的快速发展、演进、产业的发展，旅游市场竞争中的企业面临复杂的竞争形势，一个旅游酒店企业可能会被新出现的竞争对手打败，或者因为新技术的出现和需求的变化而被淘汰。旅游酒店企业必须密切关注竞争环境的变化，了解自己的竞争地位及彼此的优劣势，只有知己知彼，方能百战不殆。

这里，可以从不同的角度来划分供给竞争者的类型。

（1）从行业情况来看，企业的竞争者有：①现有厂商（酒店供给者），指本行业内现有的提供同样客房产品的其他酒店，这些旅游酒店是拟建酒店项目的直接竞争者。②潜在加入者（其他可能要规划筹建的酒店项目）。当旅游酒店行业前景乐观、有利可图时，新的竞争企业会加入进来，使该行业增加新的生产能力，并要求重新瓜分市场份额和主要资源。另外，某些多元化经营的大型企业还经常利用其资源优势从一个行业侵入另一个行业。新的酒店企业的加入，将可能导致酒店产品价格下降，利润减少。③替代品厂商。与某一产品具有相同功能、能满足同一需求的不同性质的其他产品属于替代品（如酒店式公寓、家庭式公寓），随着旅游行业的快速发展，替代品将越来越多。

（2）从酒店市场来看，企业的竞争者有：①酒店品牌竞争者。企业把同一行业中以相似的价格向相同的顾客提供类似产品或服务的其他企业称为品牌竞争者。在酒店高星级市场中，存在万豪、洲际、希尔顿、凯宾斯基、索菲特、香格里拉、威斯汀和喜来登等品牌酒店之间的关系。品牌竞争者之间的产品相互替代性较高，因而竞争非常激烈，各企业均以培养顾客品牌忠诚度作为争夺顾客的重要手段。②行业竞争者。酒店企业把提供同种或同类产品，但规格、型号、款式、功能、设施不同的酒店企业称为行业竞争者。所有同行业的酒店企业之间存在彼此争夺市场的竞争关系。例如，五星级酒店和普通快捷酒店、民宿之间存在竞争关系。③需要竞争者。提供不同种类的产品，但满足和实现消费者同种需要的企业称为需要竞争者。例如，度假型酒店、会议型酒店、商务型酒店都可以满足消费者外出旅行的需要。当节假日到来时，出行的游客就可能增加，不同类型的酒店之间就会相互竞争，以满足消费者的同一住宿需要。④消费竞争者。提供不同产品，满足消费者的不同愿望，但目标消费者相同的企业称为消费竞争者。例如，很多消费者收入水平提高后，可以把钱用于常规酒店旅游，也可以把钱用于房车旅游住宿，或帐篷式户外住宿等，因而这些酒店企业和房车等企业之间存在争夺消费者购买力的竞争关系，消费支出结构的变化，对企业的竞争有很大影响。

（3）从酒店企业所处的竞争地位来看，企业的竞争者有：①市场领导者（market leader），指在某一行业的产品市场上占有最大市场份额的企业。例如，宝洁公司是日化用品市场的领导者，可口可乐公司是软饮料市场的领导者。市场领导者通常在产品开发、价格变动、分销渠道、促销力量等方面处于主宰地位。市场领导者的地位是在竞争中形成的，但不是固定不变的。②市场挑战者（market challenger），指在行业中处于次要地位（第二、三甚至更低地位）的企业。例如，富士是摄影市场的挑战者，高露洁是日化用品市场的挑战者，百事可乐是软饮料市场的挑战者。市场挑战者往往试图通过主动竞争来扩大市场份额，提高市场地位。③市场追随者（market follower），指在行业中居于次要地位，并安于次要地位，在战略上追随市场领导者的企业。在现实市场中存在大量的追随者。市场追随者的最主要特点是跟随。在技术方面，它们不做新技术的开拓者和率先使用者，而是做学习者和改进者。在营销方面，它们不做市场培育的开路者，而是搭便车，以减少风险和降低成本。市场追随者通过观察、学习、借鉴、模仿市场领导者的行为，不断提高自身技能，不断发展壮大。④市场补缺者（market nicher），多是行业中相对弱小的一些中小企业，它们专注于市场上被大企业忽略的某些细小部分，在这些小市场上通过专业化经营来获取最大限度的收益，在大企业的夹缝中求得生存和发展。市场补缺者通过生产和提供某种具有特色的产品和服务，赢得发展的空间，甚至可能发展成为"小市场中的巨人"。

（4）从酒店企业所处的竞争等级来看，企业的竞争者有：①主要竞争者（primary competitor），指同一区域已经运营或者即将建成的跟自身拟建酒店项目类型、星级、设施、目标客源市场一致或者相近的酒店，这些竞争者可能是市场领导者，也可能是品牌竞争者。②次要竞争者（secondary competitor），指同一区域已经运营或者即将建成的跟自身拟建酒店项目在类型、星级、设施、目标客源市场方面差异较大的竞争者，这些竞争者主要是行业竞争者或者市场追随者。③其他竞争者（other competitors），指同一区域内剩下的住宿酒店类型（比如单体酒店），对客源市场有稍许的分流和影响，但是基本上对拟建酒店项目不会带来市场威胁，体现着一定的消费竞争者作用。

竞争者分析是战略分析方法之一，也是拟建酒店项目进行选址、设计的重要决策依据之一（Godinho & Moutinho, 2018）。竞争者分析主要包括对竞争对手的现状和未来动向进行分析，内容包括：①识别现有的酒店直接竞争者和潜在酒店竞争者。②收集与竞争酒店有关的信息情报和建立数据库，这些信息数据包括历史客房价格、客房出租率、餐饮的价格、酒店设施、服务等。③分析竞争酒店的战略意图和各层面的战略。④分析、识别竞争酒店的长处和短板，主要基于前面建立的信息数据和竞争酒店实际经营状况，由此来判断其拥有的特色优势和存在的问题。⑤洞察竞争酒店在未来可能采取的战略和可能做出的竞争反应、应对措施等。本章第三节重点从拟建酒店企业所处的竞争等级来进行酒店供给的竞争比较分析。

四、供给竞争者分析的思路

供给竞争者分析主要是评估竞争者的优势与劣势。各种竞争者能否执行战略、达到目标，取决于其资源和能力。拟建酒店企业需要评估每个竞争者（不同层级）的优势与劣势。通常可以通过以下步骤来完成相应的评估工作。

（1）了解竞争者的基本情况。一个新建酒店企业应收集每个竞争者最近的业务关键数据，包括客房销量、客房出租率、平均客房价格、市场占有率、心理占有率、情感占有率、酒店毛利、投资报酬率、现金流量、新投资、酒店主要设施等内容。其中，"心理占有率"是指在回答"本行业中你最先想到的酒店企业"这一问题时，选择竞争者的顾客占总顾客的比重。"情感占有率"则是指在回答"本行业中你最喜欢的酒店企业"这一问题时，选择竞争者的顾客占总顾客的比重。

（2）分析评价过程。新建酒店企业可以根据所得资料综合分析竞争者的优势与劣势。实际操作中，新建酒店企业可以通过实地调研、访谈、第二手资料、个人经历或传闻来了解有关竞争者的优势和劣势。同时，也可通过向顾客、供应商和中间商进行第一手营销调研来增加对竞争者的了解。

（3）获得评价结论。基于前述的基础资料，分析拟建酒店企业需要评估的每个竞争者（不同层级）的优势与劣势，并为如何对拟建酒店项目的特色和定位做出科学决策提供依据。

第二节　酒店总体竞争供给分析

考虑到国家不同行政等级的区划，要了解一个区域酒店总体的供给状况，我们必须掌握区域在所处的国家—省—市—县层面的酒店总体供给情况、贡献和占比影响等。这里从全国层面、浙江省层面、宁波市层面和北仑区层面的酒店总体竞争供给状况入手，对不同酒店进行层级比较和分析。

一、全国酒店供给的总体特征

（1）酒店的供给特征

直接受益于国家经济的快速发展与人民生活消费水平的提高，我国酒店行业规模持续增长，我国的酒店行业正逐步走向大规模、高质量的发展时代（见图4-2）。近年来，中高端酒店行业受益于消费升级和中产消费群体的快速扩大，加之受到经济型酒店和豪华型、奢华型酒店的消费转移的影响，迎来行业红利时代，连续多年保持快速发展态势。

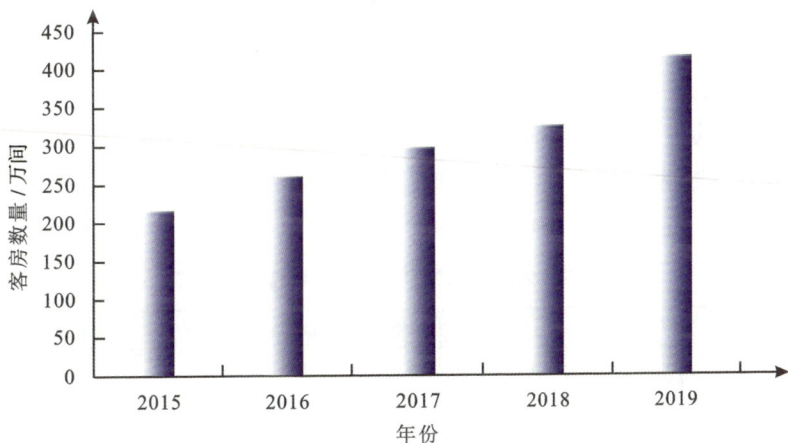

图 4-2　2015—2019 年中国酒店客房供给数量变化情况

（来自《2020 年中国酒店行业现状分析报告》）

近年来，很多行业投资受阻，酒店行业作为一种风险相对较低的行业受到越来越多投资者的青睐。同时，全民旅游、全域旅游、红色旅游、特色旅游、乡村旅游等国家级战略的推动和频繁的商务往来，也使得酒店行业如雨后春笋般发展起来。

《2020 年中国酒店行业现状分析报告》显示：

2019年，中国酒店供给整体呈现增长趋势。酒店整体供给的房间数增长率达到了10.2%。随着消费者住宿环境要求的上升，中端型酒店的房间供给量增长迅速，增长率居各档次酒店首位，达到15.70%。

2019年，中国酒店的应付职工薪酬为营业额的27.20%，较上年增长13.30%；房租为营业额的10.70%，较上年增加42.70%。成本费用的上涨抵消了营业额增长的空间。总体来看，酒店行业企业负担较重，利润率仅为1.00%，比上年下降9.10%，盈利水平低，面临转型压力。

从行业构成来看，酒店业在数量规模和档次上保持着金字塔形的市场结构，高端酒店占7.40%，中端酒店占28.60%，经济型连锁酒店占21.10%，其他酒店占41.90%。服务大众市场的业态占比高达92.60%，体现了酒店业向大住宿业转型、服务大众消费的民生属性。

（2）星级酒店的供给特征

根据文化和旅游部2020年8月14日发布的《2019年度全国星级饭店统计报告》（见表4-2），截至2019年年底，全国星级饭店管理系统中共有星级饭店8920家，其中一星级37家，二星级1268家，三星级4350家，四星级2443家，五星级822家。其中，五星级酒店的床位数为39.22万张，五星级酒店平均房价为596.56元，平均出租率为60.94%。

表4-2 2019年全国星级饭店规模结构情况

指标	单位	五星级	四星级	三星级	二星级	一星级	合计/平均
饭店数量	家	822	2443	4350	1268	37	8920
客房数	万间/套	25.99	44.33	42.44	7.49	0.13	120.38
床位数	万张	39.22	73.98	79.61	14.68	0.29	207.78
平均房价	元	596.56	331.56	225.70	179.38	111.96	353.00
平均出租率	%	60.94	55.11	52.15	51.95	51.43	54.32
每间可供出租客房收入①	元/间·夜	363.52	182.73	117.70	93.19	57.58	162.94
每间客房平摊营业收入	千元/间	313.48	149.37	90.58	61.52	38.23	130.64

数据来源：《2019年度全国星级饭店统计报告》。最后一列，前三项为合计，其余为平均。

从分地区来看，2019年浙江省的星级酒店平均房价为359.36元/间·夜，平均房价高于全国平均水平353.00元/间·夜，位居全国第八位（依次为：上海、北京、海南、广东、天津、江苏、福建、浙江）；浙江省的星级酒店平均出租率为 56.26%，平均出租率高于全国平均水平的 54.32%，位居全国第九位（依次为：北京、上海、湖南、新疆兵团、广东、福建、四川、江苏、浙江）；浙江省的每间客房平摊营业收入为 182.81 千元 / 间，位居全国第六位（依次为：上海、四川、北京、江苏、广东、浙江）。

二、浙江省酒店供给的总体特征

受新冠肺炎疫情的影响，2020 年全球酒店业损失惨重，但随着跨省旅游的开放、各项政策的扶持，浙江酒店业的复苏按下"快进键"，迎来发展新拐点。

从 2005—2019 年浙江省星级饭店规模变化情况（见表 4-3）来看，2019 年浙江共有 528 家星级饭店。2015 年以来，浙江省星级饭店整体数量呈现下降趋势，到 2019 年一共减少 160 家星级饭店。从星级饭店构成来看，三星级饭店占据浙江星级饭店较大市场，2019 年浙江共有 203 家三星级饭店，174 家四星级饭店，80 家五星级饭店，另外，一星级和二星级饭店分别为 4 家和 67 家（2014 年，浙江省旅游住宿单位客房总数达到 96.60 万间，2011—2014 年平均增幅为 5.50%；床位数达到 186.90 万张，2011—2014 年平均增幅 6.40%）。在高星级饭店规模扩张的同时，星级饭店总量有所下降，2014 年全省共有星级饭店 875 家，与 2013 年相比减少了 60 家，其中，五星级饭店增加了 6 家，四星级饭店减少了 4 家，三星级饭店减少了 18 家，一星级、二星级饭店共减少了 44 家。星级饭店品质继续得到提升。浙江省市场经济比较发达，星级饭店的星级和品质提升以市场推动为主，符合经济和社会发展的需要，满足了消费者对饭店住宿和餐饮服务在舒适性和品质上的需求。

表 4-3　2005—2019 年浙江省星级饭店规模结构情况（单位：家）

年份	五星级	四星级	三星级	二星级	一星级	总计
2005	16	88	300	514	84	1002
2006	19	108	329	542	69	1067
2007	24	121	364	535	70	1114
2008	30	140	367	487	56	1080
2009	38	150	391	468	49	1096
2010	45	165	386	411	39	1046
2011	52	180	388	337	34	991
2012	62	184	379	294	22	941
2013	70	192	381	272	20	935
2014	76	188	363	233	15	875

续表

年份	五星级	四星级	三星级	二星级	一星级	总计
2015	78	181	281	136	12	688
2016	79	173	268	122	9	651
2017	81	166	244	88	6	585
2018	78	169	223	74	4	548
2019	80	174	203	67	4	528

数据来源：历年浙江旅游业发展报告（浙江省旅游局）。

从高星级饭店的地区分布情况来看，以 2014 年为例（见表 4-4），五星级饭店仍主要集中在宁波和杭州，分别有 22 家和 21 家，与 2013 年相比，宁波、嘉兴、湖州各增加了 2 家五星级饭店，温州和绍兴各增加 1 家，而杭州的五星级饭店减少了 2 家，浙江省 11 个市中有 9 个已经拥有五星级饭店，这对地方饭店服务品质提升具有积极的导向作用。从星级饭店区域增减情况看，与 2013年相比，11 个市中有 8 个市星级饭店总量减少，减少最多的是温州，减少了19 家，3 个市有增加，其中嘉兴增加了 3 家，湖州和衢州分别增加了 2 家。各市星级饭店数量变化主要与地方经济发展、旅游业发展和住宿业内竞争状况相关，基本符合酒店市场发展规律。

表 4-4　2014 年浙江省各城市星级饭店规模结构及变化情况（单位：家）

城市	五星级		四星级		三星级		二星级		一星级		总计	
	2013	2014	2013	2014	2013	2014	2013	2014	2013	2014	2013	2014
杭州	23	21	45	46	76	74	61	55	3	2	208	198
宁波	20	22	27	25	53	49	57	50	3	2	160	148
温州	5	6	21	21	49	42	24	14	3	0	102	83
嘉兴	5	7	14	13	33	35	8	8	0	0	60	63
湖州	0	2	12	12	25	25	8	8	1	1	46	48
绍兴	12	13	17	16	37	31	23	17	1	1	90	78
金华	1	1	14	13	20	19	24	20	1	0	60	53
衢州	0	0	8	9	16	17	10	10	1	1	35	37
舟山	1	1	7	7	23	22	17	15	0	0	48	45
台州	2	2	15	15	24	24	11	10	2	2	54	53
丽水	1	1	5	5	22	23	29	26	5	6	62	61
总计	70	76	185	182	378	361	272	233	20	15	925	867

数据来源：《2014 年浙江旅游业发展报告》（浙江省旅游局）。

从经营情况来看（见表 4-5），2019 年浙江省星级饭店实现营业收入 160.59 亿元，在全国排名第五。2019 年，浙江星级饭店实现利润总额 0.81 亿元，利润总额在全国排名第十一，人均实现利润 1110.00 元。在平均房价上，2015—2019 年，总体上略有增长的趋势。2019 年，浙江省星级饭店平均房价为 359.36 元 / 间·夜，平均房价高于全国平均水平（353.00 元 / 间·夜）。在平均出租率上，2019 年，浙江省星级饭店出租率为 56.26%（相较于 2018 年的 58.25% 略有回落），平均出租率高于全国平均水平。这表明，浙江省总体高星级饭店的供给经营指标优于全国平均水平，体现出行业发展的良好势头。

表 4-5　2015—2019 年浙江省酒店行业经营的主要指标

年份	营业收入 / 亿元	酒店利润 / 亿元	平均客房价格 / 元 / 间·夜	平均出租率 /%
2015	200.00	−7.82	230.23	53.46
2016	194.81	−2.75	352.15	55.90
2017	186.57	8.03	360.33	57.73
2018	187.46	6.26	367.46	58.25
2019	160.59	0.81	359.36	56.26

数据来源：历年浙江旅游业发展报告（浙江省旅游局）。

三、宁波市酒店供给的总体特征

宁波的酒店发展水平一直走在全国前列，不仅有浙江省第一家五星级酒店——南苑饭店，近年来更是吸引了柏悦等国际顶级品牌酒店落户。大量高端酒店的进驻，导致酒店的住房率连年下降，400 元的价格住一晚五星级酒店已经不是新鲜事。但是也出现了全国第一家五星级酒店破产、32 年的老饭店——甬港饭店关门、众多酒店挂牌出售转让等现象。然而，近年来，宁波高端酒店业依然逆势崛起，不仅酒店越建越多，客房供给数量越来越多，而且档次越来越高。随着酒店数量的增加，甬城的酒店业将会面临更残酷的市场考验。

（1）宁波的星级酒店供给结构

宁波酒店供给的一个重要特征就是高星级酒店占比较高（见图 4-3），尤其是五星级酒店的供给数量较大。

	2015 年	2016 年	2017 年	2018 年
■ 三星级	41	40	34	25
■ 四星级	20	20	20	19
■ 五星级	22	22	22	21

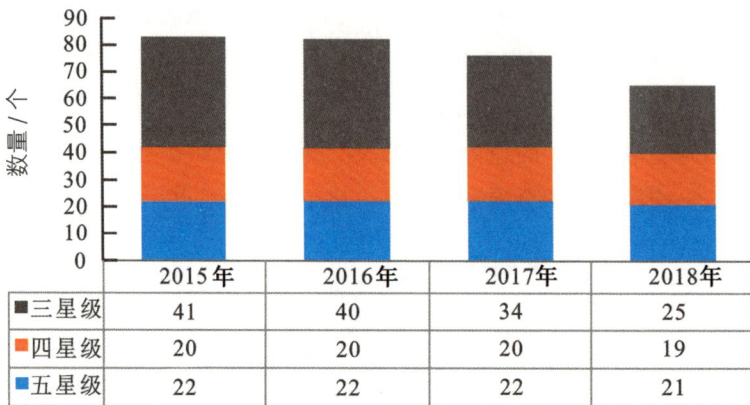

图 4-3　2015—2018 年宁波市星级酒店结构情况（合纵酒店顾问[①]）

比如，2015 年宁波的五星级酒店达到 22 家，占比为 26.50%；此后，五星级酒店占比逐年提高。

想了解更多年份的区域酒店供给状况，可以通过调查城市统计年鉴等相关渠道进行收集整理。

这里，请进入宁波统计信息网（http://tjj.ningbo.gov.cn/），找到《2020 年宁波统计年鉴》（2019 年数据）——第十篇国内贸易餐饮篇——表 10-12 星级住宿业和限额以上餐饮业经营情况（2019 年）的指标（见图 4-4），完成附表 4-1 的作业。

图 4-4　2019 年宁波星级酒店住宿业主要经营指标

数据来源：《宁波统计年鉴》。

----

① http://jdgl.qchm.edu.cn/2018/1120/c5281a42342/page.htm.

做一做 1：请描述宁波酒店床位数供给变化情况

附表 4-1　2012—2018 年宁波星级酒店床位数发展变化情况

年份	床位数	增长率	年份	床位数	增长率	年份	床位数	增长率
2012			2015			2018		
2013			2016			2019		
2014			2017			2020		

数据来源：《宁波统计年鉴》。

（2）宁波的星级酒店供给特征

这里以 2011—2018 年的宁波三星级—五星级酒店主要经营数据为基础，分析其供给特征（见表 4-6）。

表 4-6　2011—2018 年宁波市五星级、四星级、三星级酒店供给数据

酒店类型		2011	2012	2013	2014	2015	2016	2017	2018
五星级	平均房价 / 元	572	574	580	561	567	541	517	560
	出租率 %	57.7	57.1	50.6	50.4	50.2	55.1	58.3	59.0
	RevPAR	330	328	294	283	285	298	301	330
四星级	平均房价 / 元	387	404	390	377	359	344	346	331
	出租率 /%	57.8	54.9	48.6	49.9	49.9	54.1	61.7	57.0
	RevPAR	224	222	189	188	179	186	213	189
三星级	平均房价 / 元	247	245	241	234	220	212	218	228
	出租率 /%	61.2	57.6	52.7	51.4	51.7	53.1	55.6	55.6
	RevPAR	151	141	127	120	114	113	121	127

数据来源：http://jdgl.qchm.edu.cn/2018/1120/c5281a42342/page.htm.

从表 4-6 可看出，宁波五星级酒店 2011—2017 年的平均房价为 559 元，其中最高为 2013 年的 580 元，最低为 2017 年的 517 元；从变动分析来看，2012—2013 年小幅上升，2014—2017 年呈下降趋势，2018 年有所回升。出租率方面，2011—2017 年的平均出租率为 54.2%，其中最高为 2017 年的 58.3%，最低为 2015 年的 50.2%；从变动分析来看，2013 年受国家政策影响，出租率下降，2014—2015 年变动很小，2016—2018 年开始止跌上升。RevPAR 方面，2011—2017 年的平均 RevPAR 为 303 元，其中最高为 2011 年的 330 元，最低为 2014 年的 283 元；从变动分析来看，2011—2014 年处于逐年下降状态，2015—2018 年止跌上升。

宁波四星级酒店 2011—2017 年的平均房价为 372 元，其中最高为 2012 年的 404 元，最低为 2016 年的 344 元；从变动分析来看，2011—2012 年呈上升趋势，2013—2016 年受国家政策影响呈逐年下降趋势，2017 年止跌。出租率方面，2011—2017 年的平均出租率为 53.8%，其中最高为 2017 年的 61.7%，最低为 2013 年的 48.6%；从变动分析来看，2011—2013 年呈下降趋势，2016—2017 年呈持续上升趋势。RevPAR 方面，2011—2017 年的平均 RevPAR 为 200 元，其中最高为 2011 年的 224 元，最低为 2015 年的 179 元；从变动分析来看，2012—2015 年呈下降趋势，2016 年止跌上升，2017 年上升幅度较大。

宁波三星级酒店 2011—2017 年的平均房价为 231 元，其中最高为 2011 年的 247 元，最低为 2016 年的 212 元；从变动分析来看，2012—2016 年受国家政策影响呈逐年下降趋势，2017 年止跌。出租率方面，2011—2017 年的平均出租率为 54.8%，其中最高为 2011 年的 61.2%，最低为 2014 年的 51.4%；从变动分析来看，2011—2014 年出租率呈下降趋势，2015—2017 年止跌上升。RevPAR 方面，2011—2017 年的平均 RevPAR 为 127 元，其中最高为 2011 年的 151 元，最低为 2016 年的 113 元；从变动来看，2011—2016 年呈持续下降趋势，2017—2018 年止跌上升。

资料阅读

什么是 RevPAR？

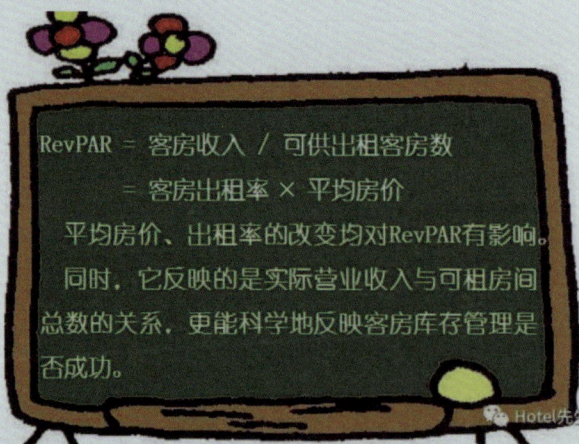

RevPAR ＝ 客房收入 / 可供出租客房数
　　　＝ 客房出租率 × 平均房价
平均房价、出租率的改变均对 RevPAR 有影响。同时，它反映的是实际营业收入与可租房间总数的关系，更能科学地反映客房库存管理是否成功。

RevPAR，是酒店营业比率类指标，是 Revenue Per Available Room 的缩写，意思是"平均每间可供出租客房收入"。在酒店的日常经营中，经常把客房出租率和平均房价作为酒店经营水平的评价指标，也有很多酒店将此作为经营计划、预算收入、管理者业绩考核等的主要依据。

①RevPAR 与经营预算比较。可以及时纠正偏差，在经营和管理的各个环节上根据差异制定改进提升措施，以修正目标，确保完成预算任务。

②RevPAR 与竞标酒店比较。使用 RevPAR 在酒店之间进行横向比较，会很容易找到自己的不足和差距，有利于酒店经营者调整市场经营策略、进一步明确目标客户群、确立自身优势进行竞争。

③RevPAR 与历史数据比较。能够明晰酒店经营水平是在下降还是上升，从而查找原因进行弥补。如果下降，是否硬件需要改善，管理需要改进等；如果上升，出租率和房价是否还有潜力可挖；等等。

四、北仑区酒店供给的总体特征

这里将重点以第二章第三节（见表 2-2）和第三章第三节的相关分析数据为基础，进行酒店供给的竞争者分析。

根据携程网的数据，截至 2020 年 8 月，北仑区的酒店共有 233 家，酒店分布密度为 0.39 家 / 平方千米。主要分布在北仑城区的博地影秀城、北仑银泰城和富邦世纪广场等商圈周边。

北仑区的酒店供给主要分布如下：五星级酒店共有 5 家，分别为宁波大榭国际大酒店、宁波石浦豪生大酒店、宁波北仑世茂希尔顿逸林酒店、宁波春晓世茂希尔顿逸林酒店、宁波影秀城丽筠酒店；四星级高档酒店有 13 家；三星级舒适酒店则有 24 家。

第三节　不同层级的供给竞争比较分析

基于前文第二章第三节对区域已有酒店的调查，这里重点对不同层级的供给竞争者进行比较分析。

一、已有酒店供给分析

（1）总体酒店供给特征

基于表 2-2 "区域酒店分布状况统计中"的 "房间数量" "开业时间" 信息，

进行区域已有酒店供给数量的统计汇总分析，样表见表 4-7，主要包括酒店数量
和客房数量（不同酒店的房间数量累加汇总）两个指标。表 4-7 中 2020 年的供
给数据是对该年份之前开业酒店的累计汇总，并需减去其间关停了的酒店的客
房数量或者在维修中不能投入运营的酒店数量。

表 4-7　区域已有酒店供给数量统计汇总样表

年份	酒店数量	客房数量 / 间	年份	酒店数量	客房数量 / 间
2012			2016		
2013			2017		
2014			2018		
2015					

以宁波梅山湾新城为例，携程平台和线下实地调查校验的结果显示，截止
到 2020 年，梅山湾新城共有 38 家酒店，2019 间酒店客房。梅山湾新城的酒店
和酒店客房数量供给逐年增加，其中，酒店数量从 2014 年的 11 家增加到 2020
年的 38 家，客房数量从 2014 年的 348 间增加到 2020 年的 2019 间。这表明，
梅山湾新城经济和旅游发展良好。梅山湾地区酒店的空间分布如图 4-5 所示。
高星级酒店主要位于梅山湾沙滩公园附近。经济型酒店主要分布在红叶广场和
工业园区附近，周边区域有宁波中国港口博物馆、梅山湾冰雪大世界、洋沙山、
万人海滩等设施。

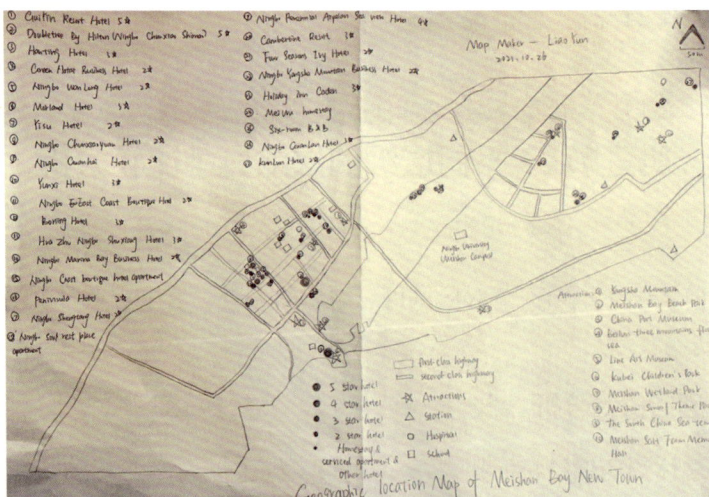

图 4-5　宁波梅山湾已有酒店分布（作者绘制）

同时，结合对酒店等级的分类，可以进一步细分统计不同类型酒店的客房数量（见表 4-8）。其中，酒店品牌等级是对酒店进行划分的一种方式，各酒店按照实际的平均房价归为不同的类别。依照所处市场水平，酒店可被分为 7 个等级：豪华、超高档、高档、中高档、中档、经济型、单体酒店。一般来说，豪华酒店平均房价在区域内的排名为所有酒店的前 15%；高档酒店是豪华酒店之后的 15%；中高档酒店是高档酒店之后的 20%；中档酒店是中高档酒店之后的 20%；经济型酒店是最后的 30%，包括廉价的酒店。其中，单体酒店（非连锁，也就是"仅此一家，别无分店"）无论价格水平如何均归为单独一类。

表 4-8　区域不同类型酒店供给数量统计汇总样表

酒店类型	平均房价区间	2018	2019	2020
豪华				
超高档				
高档				
中高档				
中档				
经济型				
单体酒店				
总计				

区域酒店不同类型数量的占比情况可以反映出区域经济发展和旅游消费的总体水平，也可以为拟建酒店的目标市场划分提供依据。如果区域高档以上酒店和客房供给数量占比较高，则说明区域的总体经济和旅游消费水平较高，对于拟建酒店项目而言则要重点比较这些竞争者的设施、服务等差异，来提升自身酒店的比较优势。如果区域经济型和廉价酒店供给数量占比较高，则说明区域的总体经济和旅游消费水平较低，对于拟建酒店项目而言则要结合区域未来相关规划，重新考虑酒店定位、目标市场群体和选址问题。

（2）酒店的空间分布

基于第二章的"思考" 3，可以获得区域的酒店空间分布（见图 4-5）。不同类型、等级的酒店可以用不同的图标呈现。酒店空间分布图中需要加载行政边界、主要交通干道、主要旅游资源（景区）、河流水系、主要商圈、主要居民点、医院、大型企业、高校等相关基础地理信息（不同的地理信息要素在点、线、面表达上需要用不同的符号进行合理区分）。这样有助于识别区域酒店分布的主要集聚地带，也可以识别区域酒店分布和主要地理信息之间的空间关系。此外，在酒店空间分布图绘制过程中，还需要标记清楚比例尺和指北针等必要的地图元素。

二、主要竞争者分析

主要竞争者是同一区域已经运营或者即将建成的跟自身拟建酒店项目类型、星级、设施、目标客源市场一致或者相近的酒店，对拟建酒店项目的目标客源市场有较大的分流和争夺作用。主要竞争酒店的相关信息可以从表2-2的汇总表里面进行提取。通过携程网等线上平台和实际调查，进一步收集主要竞争酒店的核心信息，并绘制成拟建酒店与主要竞争者的比较分析表（见表4-9）。主要竞争酒店的相关设施和服务，也是拟建酒店项目设计建设（主要在第六章介绍）的一个重要参考。

表4-9　拟建酒店与主要竞争者的比较分析样表

影响因素	拟建酒店	主要竞争者 1	主要竞争者 2	主要竞争者 3
星级、品牌				
客房数量				
酒店设施				
酒店服务				
客人点评				
……				
综合结论				

这里以宁波梅山湾新城新建五星级酒店项目为例进行说明。通过调查，区域同类型主要竞争者有宁波春晓世茂希尔顿逸林酒店（五星级）、泊宁酒店（宁波万人沙滩店）、开元颐居·宁波溢泉山庄等酒店。其中，开元颐居·宁波溢泉山庄隶属于开元酒店集团旗下子品牌——开元颐居。开元颐居酒店整体体现为轻松、时尚、现代的东方文化之美。酒店拥有客房60余间，大堂采用新中式装修，配有小型会议洽谈室、休闲书吧、精致大堂吧，满足不同宾客的商务洽谈、品茶休闲、简单办公等需求。

此外，典型的主要竞争者宁波春晓世茂希尔顿逸林酒店坐落于北仑区春晓街道春晓大道689号，背山朝海，可凭栏欣赏花园美景及远眺浩瀚海景。酒店周边拥有众多旅游休闲景区，东临明月湖、南眺洋沙山景区，西侧与宁波中国港口博物馆隔河相望。距宁波栎社国际机场约60千米，是宾客休闲度假和探索当地风情的理想下榻之所。

　　春晓世茂希尔顿逸林酒店建筑外形简约、现代，拥有220间舒适宜人的客房及套房（见图4-6）。每间客房均为提升宾客的细节化体验而量身打造，集时尚舒适与现代科技于一体，配有液晶纯平电视、高速无线上网服务，让商务及休闲旅客始终都能与外界保持联络。

（a）　　　　　　　　　　　　　　　　　（b）

图4-6　宁波春晓世茂希尔顿逸林酒店（作者拍摄）

　　酒店提供超过1500平方米的活动和会议空间，9个独立的活动场地可满足不同类型的宴会及高端会议的需求。823平方米的无柱大宴会厅可灵活分隔成2个独立空间，独具特色的自然采光宴会前厅，优雅暖色调、精致的手工水晶吊灯，配以完美的舒适灯光，为宾客营造庄重而高雅的氛围，为宾客提供理想且灵活的宴会、会议场所。

　　从携程网顾客点评情况（见图4-7）来看，酒店视野开阔，周边风景优美，毗邻优质景区资源，是家庭亲子出游的良好选择。酒店为家庭出游的旅客打造一处尽享舒适、共享亲子时光的度假新天地，又推出"小小赛车手"亲子项目，该项目专为6岁以下宝宝打造，包括入住主题楼层亲子客房、体验迷你赛车驾驶、小小赛车手手册积分兑奖及特色主题亲子活动等内容。同时，房间内为孩子们配备了主题床品、迷你小帐篷以及全套的绘画工具，洗浴方面也配备了小童浴袍及定制洗漱用品。

图 4-7　宁波春晓世茂希尔顿逸林酒店的顾客点评（来自携程网）

三、次要竞争者分析

次要竞争者是同一区域已经运营或者即将建成的跟自身拟建酒店项目在类型、星级、设施、目标客源市场等方面差异较大的竞争者，但是对拟建酒店的目标客源市场有一定的分流作用。同理，可以通过携程网等线上平台和实际调查，收集次要竞争酒店的相关信息，并绘制成拟建酒店与次要竞争者的信息比较表（见表 4-10）。

表 4-10　拟建酒店与次要竞争者的比较分析样表

影响因素	拟建酒店	次要竞争者 1	次要竞争者 2	次要竞争者 3
星级、品牌				
客房数量				
酒店设施				
酒店服务				
客人点评				
……				
综合结论				

同样，这里以宁波梅山湾新城新建五星级酒店项目为例进行说明。通过调查可以发现，区域次要竞争者有宁波万年艾亚兰海景酒店、宁波梅苑宾馆、宁波凯顿假日酒店（万人沙滩店）、宁波梅山·半岛酒店等。相较于五星级品牌酒店，这些次要竞争的酒店在客房价格上稍微较低，但在客房数量、酒店设施、功能和服务上各有差异，对目标客源市场有着不可忽视的分流影响。比如，宁波凯顿假日酒店紧挨着宁波春晓世茂希尔顿逸林酒店，酒店拥有客房百余间，均有阳台可眺望沙滩，房价相对低廉，并且视野开阔，令人心情愉悦，部分房

型带有洗衣机、微波炉、厨具等设施，适合家庭出游。

此外，典型的次要竞争者是位于春晓大道 999 号的宁波万年艾亚兰海景酒店（见图 4-8）。它是法国艾亚兰国际酒店集团有限公司在大中华区管理的一家旅游度假酒店。酒店一期占地面积 5302 平方米，建筑面积 46349 平方米，拥有各式海景客房 279 间／套。酒店相关配套设施包括宴会厅、私宴包厢、红酒吧、雪茄吧、屋顶户外烧烤、高端温泉水疗、国际标准的室内恒温泳池等，能提供一站式的休闲度假概念及体验。

（a）

（b）

图 4-8　宁波万年艾亚兰海景酒店（作者拍摄）

从携程网顾客点评情况（见图 4-9）来看，宁波万年艾亚兰海景酒店服务设施齐全、视野开阔，可以欣赏漂亮海景和各种游艇，酒店客房价廉景美，适合游客度假养生。

图 4-9　宁波万年艾亚兰海景酒店的顾客点评（来自携程网）

四、其他竞争者分析

其他竞争者是指区域剩下的住宿酒店类型（比如单体酒店），对客源市场有稍许的分流和影响，但是基本上不会对拟建酒店项目带来市场威胁，体现了一定的消费竞争者作用。2020 年，新冠肺炎疫情的暴发使得我国文旅行业面临前所未有的压力和挑战。作为旅游六要素中"住"的主要供给部门，酒店同样因为疫情的暴发而业绩承压。酒店在未来不仅需要应对疫情常态化带来的影响，还需要应对来自非标住宿等其他竞争者的不断兴起带来的冲击。

同理，这里可以通过携程网等线上平台和实际调查，收集其他竞争酒店的相关核心信息，并绘制成表 4-11 的拟建酒店与其他竞争者的比较分析样表。

表 4-11　拟建酒店与其他竞争者的比较分析样表

影响因素	拟建酒店	其他竞争者 1	其他竞争者 2	其他竞争者 3
酒店特色				
客房数量				
酒店设施				
酒店服务				
客人点评				
……				
综合结论				

同样，这里以宁波梅山湾新城新建五星级酒店项目为例进行说明。通过调查发现，区域其他竞争者有昆亭 6 号美墅馆（见图 4-10）、梅山六间房民宿等精品民宿。相较于五星级品牌酒店，这些精品民宿客房数量有限，但是有着鲜明的风格和特色，价格也相对较高，主要消费群体是小众人群，一般也不适合进行会议服务接待。

其中，宁波昆亭 6 号美墅馆民宿（见图 4-10）位于春晓昆亭村，是一栋朝南的 2 层半独栋小别墅，使用面积 300 多平方米，共有 5 间客房。一楼有整套明式红木家具、55 寸电视机、海尔中央空调，配有客用卫生间、现代化厨房、品牌整体橱柜、对开门冰箱。二楼有风格各异的套间（均带有专用独立卫生间）：一间日式榻榻米套房；一间带高低床的温馨亲子间；一间高科技套间，配备各种新奇智能家居设备。三楼为尖顶小木屋，纯实木打造，具有独特错层设计。主人为摄影爱好者，馆内以展出摄影作品为特色，致力于打造别致的特色民宿，创出当地的中高端品牌。民宿提供别墅整栋出租服务，顾客可使用这里的全部厨房设施。民宿还提供自动麻将桌、游戏机、200寸三维投影仪（家庭电影院），适合家庭自驾游游、都市白领休闲游、同事同学聚会、大家族周末出游。

（a）　　　　　　　　　　　　　　　　（b）

图4-10　宁波昆亭6号美墅馆民宿（作者拍摄）

五、酒店供给未来预测

针对已有酒店的供给竞争分析，酒店经营者可以总体判断拟建酒店的主要竞争者压力，为拟建酒店项目的客房数量、酒店设施等建设提供依据。竞争大，挑战、投资风险就大；反之，就有市场投资机会。同时，也需要进一步对区域未来的酒店供给状况进行预测和估计，以细致考量拟建酒店项目运行以后的竞争态势。这里需要重点关注区域中酒店规模扩大、酒店客房翻修的竞争者。

根据表4-9，可以进一步对研究区在2021年之后的酒店供给情况进行预测和分析，预测结果样表见表4-12。这里要预估拟建酒店项目的建设周期和正式投入运营时间，并将其纳入最后的区域酒店供给数量。

表4-12　区域酒店客房供给数量的变化和预测

酒店类型	2020	2021	2022	2023	2024	2025
奢侈						
超高档						
高档						
中高档						
中档						
经济型						
客房总数						
每年总房间数量变化						

续表

酒店类型	2020	2021	2022	2023	2024	2025
每年客房运行总数量						
每年客房数量变动百分比						

注：每年总房间数量变化 = 今年总数量 − 去年总数量。每年客房数量变动百分比 = (当年总数量 − 上年总数量)/ 上年总数量 ×100%；运行总数是指酒店自有客房的可用客房总数，不包括正在维修的客房。

✎ 本章小结

1. 区域酒店的供给状况是拟建酒店项目选址的重要参考。

2. 影响区域酒店供给的因素较多，主要有客房产品价格及土地、劳动力、酒店用品等的价格。

3. 根据不同维度，供给竞争者的分类有多种形式。

4. 竞争者分析是战略分析方法之一，也是拟建酒店项目选址、设计的重要决策依据之一。

5. 主要竞争者是同一区域已经运营或者即将建成的跟自身拟建酒店项目类型、星级、设施、目标客源市场一致或者相近的酒店，对拟建酒店项目的目标客源市场有较大的分流和争夺作用。

✎ 思 考

1. 酒店客房供给的影响因素有哪些？

2. 根据以下信息，计算这家酒店的 RevPAR。

> 某酒店共有 380 间客房，工程部门定期保养，最近关闭了 2 间客房，业主自留 1 间客房，从不对外出租。旅行社预订 150 间，平均房价 850 元。公司价预订 50 间，平均房价 880 元。宴会用房 50 间，平均房价 900 元。前台、官网预订 40 间，平均房价 1200 元。

3. 以宁波杭州湾新区拟建五星级酒店为例，整理并分析区域的主要竞争者、次要竞争者。

第五章

酒店的需求分析

Chapter 5
Accommodation Demand Analysis

◎ **知识目标**

    1. 掌握酒店需求的内涵和影响因素。

    2. 了解酒店需求和客房价格。

    3. 掌握酒店需求和不同的市场细分类型。

    4. 理解酒店需求分析的基本思路。

◎ **能力目标**

    1. 根据区域的经济发展状况，分析和评估酒店客房需求特征。

    2. 利用相关资料数据，评估区域已有酒店的历史需求变化。

    3. 根据一定的预测方法，评估区域酒店未来的住宿需求量。

◎ **素养目标**

    1. 培养学习者的综合分析和思维素养。

    2. 培养学习者的数据挖掘能力和大数据分析意识。

    3. 培养学习者的竞争思维和分析意识。

    4. 培养学习者的事物洞察和预见能力。

问题引入：你认为酒店的市场需求该如何评估？

第一节　需求的基础理论知识

需求是从顾客的角度出发，是相对于供给而言的，这既是对第四章供给分析的一个补充，也是我们进行后续酒店选址决策分析（供需关系变化影响酒店市场价格及预测）的一个重要分析内容。

一、需求的相关概念辨析

概念 1：需求

需求是指消费者在一定的时期内以各种可能的价格水平愿意并且能够购买的该商品的数量，即消费者既有购买欲望又有购买能力的有效需求。酒店住宿既需要激发外来游客或者顾客的住宿欲望，又需要符合他们的消费支付能力。

要理解这个概念，需要明晰以下两个基本问题。

（1）需求不等同于需求量。需求是意愿，而不等于实际购买。需求变量是流量而不是存量，因此需求与时期相关。比如，旅客去外地旅游时，酒店住宿是旅客的一个意愿和需求，但是旅客最后因为喜欢看星星而选择了搭帐篷野营（见图 5-1），没有选择住宿酒店，就没有产生实际的购买。

（a）

（b）

图 5-1　蒙古包和帐篷带来的住宿需求的选择（作者拍摄）

（2）需求不等同于需要。需要是人们的需求欲望，是主观无条件的。而需求是必须具备一定能力的，特别是经济支付能力。假如有人看到路边停了一辆兰博基尼，价值500万元，有种"跃跃欲试"的冲动，"真想买一辆开出去兜兜风，体验一下速度与激情"，欲望很强烈，但无奈囊中羞涩，没有消费的能力，这就不算需求。从这个角度来看，如果拟建酒店项目，就要清楚自身的目标消费群体，如果价格定位过高（高于当地居民和游客的实际支付能力），就会影响消费者最后的需求数量。因此，站在消费者的实际需求角度，科学合理地定价（包括客房、餐饮、宴会等），吸引顾客到来，对最后实际消费的产生具有决定性意义。

概念 2：需求曲线

用几何图形表示的价格（客房价格）与需求数量（可以用客房出租率来表征）之间的关系，就是需求曲线（demand curve）。一般情况下，需求曲线是一条从左上向右下倾斜的曲线，即斜率为负。这表明 P（需求量）、Q（商品价格）呈反向变动关系。需求曲线的斜率可以因点（价格）的不同而发生变化，这就意味着当酒店采取不同的价格策略时，最后的需求销售量可能会波动。当需求曲线是直线时，斜率在各点上相同（见图 5-2）。

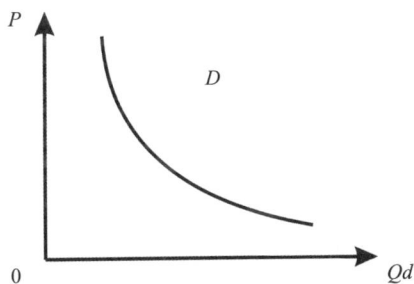

图 5-2　需求曲线

概念 3：需求定律

由图 5-2 亦可知，供给量和价格呈反相关关系，这就是需求定律（law of demand）。需求定律研究的是某种商品或服务的需求量与价格变动的关系。在其他条件不变的情况下，供给量与价格呈反方向变动：商品价格上涨，需求量减少；商品价格下降，需求量增加。对于消费者而言，更低的商品价格在理论上会带来更高的消费需求，这是刺激消费的主要驱动因素（比如，酒店客房在旅游淡季打折销售，这往往会吸引众多顾客）。

概念 4：需求侧

需求侧（demand side）是相对于供给侧来说的，简而言之，就是关于需求的诸多问题。

国民经济的平稳发展取决于经济中需求和供给的相对平衡。当供给侧的改革登上舞台时，需求侧管理同样应当步步紧跟、环环紧扣。需求侧主要有投资、消费、出口三驾马车。

目前，总需求的扩大主要是通过扩大国内投资和国内消费来实现的，方法有以下几个。

①实施积极的财政政策，努力发挥货币政策的作用，配合运用税收、价格等经济杠杆，全力解决有效需求不足的矛盾。

②提薪，适当提高社会保障"三条线"的保障水平，提高工职人员的工资。

③降息，征收利息税。

④调整消费政策，培育消费热点，优化消费环境，更新消费观念。

⑤发放消费券（如酒店客房优惠券），实施奖励性消费政策，等等。

二、酒店需求的影响因素

需求的影响因素较多。一般而言，需求（量）的影响因素主要有以下几个方面：该商品的价格、消费者的收入水平、相关商品的价格、消费者的偏好、人口数量与结构的变动、政府的宏观经济政策和消费者对商品未来价格的预期等。

（1）该商品的价格。一般来说，一种商品的价格越高，该商品的需求量就会越小；相反，价格越低，需求量就会越大。这就意味着，酒店需要合理定价，才能吸引更多游客的到来。

（2）消费者的收入水平。对于多数商品来说，消费者在收入水平提高时，就会增加对商品的需求量；相反，消费者在收入水平下降时，就会减少对商品的需求量。2020 年以来，受新冠肺炎疫情的影响，许多产业受到了较大冲击，使得不少行业劳动者的经济收入降低，这在某种程度上也会降低消费者进行酒店住宿的意愿。

（3）相关商品的价格。当一种商品本身的价格保持不变，而和它相关的其他商品的价格发生变化时，这种商品本身的需求量也会发生变化。相关商品一般指该商品的替代品和互补品。

①替代品的价格。如果两种商品能够相互替代以满足消费者的某一种需要，那么这两种商品就互为替代品，如洗衣粉和肥皂。如果一种商品的替代品价格提高，则消费者对该商品的需求增加；反之亦然。这就需要酒店项目建设者分析其他类型的竞争者，比如周边民宿的价格。

②互补品的价格。如果两种商品为互补品，则这两种商品必须互相配合，才能共同满足消费者的同一种需要，如汽车和汽油。如果一种商品的互补品价格提高，则消费者对该商品的需求减少；反之亦然。

（4）消费者的偏好。当消费者对某种商品的偏好程度增大时，该商品的需求量就会增加；相反，偏好程度减小，需求量就会减少。对于酒店而言，我们就要去关注游客群体的住宿偏好，是高档奢华型，还是经济实用型。不同层次的消费群体对酒店的类型、服务、设施等，都有着各自的喜爱偏好。因此，酒店需要最大限度地满足顾客的需要。

（5）人口数量与结构的变动。如果区域外来人口大量增加（城市建设、旅游发展、商务活动），或者旅游项目发展吸引众多游客到来，则会刺激有住宿需求的人口数量。区域发展越快，吸引的人口越多，则会有更多的需求。当然，这与地方的相关规划密切相关。

（6）政府的宏观经济政策。政府如果对区域发展加大人力、物力、财力的投资，则会刺激区域经济的发展，吸引更多的人口到来。比如，产业政策的扶持可以增加商业商务活动需求；大学城的开发建设可以增加会议相关的住宿需求；旅游项目的建设投资可以吸引大量外来游客，进而增加酒店住宿的需求。

（7）消费者对商品未来价格的预期。当消费者预期某种商品的价格在未来某一时期会上升时，就会增加该商品的现期需求量；当消费者预期某商品的价格在未来某一时期会下降时，就会减少对该商品的现期需求量。

那么，我们就从以上几个方面，比较学校食堂饭菜和酒店客房的需求因素差别（见表5-1）。从某种意义上说，影响需求的因素也是地方扩大影响、吸引外来人口，扩大自身知名度和市场占有率的有效路径。

表5-1 影响食堂饭菜和酒店客房需求的因素

理论因素	影响食堂饭菜需求的因素	影响酒店客房需求的因素
商品本身的价格	食堂饭菜的价格	酒店客房的价格
相关商品的价格	校门口及邻近街道商贩饭菜的价格	农家乐、民宿等其他替代商品的价格
消费者的收入水平	学生的生活费用	游客的收入水平（消费者群体层次，是否为高收入人群）
消费者的偏好	学生的食物偏好	消费者对住宿层次、品牌、设施和服务等的不同偏好
人口数量与结构的变动	是否为节假日等	旅游淡旺季、快速发展区域的人口变化等
政府的宏观经济政策	学校的管理政策（是不是全封闭）	相关区域城乡、旅游、交通等的规划对外来人口的吸引
消费者对商品未来价格预期	猪肉涨价可能会减少对应菜品的需求量，等等	淡旺季的住宿选择

三、酒店需求的分类

酒店需求的分类与游客的出行目的和需求层次紧密相连。

（1）基于游客出行目的的酒店需求分类

根据游客的出行目的，酒店需求类型主要可分为商旅、会议及其他市场需求。商旅需求市场主要由商务旅行、度假观光及其他旅游需求市场构成（见图5-3），其中商务旅行人数约占整个商旅市场的1/3。

商务旅行市场主要指以商业活动、政府公务及学术会议等为目的而产生的旅游市场，主要包括：①商业活动，如参加展会、访问与考察、商业谈判等需要外出旅行的商业活动；②政府公务，如公务人员每年年中的各种会议、视察、调研活动；③学术会议，如国际性、全国性及区域性学术交流会议活动。度假及其他旅游市场主要指单纯以度假观光及休闲等为目的而产生的旅游市场。当前，商务旅行需求市场极具成长性，可以为酒店带来较多的利润贡献。商务旅行者通常是星级酒店最大的消费群体，为酒店贡献较多的利润，同时对酒店位置的要求较多样化，重要工业园区/科技园区亦成为高星级酒店的较优选择。商务旅行作为旅游高端市场的主力军，日趋显现出优势和潜力，极具成长空间。据行业经验，一般星级酒店的商务旅行住宿需求占其总入住量的50%—80%，有的甚至高达90%；同时，这类客户的费用通常由公司报销，因此他们对价格的敏感度也相对较低，而更注重消费所带来的舒适性、安全性、便利性和服务质量，这类客户是对酒店利润贡献较大的消费群（日均消费额一般比观光客高20%以上）。商务旅行主体通常根据出行目的地来选择酒店。靠近市中心、交通枢纽、重要工业园区/科技园区的酒店都会有较高的商务旅行需求。

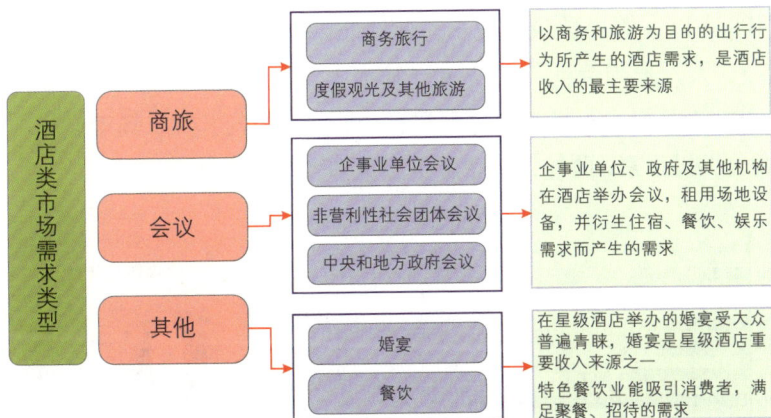

图 5-3　基于游客出行目的的酒店需求分类（来自《华泰保险市场咨询报告》）

近年来，全球商旅消费规模持续增长，这将进一步巩固中国在全球商旅市场的地位。铁路及民航交通出行的距离较大，与酒店隔夜住宿需求基本匹配。近年来，我国铁路与民航客运量基本保持平均每年10%的增长速度，预计因此产生的酒店住宿需求也将保持10%的增长速度。可见，商务旅行市场的快速增长，同样也为我国酒店行业的发展带来了巨大的发展空间和机遇。

会议型酒店提供的产品与服务的本质是满足会议活动的需求。相较于一般的酒店客户，会议活动客户的需求有很大的不同。首先，会议活动的需求是综合性需求，包括会议场所、住宿、餐饮、会议服务等多个方面。会议活动期间，酒店将在几天时间内汇聚大量的商务人士。因此，除会议厅、会议室等会议召开的场所、会议设施外，酒店还需要解决与会者在会议期间的住宿、餐饮等问题。其次，会议活动的需求是专业性需求。会议活动除了有传统的住宿与餐饮服务需求外，还需要酒店提供相应的会议服务，以保证会议活动的正常进行。因此，对于会议型酒店而言，专业的会议服务如会议注册服务、会议现场服务、会议后勤服务等都是会议活动的最基本需求。从会议主办方的角度来划分，会议市场可细分为四类：①企事业单位会议；②非营利性社会团体会议；

③中央和地方政府会议；④其他。其中，企事业单位会议约占会议总量的46%，所占比重最大。比如，上海每年举办会议（论坛）超过1万个，星级酒店是举办会议的主要地点。据测算，2011年上海市会议业年总收入约为130亿元，其中，会议场地及设备收入为22亿元，每个会议约为15万—20万元。根据《2009中国会议酒店市场调查分析报告》，每个会议的平均与会人数约为80人，主要以100人以下的小型会议为主，合计约占76%；从会期来看，与会天数一般为1.5—3天，平均会期约为2天，基本上都会产生相应的住宿与餐饮需求（见图5-4）。在选择会议场地时，消费者一般将交通便利性、场馆设施与酒店配套条件视作关键因素；此外，消费者更愿意到度假区举办会议。

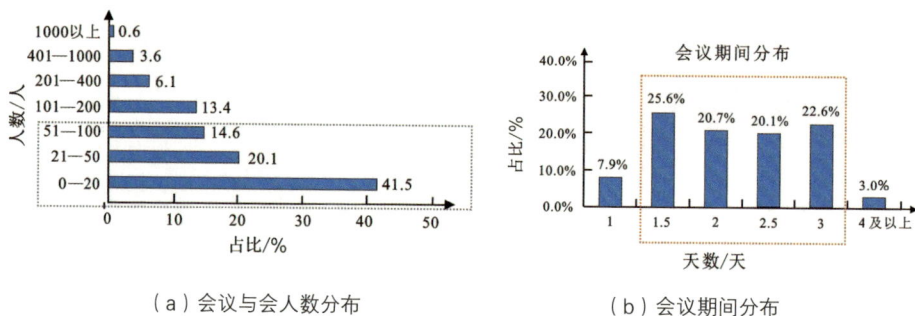

（a）会议与会人数分布　　　　　（b）会议期间分布

图5-4　酒店会议市场需求分析 [①]

其他酒店需要主要包括婚宴和餐饮等。婚宴市场主要可以根据举办场所来进行细分，包括酒店、餐厅和婚庆会所等。婚宴收入约占酒店餐饮收入的60%，根据2011年上海三星级及以上酒店的经营收入计算，酒店婚宴收入约为50亿元，占整个婚宴市场的一半份额。

（2）基于马斯洛需求层次理论的酒店需求分类

运用马斯洛需求层次理论，可以将顾客酒店住宿需求分为五个层次：生理需求（食、宿）、安全需求（住宿环境及心理安全）、社交需求（娱乐、教育等）、尊重需求（文化、艺术、审美等综合能力提升）、自我实现需求（遁世、愉悦自我等），具体如图5-5所示。比如，文化主题酒店以吃、住为基础功能，可为顾客提供五方面体验：食宿体验（满足食宿及安全需要）、娱乐体验（满足精神文化需要）、教育体验（满足个体社会和个性化发展需要）、审美体验（满足文化、

---

① http://www.meetingschina.com|news3860.aspx.

艺术、审美等综合能力提升需要）、遁世体验（满足遁世、愉悦自我等需要）。

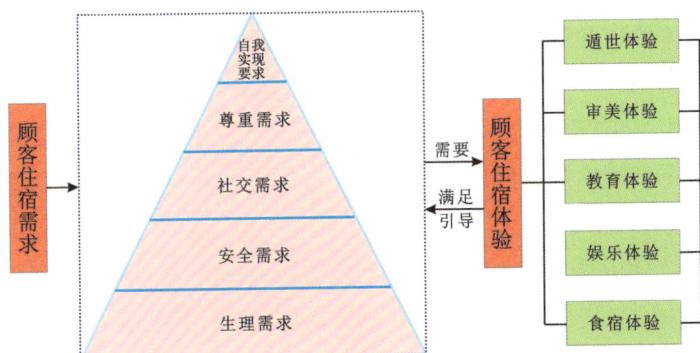

图 5-5　基于马斯洛需求层次理论的酒店需求分类（曹海霞、唐梦莹，2020：11）

随着时代的飞速发展，对于旅行者来说，如今的住宿已不只是单纯地选择一家可以过夜的酒店，时尚偏好以及社交因素也被纳入消费者的考虑范围。酒店在设计、设施、服务等方面不断尝试和创新，而数据、内容和技术的整合也需要跟上变革的步伐，才能真正做到以客户为中心。比如，如果酒店客人可以通过扫描二维码来阅读一本书，酒店就可以获悉客人的阅读偏好数据，借此可以更好地服务客人，又如通过自助设备、机器人或者酒店员工互动，让顾客获得良好的体验。

四、酒店需求分析的基本思路

酒店需求分析的基本思路和主要步骤如下。

（1）分析区域总体的酒店需求状况（历史酒店需求分析）。可以从国家—省—市—县层面的酒店总体需求情况、特征和类型等进行行政区域的细分，具体见本章第二节的介绍。

（2）明确市场需求定位。准确的市场需求定位是酒店经营与发展的基础。一个清晰、明确的市场定位可以帮助酒店明确自己的目标市场和未来的发展方向，并制定相应的发展战略。比如，会议型酒店的发展与会展产业的发展密不可分。因此，会议型酒店的市场定位要以会展产业的发展为基础。首先，会议型酒店需要在预测会展业尤其是会议业未来发展趋势的前提下，进行有效的会议市场细分，如根据会议类型、会议客源结构、会议规模等进行细分；其次，会议型酒店的市场定位需要结合酒店自身的优势和劣势进行科学分析；最后，结合酒店在会议市场中所具有的优势，会议型酒店需要选择一个或多个适合酒店的细分市场，进行合理而明确的市场定位。

（3）未来酒店的需求预测。需求预测是酒店收益管理的基础，具有综合性、动态性。预测是对未来一段时期内市场需求的估计与推测，是持续的、实时的、动态的，可根据市场的不断变化对预测进行实时跟进和调整，主要用来解决新型市场环境下的酒店收益问题。预测以一定的历史资料为基础，这些资料一般是关于顾客的历史数据。

此外，应分析并预测各细分市场和销售渠道的需求，针对不同的细分市场和销售渠道采取特定的价格策略和控制方法，从而达到细分市场和销售渠道的最佳组合，这是收益管理策略的一项重要思想和方法，它不仅能在旺季发挥作用，在淡季同样能起到良好的作用。通过分析和预测各细分市场和销售渠道需求的特点，酒店能更好地确认未来需求疲软的时段，预测各细分市场和销售渠道的需求量，从而采取有针对性的措施去刺激和影响需求，实现各个细分市场和销售渠道收益的最大化。

第二节　酒店的总体需求分析

考虑到国家不同行政等级的区划，要了解一个区域内酒店的总体需求状况，我们必须掌握区域在所处的国家—省—市—县层面的酒店总体需求情况、特征和类型等。这里以全国层面、浙江省层面、宁波市层面和北仑区层面的酒店总体需求状况入手，进行层级比较和分析。

一、全国酒店需求的总体特征

（1）酒店的总体需求特征

中国旅游业的发展刺激着酒店业需求的增长。当前，酒店业业态丰富，定位愈来愈清晰，结构健全的行业形态逐步成熟，细分业态进一步明晰，市场布局进一步优化。继星级酒店、经济型酒店、租赁式公寓、中端连锁酒店等业态逐步发展成熟之后，新热点不断涌现和发展，酒店业向大住宿业转型的结构将逐步成熟和完善。

（2）高端、豪华酒店市场需求不减

2018 年，我国酒店供给整体呈现增长趋势，酒店供给房间的整体增长率达到了 10.2%。随着消费者对住宿环境要求的上升，高端型、豪华酒店的房间市场依然强劲，增长率位居各档次酒店次席，达到 13.3% 和 10.8%。

（3）中端酒店市场崛起迅速、需求增加

截至 2018 年年底，我国有限服务酒店总数已经达到 42419 家，同比增长 42.54%；客房总数 3054186 间，同比增长 28.24%。而 10 年前，我国有限服务酒店数量仅为 2805 家，10 年间行业复合增长率达到 31.21%。目前，行业在经历了 10 年快速发展之后已处于成熟期，行业格局逐步稳定。

与此同时，我国有限服务酒店行业的内部结构开始悄然发生转变。截至 2018 年年底，在有限服务酒店中，中端酒店共 6036 家，同比增长 71.53%，远远超过同年有限服务酒店增速。经济型酒店的增速放缓，加上中端酒店发展驶入快车道，使得中端酒店占有限服务酒店市场的比例逐年提高，至 2018 年达到 14.23%。

消费升级是判断中端酒店兴起的主要时点依据。人均 GDP 和可支配收入的提升增大了消费对经济的影响力，随着人均收入的增加，旅游支出在收入中的占比更大了。总体来看，消费升级驱动具备品牌优势、精细化定位优势、文化优势的品牌连锁中端酒店的发展。

与经济型酒店不同的是，中端酒店的住宿面积、住宿条件等都更优越，价格也高于经济型酒店。自 2013 年中端酒店在数量上形成一定规模以来，近几年来中端酒店增速可观，但在有限服务型酒店中仍然占比较低，中端酒店与经济型酒店的比例必然将持续调整。随着中端酒店占比的不断提高，酒店行业龙头公司的经营业绩也持续向好。

（4）酒店需求的发展趋势

首先，人民日益增长的住宿需求仍然占据主流市场空间，中端酒店成为发展主体，高端酒店的发展则将更加关注个人消费的细分需求，提供个性而高质量的服务。随着酒店市场需求特点的不断转变、客源市场的逐步细分，客人除对酒店的硬件设施有较高的要求外，对服务的感受也变得更为细致。

其次，酒店行业轻资产化经营模式兴起。随着国家出台一系列"去杠杆"调控措施，坚定不移地将"解决资金空转、遏制资产泡沫、扭转脱实向虚"作为调

控的目标，重资产类酒店的转型升级迫在眉睫，必须通过出售资产、降低杠杆来达到增加现金流、降低财务成本的目的。同时，出于我国地产投资周期原因，现有存量物业规模较大，酒店自持物业成本过高。酒店业过去重视资产运营，现在则重视品牌运营管理，从过去不可持续、消耗资源的重资产模式转向可持续的、租赁物业、重管理输出与品牌输出的轻资产模式。

再次，产品、文化与服务逐渐精选化。随着酒店市场需求特点的不断转变、客源市场的逐步细分，客人除了对酒店的硬件设施有较高的要求外，对服务的感受也变得更为细致，人们希望在消费过程中得到新奇的知识、艺术等体验；而目前市场主体经济型酒店"标准化、规范化、程序化"的产品及服务很难适应当前消费者的需求。因此，要在酒店产品的设计上充分挖掘历史文化元素、打造特色主题酒店，这是产品差异化发展的有效途径，也是酒店企业形成核心竞争力的关键。

此外，值得注意的是，在新冠肺炎疫情的影响下，我国星级酒店关键指标下降明显，即使现在国内旅游放开指标环比向好，短时间内占有率（occupancy rate）和RevPAR也无法迅速提升至疫情前水平，这倒逼国内酒店行业开始谋求创新。例如，香港企业德仕克和酒店合作，在疫情期间将酒店大堂和宴会厅改造成办公室，租给有需求的顾客。此举不但是对疫情期间酒店闲置空间的有效利用，更在一定程度上解决了人们居家办公、线上开会没有安静空间的问题。此外，国内也有不少高星级酒店上线了外卖业务，来弥补疫情对餐饮业务的影响：香格里拉集团旗下多家酒店在疫情期间推出了外卖服务，北京国际饭店还在提供外卖服务之余卖起了新鲜蔬菜，广州白天鹅宾馆同样也推出了外卖服务，并且利用占有率较低的时段进行酒店的维修保养。疫情期间，聚会受到较为严格的管控，但随着企业全面复工复产以及人民生活正常化，市场对酒店的会议、会展以及婚庆的需求预计将集中释放。

二、浙江省酒店需求的总体特征

改革开放以来，随着浙江省经济的高速增长和旅游业的快速崛起，酒店业的发展得到了前所未有的机遇。在短短40多年时间里，浙江酒店业发展极其迅速，至今浙江省已初步形成了投资主体多样、经营体制及管理模式多元、经营定位清晰的酒店产业体系和格局。

浙江省是中国沿海经济发达的省份之一，由于浙江省的经济结构特点及近年来良好的宏观经济政策，未来经济增长态势良好，这将为浙江酒店业的发展提供大量有效需求。另外，浙江省是中国颇具盛名的旅游区，旅游资源种类齐全，数量众多，品位较高；而且它位于经济发达的华东地区，有着很好的区位优势。这些为浙江酒店业未来的良性运行提供了可能。

浙江在发展高星级酒店的同时，也将推动经济型、连锁性等"平民"饭店的发展。因此，浙江酒店业将延续近年来的走势，在供求两旺的局面中面临调整，在日趋激烈的酒店竞争中，从不成熟的卖方市场逐渐走向成熟的买方市场。浙江酒店业的发展前景较为可观。

2020年，在新冠肺炎疫情的巨大冲击下，旅游经济遭受前所未有的重创，国内游客人数减少了接近9000.00万人。随着国内疫情逐渐得到有效控制，全省旅游经济呈现"V"字形回升，全年旅游业主要指标已恢复至上年同期的75%以上，2020年第四季度浙江省星级酒店收入为46.33亿元，其中餐饮收入占比53.79%，客房收入占比31.34%。根据抽样调查测算，全省2020年共接待游客5.70亿人次，比上年下降21.50%，实现旅游总收入8275.10亿元，比上年下降24.20%。①

2020年，浙江省住宿单位平均客房出租率为45.36%，比上年有所下降（见表5-2）；平均房价为311.80元/间·天，比上年下降6.30%。其中，星级饭店平均客房出租率为40.41%，比上年下降14.54%；平均床位出租率为38.37%，比上年下降14.91%；平均房价为337.50元/间·天，比上年下降5.90%。2020年，浙江省住宿单位接待国内过夜游客平均停留时间为2.2天，与2018年、2019年基本持平。

表5-2　2018—2020年浙江省国内旅游及酒店需求状况

指标	2018年	2019年	2020年
接待国内游客人数/万人次	35851.00	37234.00	28295.00
住宿单位接待国内过夜游客人数/万人次	24984.00	28838.00	22104.00
住宿单位接待人数占国内游客人数比重/%	36.50	40.00	38.80
住宿单位接待国内过夜游客平均停留时间/天	2.30	2.13	2.20
国内游客人均花费/元	1438.00	1486.00	1450.40
住宿单位平均客房出租率/%	61.00	57.85	45.36
住宿单位平均房价/元/间·天	325.50	332.90	311.80

---

① http://ct.zj.gov.cn/art/2021/1/27/art_1643510_59001244.html.

三、宁波市酒店需求的总体特征

近年来，宁波市的大众旅游消费需求持续增长。随着城乡居民收入的稳步增长，居民消费结构加速升级，人民群众健康水平大幅提升，假日制度和基础设施条件不断改善，城乡居民的旅游消费能力、旅游消费需求和旅游消费水平均呈现出持续增长的趋势，给酒店行业的发展带来了契机。

下面以 2017 年为例，对宁波市酒店需求的总体特征进行描述（见图 5-6）。

2017 年，宁波市酒店平均出租率为 55.60%，与上年同期相比上涨了 2.51%。1—12 月宁波市酒店平均出租率整体保持在波动中上升的趋势，只有 6 月酒店出租率与上年同期相比略有下降。8 月出租率达到当年最高值，即 63.57%，与上年同期相比增加了 7.59%。

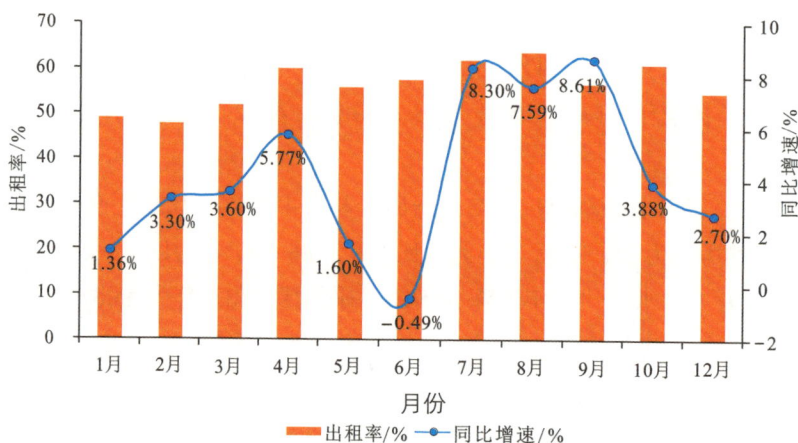

图 5-6　2017 年宁波市酒店平均出租率变化情况（来自宁波市文化广电旅游局）

2017 年，宁波市酒店平均房价为 369.92 元/间·天，与上年同期相比增长 6.88%（见图 5-7）。从房价来看，整个宁波市的星级酒店房价都呈波动趋势，其中 2—4 月以及 5—6 月酒店平均房价同比都是下降的，2 月平均房价为 350.64 元/间·天，下降幅度最大，为 5.90%。其他月份都有不同程度的增长，其中 10 月增速最快，平均房价为前 10 个月最高值，即 394.54 元/间·天，同比增长 9.18%。12 月平均房价有所下降。

按星级来看，2017 年宁波市五星级酒店出租率为 56.91%，同比增长 4.45%，平均房价为 530.80 元/间·天，与上年同期相比下降了 1.19%。四星级酒店平均出租率为 57.27%，同比增长 4.52%，房价为 345.79 元 / 间·天，同比下降 2.75%。三星级酒店平均出租率为 53.05%，与上年同期相比增长了 7.19%，平均房价为 219.89 元 / 间·天，同比下降 2.50%。二星级酒店出租率为 53.75%，同比下降 9.81%，平均房价为 172.76 元 / 间·天，同比下降 8.66%。整体而言，二星级酒店的平均出租率和平均房价都在下跌，但是三星级及以上酒店的出租率有了小幅上升。宁波市星级酒店的出租率整体低于全省平均水平，说明消费者对星级酒店的热衷度正在逐步降低。而受全国各地民宿热的不断兴起，2017 年全年宁波市非星级酒店整体入住率已经达到 63.67%，同比增长 8.04%，入住率高于平均水平。

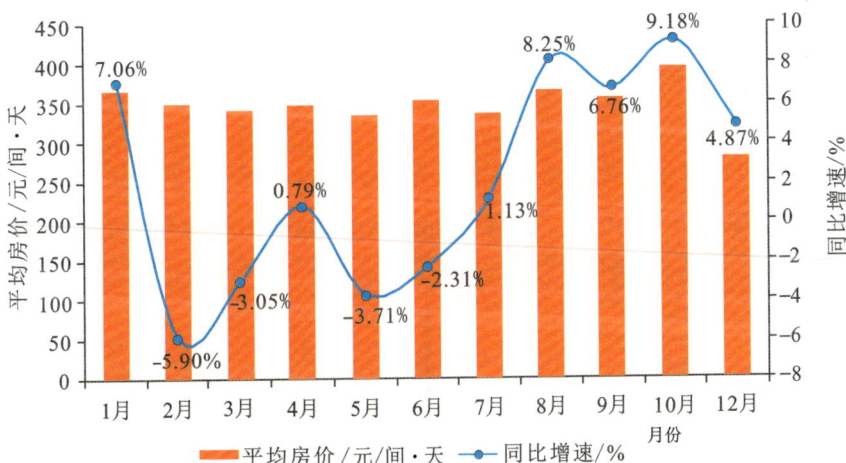

图 5-7　2017 年宁波市酒店平均房价变化情况（来自宁波市文化广电旅游局）

此外，宁波的非标准化住宿设施增长明显。市场认同度高的品牌酒店、富有个性的城市主题酒店、乡村度假酒店和特色客栈等非标准化酒店的经营业绩表现突出。据宁波市饭店业协会数据，2017 年，宁波市纳入统计的 388 家非星级饭店共实现营业收入 33.60 亿元。客房营业收入大幅度增长，同比增幅达到 25.65%，总额达到 13.88 亿元，占总营业收入的 54.69%。

2020 年以来，新冠肺炎疫情对宁波市旅游经济影响巨大，全市旅游业在困难中前行，游客总量、旅游总收入等主要指标数据都走出了一段与往年完全不同的曲线，后续的产业走势与疫情防控形势仍然紧密相关。在疫情管控常态化的大背景下，仍需做好"边抗疫、边发展"的长期准备。2020 年 3 月开始，为了帮扶住宿业发展，宁波市开始推行"宁波人游宁波"政策，原则上所有工会疗休养全部在宁波本地进行，这给全市住宿业打了一针"强心剂"。同时，宁波市还策划举办了"换个星家享宁波"旅游饭店健康生活消费季活动，106 家饭店推出了百万个超值优惠大礼包。多重因素直接刺激全市住宿业营收从 2 月的 4212.39 万元逐月提高到 6 月的 46655.16 万元。2020 年上半年，宁波市住宿业共接待游客 317.18 万人次，同比下降 42.81%；营业收入 19.26 亿元，同比下降 41.62%；客房出租率 36.16%，同比下降 36.21%；星级饭店平均房价 356.98 元 / 间·天，同比下降 8.59%。总体上看，星级饭店受疫情影响程度比非星级住宿设施严重；从分月度经营情况来看，住宿业从春节黄金周和 2 月的断崖式下跌，到三四月的"艰难复苏"，再到五六月的"基本向好"，6 月以后又出现平稳或下行趋势。

通过收集宁波市文化广电旅游局、《宁波统计年鉴》中的资料，完成附表 5-1 宁波市酒店出租率和平均房价变化情况。

做一做 1：宁波历年酒店出租率和平均房价变化情况。

附表 5-1　2012—2018 年宁波市酒店出租率和平均房价变化情况

年份	出租率	平均房价	年份	出租率	平均房价
2012			2016		
2013			2017		
2014			2018		
2015					

数据来源：宁波市文化广电旅游局、《宁波统计年鉴》。

四、北仑区酒店需求的总体特征

商务旅行、度假观光是北仑区酒店需求的主要类型。

从全市比较来看，北仑区在 2010 年的大规模开发之前，客房出租率和平均房价均相对较低。海曙区凭借传统的商务核心区优势稳居榜首，平均房价达到 431 元 / 间·天。江东、象山、宁海保持在第二梯队，平均房价在 360 元 / 间·天以上。象山和宁海主要凭借其对度假市场的较强吸引力，江东则凭借其作为宁波传统老商业区的地位。

近年来，北仑加快推进美丽乡村景区化，以宁波中国港口博物馆、宁波国际赛道、梅山湾沙滩公园、生态游艇港等大型旅游项目为依托，整合资源，大力发展乡村特色民宿，挖掘知名度较高的农产品，乡村旅游已初步形成"上山、下海、进村、入园"的多样化立体游憩体系。2019 年，北仑区的乡村共接待游客 286.49 万人次，同比增长 11.00%，实现乡村旅游经营总收入 4.63 亿元，同比增长 15.69%。其中：住宿收入 2.99 亿元，同比增长 14.98%；餐饮收入为 0.87 亿元，同比增长 16.93%；产品销售收入 0.77 亿元，同比增长 16.98%。

当然，酒店的需求也受台风、自然灾害等客观条件的限制和影响。2019 年的国庆长假，宁波迎来台风"米娜"，前 2 天景区关闭，无游客，后 5 天假日天气晴好，又恰逢中华人民共和国成立 70 周年，旅游景区活动丰富，北仑区游客接待人次稳步增长。据样本单位数据测算，国庆 7 天全区共接待游客 49.26 万人次，同比增长 9.59%，旅游收入 2.60 亿元，同比增长 11.56%。其中，A 级景区接待游客 75184 人次，营业收入 183.38 万元；旅行社接待游客 450 人次，组团出游 868 人次；样本宾馆饭店接待游客 29103 人次，客房出租率 61.84%，平均房价 283.67 元 / 间·天，其中全区星级宾馆饭店出租率 43.50%，平均房价 307.30 元 / 间·天。

第三节　酒店需求变化及预测

一、历史酒店需求分析

酒店需求分析的前提是基础信息数据的收集。数据收集主要内容涵盖历史数据、竞争对手数据、市场细分数据。其中，历史数据可以包括上一年每个月的房间预订量、入住率、房间价格，不同类型客户的预订量、倾向的房间价格和类型等等，竞争对手的数据可以包括竞争对手的定价、房间类型和数量、可提供的服务、销售渠道等等，市场细分数据可以包括酒店顾客的类型及其占比等。

携程在线预订后台——生意通中就为商家提供了了解数据的渠道，其中包括"实时数据"栏目：酒店可看到自身实时的浏览量、出租率、在店间夜量等，以了解每天的运营情况。在"经营状况"栏目中，商家可看到酒店近 7 天和未来 30 天的浏览量、访客量和流量转换率数据。同时，在酒店设置竞争圈的情况下，商家还可以看到自己的城市排名和在竞争圈中的排名。此外，"用户分析"栏目为酒店提供了用户预订地域、预订习惯、客户特征分析，让酒店准确了解用户市场。这些数据都可以更好地帮助商家进行分析和预测。

比如，根据历年的宁波市旅游市场运行和分析发展报告，商家可以对全市酒店的历年出租率、平均客房价格、游客人数进行统计（见表 5-3）。进而，通过模拟历年游客人数与酒店出租率等曲线关系（见图 5-8），并结合第二章第二节的区域未来规划分析，可以预测未来酒店的需求状况和相关经济指标。相关的预测方法见第七章第二节。通过表格数据的整理，需要解决两个问题：①区域酒店的历史出租率是怎么变化和增长的，这说明区域的酒店需求市场具有怎么样的特征？②区域酒店的历史平均客房价格是怎么变化的，变化了多少，说明了什么？由此，可以总结和梳理酒店需求的历史状况变化。

表 5-3　2006—2025 年宁波市历史酒店需求状况指标变化样表

年份	星级酒店出租率 /%	平均客房价格 / 元	游客人数 / 人
2006	62.74	273.31	
2007	62.04	294.29	
2008	62.89	299.89	
2009	57.05	296.66	
2010	59.47	308.91	
2011	58.85	318.54	
2012	58.09	333.47	
2013	52.15	336.78	
2014	51.92	339.48	
2015	52.09	348.34	
2016	54.23	345.96	
2017	55.60	369.92	
2018	56.78	372.51	
2019	58.12	379.88	
2020	36.16	356.98	
2021	43.79	366.47	
2022			
2023			
2024			
2025			

数据来源：《宁波统计年鉴》、宁波市旅游市场运行和分析发展报告。

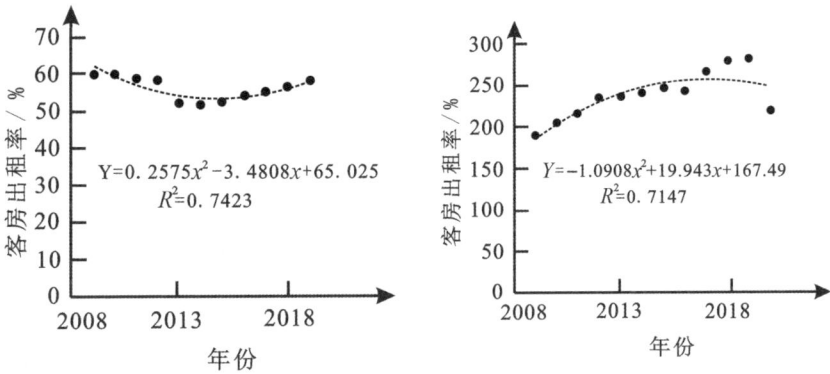

图 5-8　2008—2018 年酒店需求历史数据的分析和预测

同理，通过对历史数据的分析和整理，可以获得宁波市北仑区、梅山湾新城酒店需求的历史状况。对拟建酒店的梅山湾新城的酒店需求调查，可以将主要竞争者的酒店数据作为参考（见表 5-4）。比如，以春晓世茂希尔顿逸林酒店为例进行需求分析。宁波春晓世茂希尔顿逸林酒店共有客房 220 间，2015 年 12 月开业。2016 年，宁波春晓世茂希尔顿逸林酒店的营业收入为 1800 万元，息税折旧摊销前利润为 100 万元，息税折旧摊销前利润率为 5.56%。2017 年，宁波春晓世茂希尔顿逸林酒店营业收入为 2500 万元，息税折旧摊销前利润为 100 万元，息税折旧摊销前利润率 4.00%。这个时候，就需要去思考：相较于全宁波和北仑，春晓世茂希尔顿逸林酒店的客房出租率如何，客房均价又如何？它是五星级酒店，因此平均价相对会更高。可见，拟建酒店项目，必须兼顾市区的酒店需求状况和周边主要竞争者的需求状况，进行酒店未来需求的合理预测（结合本节的第三部分进行分析）。

表 5-4　2015—2025 年拟建酒店区域主要竞争者的酒店需求历史变化样表

年份	星级酒店出租率 /%	平均客房价格 / 元	游客人数 / 人
2015			
2016			
2017			
2018			
2019			
2020			
2021			

续表

年份	星级酒店出租率 /%	平均客房价格 / 元	游客人数 / 人
2022			
2023			
2024			
2025			

数据来源：酒店的实际调查数据。

二、当前酒店需求市场细分

通过酒店需求的历史状况分析，商家可以从整体上把握和认识区域酒店的市场需求状况。但是，精准的市场预测需要结合酒店的定位、游客的类型才能进行，这就涉及酒店需求市场的细分问题。如果确定了酒店的市场定位，并为此找准了目标客源，商家还需要将锁定的目标客源划分类别。这样，也可以方便商家面向不同类型的目标客源采取不同的价格，以便争取更好的酒店经营效益。

在客房销售中，中高星级饭店改变依赖公务会议和政府会议的状态，逐渐增加对自驾车游客市场、休闲度假散客市场以及旅行社高品质旅游团队市场的开发投入，在餐饮销售中重视对家庭消费、各类聚会以及散客市场的服务；在销售推广中，借助与旅行社、景区的合作，展开联合营销，一些在零售业中常见的限量抢购、买赠促销、秒杀等手段也在饭店业中频频现身。这些转型措施收到了明显的效果，不少饭店中的家庭个人消费比例有了明显提升，特别是给饭店餐饮部门带来了人气和活力。

对目标客源进行分门别类是国际上饭店业的通常做法，各个跨国饭店管理集团在客源划分标准和方式上大同小异，只是个别称呼不同而已。但是，我们本土饭店还不习惯这样细致地划分客源。很多饭店最简单的区分就是"商散"，所谓"商散"，就是商务客人和散客，或者团队和散客。实际上，在商务客人里有高消费的客人，同样也有低消费的客人；在旅游团队里有高消费的团队，同样也有低消费的团队。我们之所以要将目标客源分得更细一些，目的就是要对不同类型的客人采取不同的价格，客人之间不好比较，也就不会因此质疑价格。比如，根据宁波市旅游局的游客抽样调查结果，2018 年的国内游客中，商务活动占 13.70%；观光游览占 35.60%，休闲度假占 29.60%，两者（旅游活动目的）合计占 65.20%；会议培训、文化体育科技交流占 8.50%；政府接待等公务活动占 2.20%；探亲访友、宗教朝拜、购物等其他活动目的占 10.40%。2019 年的国内游客中，情况也较为相近（见表 5-5）。

表 5-5　2018—2019 年宁波市旅游市场需求细分情况

市场细分	2018	2019
商务活动 /%	13.70	13.80
休闲旅游活动 /%	64.20	64.70
会议活动 /%	8.50	9.10
政府接待活动 /%	2.20	2.40
其他活动项目 /%	11.40	10.00
合计 /%	100.00	100.00

数据来源：宁波市旅游局，抽样样本各为 2000 份。

同理，根据前期宁波市旅游局和北仑区旅游局的抽样调查，2018 年和 2019 年梅山湾新城的客源市场结构特征如表 5-6 所示。

表 5-6　2018—2019 年宁波市梅山湾新城旅游市场需求细分

市场细分	2018	2019
商务活动 /%	10.60	11.90
休闲旅游活动 /%	66.30	67.20
会议活动 /%	6.20	7.30
政府接待活动 /%	4.20	5.40
其他活动项目 /%	12.70	8.20
合计 /%	100.00	100.00

数据来源：实际调查，抽样样本各为 1000 份。

根据宁波市的市场细分结构和梅山湾新城的游客市场细分结构，可以看出，2018 年和 2019 年，全宁波"商务活动"的游客市场分别占到了 13.70% 和 13.80%，梅山湾新城占 10.60% 和 11.90%。从这些数据可以看出，梅山湾新区近两年的展览数量少于宁波市，说明该地区仍处于发展阶段。2018 年和 2019 年，宁波休闲旅游活动，市场份额分别为 65.20% 和 64.70%，梅山湾新城分别为 66.30% 和 67.20%。从这些数据可以看出，休闲旅游是宁波市和梅山湾新区最重要的市场，占据主导地位。而且，梅山湾新城的市场份额较大，说明梅山湾新城的旅游资源在不断发展，吸引了更多的游客。2018 年和 2019 年，"会议活动"占宁波旅游需求市场的 8.50% 和 9.10%，占梅山湾新城的 6.20% 和

7.30%。这说明，宁波的高校和企业越来越多，会议培训也越来越多。2018年和2019年，政府接待活动占宁波市场的2.20%和2.40%，占梅山湾新城旅游需求市场的4.20%和5.40%。这表明政府正在大力发展梅山湾新城。这个区域正处于开发阶段，需要接待的商旅、会议活动很多，住宿需求非常强烈。

不同游客的旅游市场需求细分是酒店需求的一个缩影和表征。当然，精确的酒店需求市场细分可以通过长期观测和研究区域的已有酒店、问卷调查、电话调查等方式来收集。

三、未来酒店需求预测

近几年来，公务和商务市场增长乏力，休闲游市场则快速发展，饭店业日益重视休闲旅游客源的开拓。首先，一些传统的商务型饭店主动加强与旅行社的合作，团队客人在饭店客源中的占比有所提升。其次，许多高端饭店的"亲民"姿态更明显，更重视与本地客人的互动，也更注重增强对短途休闲游客的吸引力。最后，不少饭店主动增强与周边景区的联动，推出"酒+景"的项目或活动，通过主题特色活动的打造，丰富客人的住店体验，共同开拓休闲旅游市场。

酒店需求状况预测需结合需求细分市场来进行精准预估，具体如下。

◆ **商务旅行的酒店市场需求预测**

（1）企业商务活动的酒店需求

就制造型企业而言，通常与来访商务活动直接相关的部门及因素主要是：①采购部门（供应商来访）；②工程技术部门（客服支持、技术交流）；③办公室（贵宾来访、高层考察）；④销售部门（客户考察）。宁波梅山湾新城春晓工业区的主要工业企业有吉利汽车春晓制造基地、宁波能之光新材料科技股份有限公司、宁波威克丽特功能塑料有限公司、宁波凯萨机电有限公司等诸多装备制造企业，有着巨大的商务活动酒店住宿需求。企业来访住宿人数与企业规模、业务类型、销售范围等因素有关，可以按企业人数规模分类，通过调研访谈，综合考虑各种因素后进行估算。

500人以上规模的企业。其采购部门涉及的供应商来访十分频繁，每天至少都有10人，并且一般都有人需要酒店进行住宿，平均每年在400人左右；其工程技术部门和办公室相对较少，波动较大，每年数十人、数百人不等；其销售部门以到外地公务出差为主，客户来访考察也有一定的规模，每年至少数十人。综上所述，保守估计 500 人以上企业每年涉及的酒店住宿人数至少可达 500 人次。

100—500 人规模的企业。参考 500 人以上规模企业的调研数据，折半估算约为 250 人次 / 年。

100 人以下的企业。业务多数局限于本地，产生的商务旅行住宿需求极少，一般每周不过数人次，保守按每周 1 人次计算，则每年到访过夜人数约为 50 人。

最后，拟建酒店项目的区域企业商务活动过夜人次，参见表 5-7 的汇总样表，其计算公式如下。

区域企业商务活动过夜人次 = ∑（企业数量 × 到访过夜人次 × 研究区入住比例）

根据调研访谈，一般工业园区企业大约 50% 的到访人员会选择住在市区，剩余 50% 则选择住在园区及附近。此外，进行商务旅行时，顾客的酒店入住时间平均约为 2.5 晚；酒店内休闲娱乐时间平均约为 1 天。

表 5-7　商务活动酒店住宿需求汇总样表

企业规模	企业数量	到访过夜人次 /（人次 / 年）	研究区入住比例 /%	研究区过夜人次 /（人次 / 年）
500 人以上		500	50	
100—500 人		250	50	
100 人以下		50	50	
合计				（累加值）

（2）高校科研院所学术活动会议的酒店需求

高校科研院所学术活动、会议的酒店需求是商务旅行的酒店市场需求的一个重要支撑。除去高校扩招、社会对培训的需求的激增等因素外，学术会议的增多也不可忽视——在某种程度上，学术界急切希望加快学术交流——哪怕是网络时代，学者们也不摒弃"面对面的交流方式"。

当然，并非所有学术会议都在酒店召开。比如，有些有足够场地及交通住宿便捷的高校也会在自己学校举办，但可能也需要找场地，因为组织方不仅要考虑开会的场地，还要考虑嘉宾的住宿。相比较而言，高级酒店可以提供更周全、更体面的会议服务。根据会议规模和活动持续时间，组织方需要选择合适的会议场地，对于拟建酒店项目而言，就要预测区域未来在酒店会议上的发展潜力，考虑酒店布局和规划不同规模的会议的场数。比如，2019 年"中国地理学大会暨中国地理学会成立 110 周年纪念活动"在北京国家会议中心举行，有近 3000 人出席会议。而小型论坛会议，如第二届"北航宁波梅山国际青年学者学术论坛"于 2020 年 11 月 21 日至 22 日在宁波春晓世茂希尔顿逸林酒店召开，有来自国内外一流大学和科研机构的近 130 位海内外青年学者及北京航空航天大学 70 余名专家学者参加。

这里以宁波北仑梅山湾新城的梅山海洋科教园为例进行说明（见表 5-8）。它吸引了宁波大学梅山校区、宁波海洋研究院、北京航空航天大学宁波创新研究院（研究生院）、麻省理工学院（MIT）宁波（中国）供应链创新学院、中国科学院城市环境研究所宁波站、宁波职业技术学院梅山校区等入驻。其中，宁波大学梅山校区总占地约 528 亩，总建筑面积超过 22 万平方米，2018 年校区共有师生 3000 余人；预计到 2025 年，梅山校区规划全日制在校生规模 5100 人，各类高层次人才和外籍专家 550 人。宁职院梅山校区办学用地 500 亩左右（以规划红线为准），建设各类建筑面积（不含地下配套工程）合计 15 万平方米以上，投资总额 10 亿元以上，可容纳在校生 3000—5000 人，预计在 2023 年 12 月投入使用。宁波海洋研究院设内设机构 10 个，核定人员编制 200 名（截至 2018 年 3 月已有员工 69 人），规划通过 5—8 年的建设，引进和培育 12 个以上具备产业化前景的海洋技术研发团队，推动 20 个以上海洋类重大科研成果产业化，培育孵化 60—80 个海洋科技企业，紧密对接 50—80 个海洋高新技术企业。

表5-8 2019—2025 年宁波梅山海洋科教园主要入驻单位及未来人数估计

年份	宁波大学梅山校区	宁波海洋研究院	北京航空航天大学宁波创新研究院（研究生院）	麻省理工学院宁波（中国）供应链创新学院	中国科学院城市环境研究所宁波站	宁波职业技术学院梅山校区
2019						
2020						
2021						
2022						
2023						
2024						
2025						

数据来源：各单位官网和相关媒体报道。

具体酒店需求预测需要结合这些高校、研究院所的历年会议举办次数、规模、酒店入驻情况等数据进行对照。考虑到上述高校、研究院所会议的规模，主要以 100 人以下的小型会议为主，与会天数集中在 1.5—3 天，平均会期约 2 天，基本上都会产生相应的住宿与餐饮需求。

（3）度假观光的酒店住宿需求

传统的观光游览是国内游客的主要旅游动机。除此之外，休闲度假、商务会展、会议培训等旅游目的的比例逐年上升，而休闲度假旅游的发展有利于区域旅游产业的转型。比如，在宁波北仑梅山湾新城，春晓万人沙滩公园、宁波中国港口博物馆、宁波国际赛道、万年生态游艇港等将为区域酒店带来可观的度假游客。在 2021 年"五一"小长假，梅山湾旅游度假区接待游客 21.09 万人次，占全区的 86.01%，较 2019 年同期增长 37.80%；营业收入达 371.20 万元，较 2019 年同期增长 294.06%。沙滩公园 2021 年"五一"期间接待游客 8.10 万人次，门票和商业收入共计 95.20 万元。2019 年，沙滩公园免票接待游客 10.50 万人次，无营业收入。沙滩公园的商业运营服务水平迅速提升，到沙滩游玩的游客有项目可玩，有餐厅可用餐，就餐难问题得到了妥善解决，经济效益逐步体现。度假区酒店住宿数据增长较快，其中春晓希尔顿逸林酒店过夜人数较 2019 年增长 32.42%，营业收入较 2019 年增长 64.54%。

◆ **会议的酒店市场需求预测**

会议需求是酒店市场需求的一个重要类型。会议的多少、规模主要由当地企事业单位的等级、类型、规模和功能等决定（见表 5-9）。

比如，梅山湾新城企业需在本地举办的会议以 100—200 人规模的中小型商务会议（如董事会、招商会、招投标会、洽谈会）为主，专业学术会议（由前文的高校、科研院所带来）、公司年会等也有一定需求，但限于企业规模，目前此类会议一般参会人数较少。宁波—北仑—春晓各政府机构及事业单位、社会团体等同样有一定的会议需求，但规模、类型及频度的不确定性较大。随着梅山保税港区和春晓工业园区建设的深入，康达洲际（梅山）健康产业园、梅山国际汽车保税展示中心、浙江蓝雪食品有限公司、吉利梅山项目、亚马逊出口前置仓等陆续开工，企业的酒店会议住宿需求也会增多，因此在进行需求预测时，可适当将其计算在内。

表5-9 企业会议的酒店住宿需求汇总样表

企业规模	企业数量	到酒店举办会议原因及频率（调研访谈）	会议场次小计
500人以上		商务型会议举办频率最高，一般每年几次、数十次，专业学术会议、企业年会及其他一般每年都有，但次数很少，至少各1次/年 综上所述，保守估计500人以上企业每年举办会议10场	
100—500人		参考500人以上规模的企业调研数据，折半估算5场/年	
100人以下		数量极少，主要是年会活动，按1场/年计算	
合计			（累加值）

◆ **其他的酒店市场需求预测**

（1）婚宴需求

其他方面涉及的主要是婚宴和餐饮（自助餐、中西餐）。其中，婚宴收入约占酒店餐饮收入的60%，占整个婚宴市场一半以上的份额。婚宴和餐饮的需求状况主要由区域的人口规模（如常住总人口数、区域结婚对数）、经济水平和消费能力所决定。

一般情况下，区域婚宴市场规模可以按照如下公式进行预测：

$$地区每年到酒店举办婚宴次数 = 地区居民每年结婚对数 × 举办婚宴的比例 ×$$
$$到酒店举办婚宴的发生概率$$

$$地区居民每年结婚对数 = 城市结合对数 × （地区常住人口 / 城市常住人口）$$

$$地区婚宴市场规模 = 城市婚宴市场规模 × （地区常住人口 / 城市常住人口）$$

可以假设，居民结婚数与当地常住人口数量成正比。人口总数量等相关数据可以查阅当地统计年鉴、民政部门和相关官方报道来获得。当地居民举办婚宴的比例和到酒店举办婚宴的概率、平均婚宴花费等可以通过对当地居民的抽样调查结果来获得。

（2）酒店餐饮需求

当前，酒店的餐饮业保持着强劲的增长势头，人均消费逐年增长，主要包括家庭、朋友聚会和自助晚餐等的日常消费等。比如，上海餐饮业营业收入年均增速达15.30%；据2011年统计数据，上海餐饮人均消费88元，为全国最高。区域城市的餐饮消费状况也可以通过统计年鉴和大众点评网、美团城市生活消费报告等渠道来获得。因此，可以结合不同消费习惯的人群，进行酒店就餐消费的分析，见表 5-10。

表 5-10　拟建酒店项目区域（5—10 分钟车程范围）酒店就餐消费需求分析样表

外出用餐原因	拟建项目区域酒店潜在客户	潜在客户数量
家里不做饭，单独外出用餐		
家里不做饭，和家人外出用餐		
朋友餐会或有纪念意义的日子		
逛街购物之后		
招待客户、公司或部门聚餐		

餐饮需求预测的基础指标数据有本地酒店就餐频率（比如 8 次 / 年，包括朋友聚会、生日、年夜饭等）、本地酒店就餐消费人次（户数 × 平均每户人口 × 就餐频率）、本地酒店就餐消费（消费人次、人均消费额）。这里调查的对象主要包括当地居民（家庭户）和本地企业人员的就餐。其中，企业人员还可以细分为中高层管理人员、一线员工等。不同的企业员工在酒店就餐的频率是不一样的，需要区别对待。此外，在进行酒店需求预测时需要注意以下几个问题。

一是旅游淡旺季带来的需求变动。这就要明确拟建酒店项目的旅游淡旺季时间、旅游需求类型，以及增加游客、扩大需求的措施。

二是针对不同年龄段的游客群体，对其不同需求和变化的讨论。比如，针对儿童，可以考虑亲子游、研学旅游等等；针对青少年，可以考虑体育、沙滩、帆船等等；针对老年人，则是休闲、养身、健康和博物馆、盐业纪念馆等的游览。因此，拟建酒店的项目设施要能够同时满足不同消费群体的需要。

三是已有的酒店设施在满足游客需求方面可能存在的问题：①距离较远，没有专门的酒店接驳车，未来高星级酒店可以安排去机场、车站的专门接送，缩短游客的市内交通时间；②区域的当地商圈不够发达，缺乏特色的餐饮，酒店可以提供区域特色美食；③总体的娱乐设施（比如室外游泳池）不够完善，酒店有必要增加游泳池等必要的娱乐设施；④区域内部的基础交通设施有待完善，可以增加共享单车、电动车，方便游客在酒店和不同景区之间短距离出行、游玩；⑤酒店会议设施不足，尤其是随着梅山科教新城的建设，越来越多高校和科研院所的布局，酒店会议设施有必要增加。

四是未来人口变化问题。比如，随着宁波北仑梅山湾新城建设开发的深入，当地的居民会越来越多，长期来看，本地常住居民可达 10 万人左右。这样，

2023 年以后探亲访友类的游客需求量比例会有一定的增加，当地居民的婚宴和餐饮频次也会显著提高。

四、酒店市场潜在需求分析总结

在完成上节的酒店市场需求预测分析以后，要对不同需求类型的预测结果进行汇总和决策，以期为后续章节的酒店规划设计和成本核算、价值评估提供依据。

酒店市场潜在需求分析总结主要可以从以下两个维度展开。

一是不同酒店市场需求类型的预测比较和潜力排序。根据潜力大小可以分为需求潜力巨大（A）、需求潜力中等（B）和需求潜力较小（C）。以上海康桥工业区的酒店项目建设需求预测分析为例。根据调研和数据分析结果（见图5-9），随着康桥工业区及展会发展商务旅行客流的稳定增长，拟建酒店项目的区域餐饮和商务旅行住宿需求前景可观。同时，随着区域住宅入住率的提高和企业人数的增加，酒店的餐饮需求也会有稳步的增长。

需求类型	自由市场需求			未来市场需求	潜力排行
	5 分钟车程	康桥地区	康桥以外		
商务旅行	3875 人次/年 493 万元/年	10 万人次/年 5000 万元/年	展会商务客，数量乐观	随着康桥工业区及展会发展，商务流行客流稳定增长	B +
度假旅游	本地居民外地亲朋来沪就近住酒店的需求，量少暂不估算	极小，忽略	古镇影响数量极小，忽略	迪士尼项目 2015 年开业到康桥住宿：1000 人次/天	C
会议	16 场/年 80 万元/年	410 场/年 2050 万元/年	极小，忽略	市场不大，增长空间较小	C
餐饮	以康桥镇整体情况分析，未估算	413 场/年 3940 万元/年	极小，忽略	需求较大，稳定增长	B−
婚宴	27 万人次/年 2350 万元/年	452 万人次/年 39755 万元/年	极小，忽略	住宅入住率提高，企业人数增加后，至少还有 20% 的增长空间	A

图 5-9　区域酒店市场潜在需求分析总结（来自《华泰保险市场咨询报告》）

二是比较不同酒店市场需求类型的供需关系结果，并进行与拟建项目匹配程度的排序，可以从一星到五星进行划分。这里以上海康桥工业区的酒店项目建设需求预测分析为例（见图5-10），从基础条件和市场供给角度来看，本项目应聚焦商务旅行和餐饮需求，优先规划设置客房和餐饮设施。同时，通过区域酒店供给状况的分析比较，可以发现中高端餐饮场所较少，因而拟建酒店项目可以在餐饮部分建设中高档、精品有特色的餐饮场所。

需求类型	潜力排行	本项目基础条件	市场供给情况	与本项目匹配程度
商务旅行	B	位于工业区，具有吸引园区企业进行商务旅行和住宿的优势条件	中高档酒店仅2家，相对不足	★★★★★
度假旅游	C	邻近迪士尼，本项目能满足迪士尼游客基本的住宿需求	可供选择的酒店众多	★★★
会议	C	体量相对较小，在规划设置基本的客房以及餐饮设施后，可供分配的空间不大，不适合设置较大规模的会议和婚宴设施	本地及更远地区酒店可供选择，且工业园区不是最佳会议地点	★
婚宴	B–		本地较好的婚宴场所选择不多	★★
餐饮	A	具备设置较大规模餐饮设施的建筑条件	中高档餐饮场所较少，相对不足	★★★★★

图 5–10　区域潜在市场需求与本项目匹配程度（来自《华泰保险市场咨询报告》）

本章小结

1. 酒店的需求是从消费者角度来分析酒店项目建设的合理性，也是酒店规模、功能、设施定位的前提和基础。

2. 影响区域酒店需求的因素较多，主要有酒店客房的价格、居民的收入水平、消费者的偏好、淡旺季等。

3. 按游客的出行目的，酒店需求类型主要可分为商旅、会议及其他市场需求。商旅需求市场主要由商务旅行、度假观光及其他旅游需求市场构成。

4. 酒店需求分析的基本思路是：历史酒店需求分析→明确市场需求定位→未来酒店的需求预测。

思　考

1. 酒店需求的影响因素有哪些？

2. 酒店需求的主要类型有哪些？

3. 以宁波梅山湾新城为例，通过问卷和实际调查，分析区域不同类型酒店的市场需求状况（分小组进行结果展示）。

第六章
酒店选址后的总体设计和规划

Chapter 6
Overall Design and Planning of the Hotel After Site Selection

学习目标

◎ 知识目标
　1. 掌握酒店设施的主要构成。
　2. 掌握酒店不同设施的设计布局要求和标准。
　3. 掌握酒店需求不同的市场类型细分。

◎ 能力目标
　1. 根据拟建酒店项目的定位，进行总体的规划布局。
　2. 根据酒店所选址的空间范围，对酒店不同设施的面积进行合理规划。
　3. 根据相关标准的设计要求，对酒店的功能设施进行合理规划。

◎ 素养目标
　1. 培养学习者的团队配合协作素养。
　2. 培养学习者按照自身特色设计的创新思维。
　3. 培养学习者按照标准设计的规范性职业素养。

问题引入：你关心和比较过酒店的设施吗？

第一节 酒店总体设施规划和定位

拟建酒店的总体规划和布局建立在对区域经济状况进行分析、对酒店供需关系及结果进行预测的基础上。酒店的组成和设施内容一般来说由酒店的性质、等级、规模和主要目标客户对象决定，当然也与已有竞争酒店的供给设施状况有关。

一、拟建酒店项目的定位

拟建酒店项目的定位建立在第三章、第四章和第五章分析的基础上。通过项目竞争市场的供需状况、区域特征及发展趋势的分析，商家可以确定拟建酒店项目的产品定位、竞争战略定位、经营模式定位及客源市场定位等。本章的项目定位主要是指酒店的目标市场定位，分为高端、中端、低端。

（1）酒店设施结构定位

酒店在房型设计、设施设计等规划上需要预先结合市场情况做出预估设计。传统酒店的运营不仅需要考虑到房间在盈利上的作用，还需要考虑到会议、餐饮等配套设施的盈利能力。根据李建合（2019）的研究，我们以大连 JYH 酒店项目为例进行定位说明。拟建的 JYH 酒店地块用地面积为 9454.2 平方米，建筑面积为 26038 平方米、容积率（plot ratio，指某一地块地上总建筑面积与总使用面积的比率）为 1：2.77（含地下车库），起始价格为 9921 万元，出让性质为商业服务业设施，出让年限为 40 年。地块位于东联路东侧、中华路南侧，地处中华路商务区，紧邻城市北部核心商圈华南广场。

在目前的地块上，我们可以根据容积率提出两套用来建立 JYH 的方案，按照不同的功能定位、客源定位、资产配置、市场趋势，得出中端酒店与中端偏上酒店两套方案。如表 6-1 所示，从建筑面积和房间数来看，中端酒店和中端偏上酒店的数据差距不大，中端酒店的总建筑面积为 13085 平方米、中端偏上酒店为 13887 平方米，但总造价有一定的区别，得房率也有差别，需要根据市场趋势和档次品牌做进一步分析。

表6-1　JYH中端酒店与中端偏上酒店的定位方案对比（李建合，2019：50）

参数	中端酒店	中端偏上酒店
总建筑面积／平方米	13085.00	13887.00
房间数	198	175
标间面积／平方米	32.00	36.00
每房均摊面积／平方米／间	66.00	79.40
每平方米造价／元／平方米	6754.00	8045.00
总造价／亿元	0.88	1.12
功能定位	精选服务——性价比优先	灵活全功能服务——品质彰显
客源定位	一般差旅客源（300—350元）	追求更高住宿品质的客源（350—450元）
资产配置	中端偏上酒店与业主4S店业态更为匹配	
市场趋势	待建项目所处商圈逐渐成熟，从长远角度看，中端偏上酒店可保持更高竞争力	

　　分析市场的可竞争性后，商家可发现明显的市场空白，金字塔中端偏上级别酒店市场空白，有助于JYH酒店进入。从高端及以上的酒店来看，国际品牌酒店受益于自己高端的定位、优越的设施、强大的会员体系及营销体系，出租率及房价提升明显，其中大的连锁酒店的积分体系是众多酒店应该开始学习创收的典型案例；但这属于已经发展完好的市场。根据市场空白位置和投入产出比可发现，目前中端偏上的酒店具有更大的潜力，如图6-1所示。

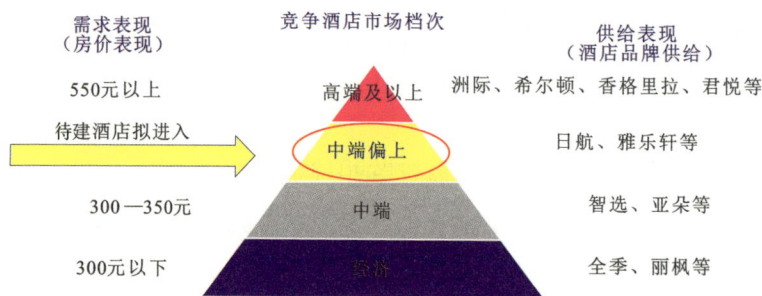

图6-1　JYH酒店项目定位：档次与品牌分析（李建合，2019：51）

　　根据市场发展趋势来看，JYH酒店可定位为中端偏上的酒店。争取商旅客源、将长短租形式结合、增加会议设施等策略可以与现有市场形成差异化竞争，填补市场中高端酒店的空白。从资产配置来说，酒店可以与保时捷4S店相互配合，依托保时捷 4S 店的客源，打造华南商圈酒店的标杆。

（2）酒店房型的定位

根据 JYH 项目的房型和面积可定位 2 家新建的类似酒店，比对天津融侨套房假日酒店与上海虹桥诺富特酒店的房间数量以及客房设置（见表 6-2），得出前者的标准房间面积为 38 平方米，后者为 50—65 平方米，房间数量分别为190 间和 202 间，与 JYH 酒店的计划相匹配。据此可以得出，假日酒店的标准房间面积适宜保持在 30 平方米左右，而套房面积需要大于 50 平方米，配套必要的会议等设施。

表 6-2　JYH 标杆酒店的基本情况分析（李建合，2019：52）

参数	天津融侨套房假日酒店	上海虹桥诺富特套房酒店
开业时间 / 年	2017	2018
房间数 / 间	190	202
标准房间面积 / 平方米	38	50—65
餐饮设施	全日制餐厅、大堂吧	全日制餐厅、中餐厅
会议设施	—	最大会议室 650 平方米
康乐设施	游泳池、健身房	游泳池、健身房

二、酒店的主要设施组成

不同酒店的项目定位决定了酒店的主要设施组成，高端酒店的设施和功能相对更为齐全，而中低端酒店一般在设施和质量上相对次之。一般而言，酒店的规划设施主要可以从以下几个方面进行考虑。

（1）大厅及接待区（lobby and reception area）。酒店大堂的最基本功能是住宿接待服务区（即总台）。其他的要根据酒店的规模、类型、特色等设置，如礼宾服务、大堂经理、休息等候区域、餐饮区域（大堂吧）、观赏展示区域、擦鞋区。酒店的商务中心通常设在酒店大堂附近的公共区域内，一则方便店内外客人，二则便于与总台联系。

（2）客房（housekeeping department）。客房是酒店为客人提供住宿以及休闲娱乐等服务的一个场所。酒店会根据客人的不同需求和用途设置不同种类的客房。不同地区、不同级别、不同类型、不同品牌酒店的客房分类标准并不统一，有单人间、标准间（双床）、双人间、套间客房、公寓式客房、总统套房等。另外，一些酒店会有特色客房，例如度假酒店基本上以家庭单位为主，会提供大床房和家庭房等。

（3）餐厅（hotel food and beverage department）。餐饮是酒店收入的重要组成部分，也是酒店设施建设的重要内容之一。餐饮服务是任何饭店都会提供的服务。饭店之所以为饭店，其最基本的功能就是为客人提供"吃"与"住"。一般而言，从三星级到五星级乃至白金五星级饭店，如能确保餐饮设施每席位均占 1.5—3.0 平方米（厨房面积等除外），则将令客人较为舒适，酒店也会显得有档次，经营者对餐饮区域的安全保障也将更为有力，且在收支上比较平稳。

（4）会议设施（conference facilities）。会议设施是星级酒店，尤其是商务会议型酒店重要的服务设施。会议设施的规划必须根据酒店总体功能来布局合理设计流线、规模和完善相关配套设备。其中，"会议型酒店"主要有几个方面的含义：一是要有一定的住宿条件，"会议型酒店"客房数一般比较多，可接纳的住宿人数要与其最大会议室容纳人数相匹配；二是要有较强的会议功能，比如至少要有一个比较大的会议室（或多功能厅）和几个配套的中小会议室等；三是会议团队收入占总收入的比例要比较高，比如会议团队收入要占到 35% 以上。总的来说，"会议型酒店"是一个比较笼统的称谓，需要进一步细化。

（5）娱乐休闲设施（entertainment and leisure facilities）。休闲娱乐设施是酒店为人们的商务或公务旅行、会议、旅游、休闲、康体娱乐活动提供入住空间的建筑，包括休闲度假中心、康体中心、赛马场、高尔夫球场等。这类物业多由房地产开发企业投资建设，其经营管理活动也与房地产行业密切相关。酒店室内的娱乐设施包括室内游泳池、热水浴缸、健身房和更衣室等。

本章第二节至第六节具体针对每一个设施模块进行阐述。

第二节　酒店前厅大堂的布局设计

前厅大堂是酒店的中心，是酒店文化和特色的象征，是客人对酒店第一印象的窗口，也是酒店为客人提供服务项目最多的地方，如办理入住和离店手续服务、财务结算和兑换外币服务、行李接送服务、问讯和留言服务、预订和安排出租车服务、贵重物品保管和行李寄存服务，以及客人要求的其他服务。因此，酒店大堂的布局一定要精心设计。

一、酒店大堂的功能分区

普通的经济型酒店大堂有资讯登记台、休息区就足够了；酒店等级越高，功能分区越复杂，比如大堂吧、商务服务区、商店、会谈区等，由酒店档次和大厅面积决定。豪华酒店大堂至少要有以下内容：大门（车道、景观、橱窗、雨棚），大堂（花几、景观），接待（服务台、大堂经理、后台、消防、库房、行李房、配电房），服务（商店、花店、水吧台、咖啡区、酒水区、早餐区、订票区、快递、商务中心、厨房），通道（电梯、楼梯、过道），卫生间（男卫、女卫、专卫），等等。其具体分区主要如下。

①大堂的总台（主服务台）。总台通常设在大堂的显眼位置，其空间规模必须根据客人和服务的方便程度，以及客人与服务人员之间的沟通情况而定。贵重物品保险室与主服务台相邻，客人和工作人员位于两个入口。五星级酒店的总台位置合理，接待人员应 24 小时提供接待、问询和结账等服务，并能提供留言、总账单结账、国内和国际信用卡结算及外币兑换等服务。

总台可采用站立式和坐式两种。总台客房价目表、外币兑换及各种印刷品齐备，各种标志应规范、清晰、美观，服务应快速准确、热情礼貌。总账单结账是指宾客在办理入住登记手续时，通过缴纳一定预付金，在饭店所有对客服务区域的消费均可实现记账消费，待离店时一次性结算支付的一种服务方式。大堂的总台是不可或缺的重要场所（见图 6-2）。如果条件允许，其位置应尽量不要面对大门，以便为在总台办理相关手续的客人提供相对舒适的空间；同时也可以减少过度的商业氛围。对于较小的酒店，商务中心可以与总台相邻，以节省人力，而较大的商务中心和会议中心则更适合安排在一个区域内。

（a）　　　　　　　　　　（b）

图 6-2　厦门集美湖豪生酒店大堂总台（作者拍摄）

②礼宾服务和客人休息区。礼宾服务是酒店接待客人的第一环节，也称为"前厅非经营性休息区"（见图 6-3）。门房服务包括门房柜台、行李车、伞架、行李储藏室等。休息区可以方便客人等候，起到疏导和调节大堂人员流动的作用，可以稍微延伸到附近的大堂酒吧或其他营业点，以指导客人的消费。随着机器人技术的发展，现在不少高星级酒店的入门礼宾服务由机器人代替完成，包括酒店预订、引路等。

（a）　　　　　　　　　　　（b）

图 6-3　厦门集美湖豪生酒店大堂客人休息区（作者拍摄）

前厅非经营区宾客休息场所主要供店内宾客短时等待、休息或交流使用，位置合理的宾客休息场所能够起到疏导、调节前厅人流的作用。四、五星级饭店的宾客休息场所应设在前厅非经营区域，服务设施应满足宾客短时就座休息的需求。

③大堂吧（lobby bar，也称 lobby lounge，简称 L/L）。大堂吧指位于酒店大堂，提供休憩、等候、茶饮、咖啡、酒水等服务的开放式公共场合。大堂吧最开始是供客人休憩和等候用的公共区域，随着人们消费需求的增加和酒店经营的拓展，逐渐发展成了消费型的大堂吧（见图 6-4）。

（a）　　　　　　　　　　　（b）

图 6-4　厦门集美湖豪生酒店大堂吧（作者拍摄）

大堂吧主要有茶、咖啡、小吃、快餐、常用烈酒和鸡尾酒等。虽然大堂吧调酒师不用像主酒吧调酒师那样业务知识全面，也不用像餐厅酒吧调酒师那样具有个性，但这并不意味着大堂吧调酒师工作轻松和水平较低，反而意味着人们对调酒师的外在形象、气质、言谈、销售、待客等方面有更严格的要求，因为酒店的大堂即酒店的"门面"。大堂吧也是酒店餐饮的门面，一个酒店档次的高低、餐饮水平的高低，都将在这个部门有最直观的体现。所以，在大堂吧工作的调酒师不仅要具备较好的业务知识，还要有全面的素质及应变能力，这些已被更多的管理者所重视。

④后勤服务区。在酒店设计里，后勤服务区主要包括值班办公室、消防指挥中心、员工电梯和通道、PA 工作间等。

此外，酒店电梯大厅应尽量设在从大门到主服务台延伸线的区域位置，这符合人类活动的心理，缩短了酒店与客人之间的距离。电梯与主服务台和大门之间不应设置台阶等障碍，电梯大厅不应与大堂的主要乘客通道共用和交叉。

在包括会议或会议中心和许多其他相关设施在内的混合用途的发展中，可能会有许多人进入设施，但他们不是该设施的客人，而是前来拜访其他客人或参加大楼其他地方的会议。考虑到拟建酒店内部会议空间将在客房楼层，大堂应设置标志，来引导客人从前门进入会议室和电梯，并且远离与前台人员的互动。

二、酒店大堂的空间布局

根据空间的序列特点以及各空间的相对位置，酒店大堂空间的布局方式分为展开式、集中式、中庭式、组合式四种。

（1）展开式酒店大堂空间布局将前台接待、大堂休息区、大堂吧水平布置在共享中庭两侧，且前台接待与大堂休息区结合布置，布局较为紧凑，到各功能区的流线较短，空间序列由入口门厅进入酒店，到达共享中庭后沿水平方向展开，到达大堂吧、休息区及前台接待区。

该布局优点是入口到各功能区的路径较短，流线清晰明确；休息区结合前台接待而布置，有效解决了前台办理手续时的等候问题；外部景观良好，各功能区对外的景观面较大。缺点是空间进深较浅、缺乏层次，空间序列感较弱；水平流线较长。

（2）集中式酒店大堂空间布局将前台接待正对入口门厅，位于共享中庭的尽端，大堂休息区与大堂吧分设共享中庭两侧，主要的功能节点围绕中庭位置，包括电梯厅与附属用房，大堂向心性较强，空间序列为入口门厅—共享中庭—前台接待。

该布局的优点是空间序列的层次感较强，旅客在大堂中的视线景观轴连续；布局紧凑，主要功能分布在中庭四周，使得中庭作为中心到各空间较为便捷，且横纵轴线清晰明确。缺点是各空间相对独立布置，层高稍低，易于让人产生空间封闭压抑的感觉；纵深较远的前台区采光不佳。

（3）中庭式酒店大堂空间布局模式是将大堂休息区、大堂酒吧甚至电梯厅等功能皆置于酒店的共享中庭，前台接待位于中庭的一侧或者尽端。此类模式中，共享中庭普遍规模较大，通高空间面积大，与波特曼式酒店大堂相似，顶部通常设置天窗，进行自然采光，同时结合入口门厅营造豪华大气的空间氛围（见图6-5）。

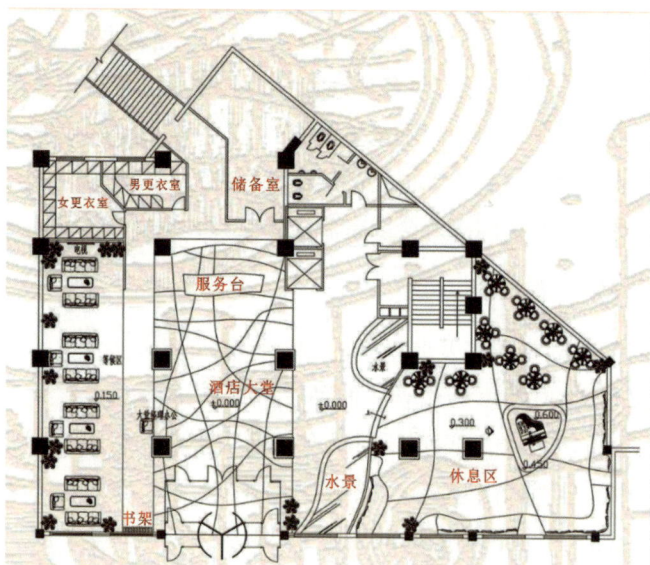

图6-5　中庭式酒店大堂空间布局模式[1]

该布局优点是共享中庭的集聚性明显，空间高度较大，易于营造恢宏大气的空间效果；通高空间面积大，顶部采光，旅客在中庭中垂直视野通透；交往氛围良好，大堂中社交经营区使用率较高。缺点是多种功能集中在共享中庭内，很难做到区域的明确划分，空间序列感薄弱，流线围绕中庭四周及其内部，没

---

[1]　https://www.sohu.com/a/397003710_120018369.

有清晰的水平及纵向的流线特征。

（4）组合式酒店大堂空间布局较为特殊，是将两个共享中庭通过过渡空间进行串联，中间的过渡空间通常设有标志性的景观或艺术品，靠近入口门厅的中庭两侧设置大堂吧、咖啡吧等休闲消费区，结合中庭形成动区，而将前台接待、大堂休息区设在距门厅较远的中庭内，动静分区较为明显。

该布局优点是两个中庭连续布置，空间层层递进，序列感较强，可营造特色的室内景观轴线；每个中庭结合不同性质的空间，动静分区明确。缺点是空间进深较大，空间纵向流线较长，需要加强空间的引导；前台接待位于远离入口中庭的一侧，位置不够显著，识别性弱。

当然，不同的酒店选址受区位、地形、占地面积等影响，其酒店大堂的空间布局要根据实际情况和投资预算等来设计实现。各种布局的样式也各有千秋，需要灵活采纳，将自身优点发挥到最大，缺点降到最少。

三、酒店大堂设计的标准规范

（1）大堂的公共面积

大堂的公共面积（不包括总服务台、商场、商务中心、大堂酒吧和咖啡厅等营业面积）取决于饭店的规模和档次，以及客源市场定位。根据相关国家标准：需要按客房间数推算大堂面积，每间客房平均不少于 0.6、0.8、1.0、1.2 平方米四个档次，最低为 250 平方米。一般规模大、档次高的大型会议型饭店，大堂面积要大一些，但最好不超过每间客房平均 2 平方米。

（2）其他功能区的面积

大堂的各项接待、服务功能的分区和所需要的面积要根据饭店的类型、规模和档次定位精确计算后选定。总台是大堂活动的中心，要设在主入口进到大堂一眼就能看到的地方，长度与酒店的类型、规模、客源市场定位有关，一般为 8—12 米。大型酒店可达 16 米，两端不宜封闭，应留一个活动出入口，便于前台人员随时为客人提供个性化服务。总台后面要有办公室，供前厅部人员办公、财务夜审、存放文件和电脑，销售部也可以设在这里，以便接待客人。面积以 50—100 平方米为宜。贵重物品保险室与总台相邻，客人和工作人员分两个入口，客人入口应尽量隐蔽。大堂经理的位置设在可以看到大门、总台和客用电梯厅的地方。礼宾台的位置设在客房区或客用电梯厅与饭店大门连接的地方；行李员服务台设在靠近大门，同时又能看到总台和电梯厅的地方；大堂要有行李间，行李间以每间客房 0.05—0.06 平方米设定。在观光型饭店中，旅行团行李较集中，行李间应适当加大一些。休息区能方便客人，位置最好设在总台附近，并能向大堂吧或其他经营点延伸，以引导客人消费。公共卫生间（包括残疾人卫生间和清洁工具储存室）应设在大堂附近，但门不可直接对着大堂。

四、五星级酒店大堂设计标准

（1）五星级酒店大堂设计原则

①功能性原则：包括满足与保证使用的要求，保护主体结构不受损害和对建筑的立面、五星级酒店大堂空间等进行装饰三个方面。

②安全性原则：无论是墙面、地面还是顶棚，其构造都要求具有一定强度和刚度，符合计算要求，特别是各部分之间的连接节点，更要安全可靠。

③可行性原则：之所以进行设计，是要通过施工把设计变成现实。因此，五星级酒店大堂设计一定要具有可行性，力求施工方便，易于操作。

④经济性原则：要根据建筑的实际性质和用途来确定设计标准，不要盲目提高标准，单纯追求艺术效果，造成资金浪费，也不要片面降低标准而影响效果。更为重要的是，要在同样的造价下，通过巧妙的构造设计达到良好的实用与艺术效果。

（2）五星级酒店大堂设计标准

①大堂宽敞、装修豪华、光线充足。

②有与酒店规模、星级相适应的总台，总台有中英文标志，分区段提供接待、问讯、结账服务，24 小时有工作人员在岗。

③提供留言服务、一次性总账单结账服务、信用卡服务，24 小时提供外币兑换服务。

④总台提供酒店服务项目宣传品、酒店价目表、中英文本市交通地图、全国旅游交通地图、本市和全国旅游景点介绍、交通工具时刻表、报纸杂志等。

⑤可 8 小时直接接受国内、国际客房预订，有酒店和客人同时开启的保险箱、设门卫应接员、专职行李员、值班经理、大堂经理。

⑥在非经营区设客人休息场所，提供店内寻人服务和安排出租车服务，门厅及主要公共区域有残疾人出入坡道，配备轮椅。

⑦至少能用 2 种外语提供服务（英语为必备语种），总机至少能用 3 种外语提供服务（英语为必备语种），各种指示用和服务用文字至少用中英文同时标示。

第三节　酒店客房的布局设计

客房是酒店必不可少的主要设施，也是饭店的基本条件。由于宾客身份、消费需求、同行人员数量、旅居原因等不同，宾客对酒店客房的类型与大小有不同的需要。因此，酒店应合理配置不同类型的客房数量比例，以满足不同消费者的需要。

一、酒店客房的类型

不同类型的客房具有不同的功能布局、档次规格等，其适应的消费群体也就不同。酒店在设计和选择客房类型时，不能简单地照搬、模仿，而是要认真研究目标市场需求和竞争对手情况，做好投资与收益预测。

极少数单一性的酒店，如某套房酒店，酒店规模小，客源较为单一，多为高档的商务散客，且以长住客为主，酒店客房数量较少，房型比较单一，多为两套房或三套房的商务套房。一般的酒店，为了更好地适应不同类型和不同档次客人的需求，需设计和布置不同种类的客房。酒店客房的类型主要有单人间、大床间、双人间、三人间、家庭客房、套房、主题客房等。

（1）单人间

单人间（single room）又称单人房，是放一张单人床的客房，一般数量较少、面积较小、位置相对较偏，适合从事出差或旅游的单身宾客。根据卫生间设备条件，单人间又可分为无浴室单人间、带浴室单人间、带淋浴单人间。

（2）大床间

大床间（double room）是指配备一张双人床的房间，适合夫妻旅游居住，也适合单身宾客居住，新婚夫妇使用时被称为"蜜月客房"。近年来，随着商务客人的日益增多，不少星级酒店将大床间改为商务房（business room），房内配备相应的商务设施设备，如宽大的办公桌椅、自动熨烫裤架、小型传真机。

（3）双人间

双人间又称标准间（standard twin room），在房内放两张单人床，可住两位宾客，也可供一人居住。一般用来安排旅游团队或会议宾客。这类客房在酒店中占大多数。为了使客人住得更为舒适，一些酒店在标准间中放置两张双人床，这种客房被称为两张双人床的房间（double-double room）。

（4）三人间

三人间（triple room）指房内放三张单人床的房间，属经济型房间。此类客房在酒店特别是高档酒店中很少见。宾客在需要三人同住一个房间时，往往采用在双人间中加一张床的方式。此类房间多见于一般旅馆或招待所，高档酒店一般不设置这类客房。

（5）家庭客房

随着我国休闲度假旅游的发展，携儿带女的亲子旅游者也在不断增加，不少酒店设计了家庭客房或者家庭套房（family room）。家庭客房主要供三口之家旅游者居住，通常配备一大一小两张床，也有酒店在家庭客房（通常是套房）中配备一张大床和两张小床。

（6）套房

套房一般分为标准套间（junior suite）、豪华套间（deluxe suite）、总统套间（presidential suite）。

①标准套间又称普通套间，一般为连通的两个房间。一间为起居室，即会客室，起居室也可设盥洗室，可不设浴缸，一般供拜访的宾客使用；另一间为卧室，卧室中放一张大床或两张单人床，配有卫生间。

②豪华套间可以是双套间，也可以是由3—5个或更多房间组成的多套间，一般包括卧室、起居室、餐室、书房、厨房和会议室等。卧室中配备大号双人床或特大号双人床，室内注重装饰布置和设备用品的华丽高雅。

③总统套间一般由5个以上的房间组成，多者达20间。房内设有男女主卧、会议室、卫生间、起居室、书房、厨房、餐室、警卫室、随从室、娱乐室等，有的还有室内花园。房间装饰布置极为讲究，设备用品极为豪华，常有名贵的字画、古董、珍玩装点其间。总统套间房价昂贵，出租率较低。总统套间一般要三星级以上的酒店才有，它能提高酒店的档次和知名度。

图6-6呈现了宁波杭州湾凯悦酒店的各种房型，酒店拥有319间舒适的现代客房和套房，配备高速网络，时尚现代的空间带来舒适的入住感受，全景落地窗让入住宾客饱览杭州湾新区城市风光。

图 6-6　宁波杭州湾凯悦酒店的房型展示（酒店提供）

（7）主题客房

主题客房是为某一类人特别设计和布置的，以满足宾客的个性化需求。近年来，根据不同宾客的需要，酒店开始设计各种不同主题的客房，它们具有浓郁的文化气息，体现了酒店对宾客的关爱之情。各种客房有不同的特点，但同时又有很强的兼容性。主题客房主要包括以下几类：①以某种时尚、兴趣爱好为主题的客房，如汽车客房、足球客房、邮票客房、电影客房；②以某种特定环境为主题的客房，如梦幻客房、海底世界客房、太空客房；③以健康环保为主题的客房，如绿色客房、低碳客房、无烟客房；④以针对特殊群体需求为主题的客房，如老年人专用客房、无障碍客房、高科技客房、钟点客房。老年人专用客房的卫生间由防滑玻璃纤维制造，并设有软垫长椅，可以在其上安全洗浴，并设置防滑把手；门把和开关位置适宜；设置多个召唤铃，老人不用移动太远，就可要求自己需要的服务。无障碍客房（见图6-7）是一种专供残疾宾客使用的客房，一般具备残疾人专用进出口、残疾人专用厕位等。高科技智能客房是为商务宾客等设计的客房，为满足客户多样化需求而存在，宾客可自助选房，刷脸进门，语音智控，使用多场景模式，一键控制灯光、窗帘、电视、空调等设备，将体验做到极致，带来真正的品质与舒适。坐落在上海浦东新区惠南镇的上海科冠晶品酒店以及近虹桥枢纽方向的上海皇冠晶品酒店，正是颐陆智住智能客房的绝佳体验处。

此外，酒店还可以设有特色婚房，新人可以在婚房内化妆和换衣，舒适、方便又安心，婚房可作为婚宴之后闹洞房用，也可以给亲朋住宿用，提高整场婚礼的档次。

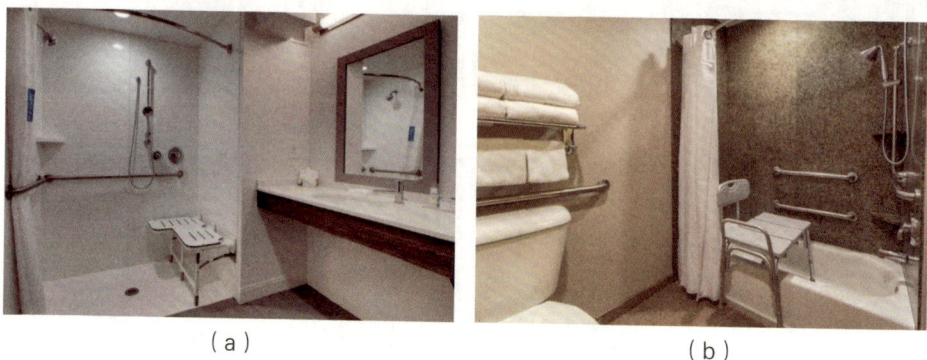

（a）　　　　　　　　　　　　　　　（b）

图 6-7　无障碍客房卫生间设计（作者拍摄）

二、酒店客房的布局

（1）总客房数量布局：适当的客房和套房组合

客房类型的多样化、设计的标准化和人性化、各种房型比例的合适性是现在酒店客房设计的主流趋向。客房种类较多，各家酒店应根据目标市场的客源结构来设计客房类型，如城市商务型酒店主要客源为商务客人，大床间的比例应大些；而会议型酒店接待的大多是团队客人，应考虑多设计一些标准双人房，以更好地满足客人的需求和经营的需要。

标准房和套房的单元组合应包括各种房间类型和风格，以吸引最大范围的宾客。建议物业包括一些已升级设施的标准间，以区别于普通单位。这些房间的用途是在酒店内提供进一步的服务，以体现客人的特殊身份。这些房间可以高价出售，也可以为经常旅行的客人或通过各种奖励计划积累积分的客人提供升级服务。这反过来也会促进套房库存的消耗，以更高的价格出售套房。一些酒店因客房混合比例的问题而遭受损失，这要求酒店利用套房来进行升级。适当的标准客房和套房组合能够更好地通过客房库存管理来实现客房收入潜力的最大化。

表 6-3 呈现了宁波杭州湾凯悦酒店的各种房型数量和面积，其中标准大床房 118 间，占总数的 37.0%；标准双床房 111 间，占总数的 34.8%；另有套房 13 间，占总数的 4.1%。而在前述的大连 JYH 酒店项目中，在房型比例上，房型配比依据待建酒店的未来客源结构来制定，其中双床房占 60.6%，主要满足

中端商务、会议及休闲客源需求；另外套房占比 6.9%，用以吸引高端客源。

表6-3　宁波杭州湾凯悦酒店的各种房型数量和面积（酒店提供）

房型	数量 / 个	面积 / 平方米
标准大床房 1	118	34
标准双床房 2	111	34
嘉宾轩大床房 1	9	34
嘉宾轩双床房 2	15	34
嘉宾轩阳台大床房 1	7	34
嘉宾轩阳台双床房 2	3	34
豪华大床房 1	41	55
豪华阳台大床房	2	55
凯悦套房	10	68
行政套房	2	125
主席套房	1	195

　　从客房面积来看，根据《国家旅游饭店星级评定标准》，三星级以下酒店对客房面积不做要求；四星级酒店 70% 客房的面积（不含卫生间）应不小于 20 平方米；五星级酒店 70% 客房的面积（不含卫生间和门廊）应不小于 20 平方米。此外，三开间豪华套房的使用面积应不小于 100 平方米，通常由客厅及卫生间、独立的书房或餐厅、卧室及卫生间组成。四开间豪华套房的使用面积应不小于 150 平方米，通常由客厅及卫生间、独立的书房或餐厅、主卧室及卫生间、副卧室及卫生间等功能空间组成。五开间及其以上豪华套房的使用面积应不小于 240 平方米，通常由客厅及卫生间、独立的书房、独立的餐厅、主卧室及卫生间、副卧室及卫生间、步入式更衣间等组成，并可根据实际需要增设随从房及卫生间、康乐用房等功能空间。可配备直达该区域的专用电梯。

（2）客房内部空间布局：客房功能分区

　　酒店在对客房的功能布局进行设计时，必须认真分析和研究消费者的消费需求与个性习惯等，从而了解客房究竟应该满足目标消费群哪些共性与个性的需求。

　　"客房是客人在异乡的家"，这不仅仅是一句销售用语，也很准确地定义了客房的功能设计原则。客房应该是一个私密的、放松的、舒适的空间，是一个浓缩了休息、私人办公、娱乐、商务会谈等诸多使用要求的功能性空间。以标准双人房为例，客房功能布局主要分为睡眠区域、工作区域、起居区域、盥洗区域。

（1）睡眠区域

睡眠区域是整个客房中面积最大的功能区域，主要家具是床和床头柜，床头板与床头柜成为设计的核心问题。为了适应不同客人的使用需要，同时也方便酒店销售，不少酒店在两床之间不设床头柜或可移动的床头柜，床头集中控制面板也逐渐被酒店淘汰。床头背屏与墙是房间中相对完整的面积，可以着重布置。床水平面以上 70 厘米左右的区域（客人的头部位置）易脏，不少酒店采用了防污的材料。

（2）工作区域

工作区域以写字台为中心，传统的客房设计将写字台、行李柜、电视机柜设计为一体，称为"三连柜"。近几年来，三连柜逐渐被独立的橱柜取代。随着酒店商务客人的日益增多，书写空间的功能设计也越来越受到酒店的重视，从采光与视线的角度考虑，大部分酒店客房的写字台不再面壁而坐了。

（3）起居区域

起居区域通常位于靠近房间窗户处，放置沙发椅、茶几，供客人休息、会客、看电视等。以往标准客房设计中的会客功能正在逐渐弱化，因为住店客人多希望客房是私人的，将来访客人带进完全随意的空间有很多不便。酒店经营者也希望住客使用酒店的经营场所来会客，以获取经济效益。这一转变为客房向着更舒适、更愉快的功能前进创造了空间条件。设计中可将诸如阅读、欣赏音乐等很多功能增加进去。

（4）盥洗区域

卫生间空间独立，风、水、电系统交错复杂，设备多，面积小，设计时应处处遵循人体工程学原理，做到人性化设计。不少酒店的卫生间干湿区分开，避免了功能交叉与干扰。除了一些高星级的酒店或者高档客房要求配备浴缸外，大部分酒店用精致的淋浴间代替，以节省空间和投入。另外，无论是否用浴缸，在选择带花洒的淋浴区的墙面材料时，需要避免不易清洁的材料，慎用磨砂或亚光质地。

三、酒店客房的设计

客房运行成本低，收益回报丰厚，是酒店利润的重要"产地"。但是，长期以来，客房有形产品呈现千篇一律的"标准"模式，许多酒店的客房在功能布局乃至家具款式、布艺上，每一个细节都大同小异，甚至衣柜和小酒吧的位置及做法都非常一致，变成了真正意义上的"标准"客房。而从客人的需求来分析，他们更希望在客房内能够有一些新奇的享受和经历，有一些与众不同的收获和感受。因此，开发各类具有个性色彩的新概念客房，创造客房卖点，满足不同客人的偏好，是酒店业发展的必然趋势。

江苏苏州一家四星级酒店的客房总数为 200 多间，设计了 8 种风格 30 多种房型。8 种风格分别为华丽西班牙、绅士之家、时尚天地、七彩世界、天长地久、玫瑰之梦、现代中国、北欧风情，装饰布置个性化，具有较深的文化内涵，如七彩世界风格的客房，以绚丽而柔和的色彩，构造完美的视觉效果，营造温馨浪漫的居室氛围。

综合来看，客房设计总体呈现以下特征和趋势。

（1）体现人性化关怀

随着科技的发展和社会的进步，人们的生活水平越来越高，宾客对客房的要求也随之增加，很多酒店都引进了"人性化"的概念，以求更好地满足宾客的需求。近年来，新建或改建的酒店、客房正在悄悄地发生变化，即越来越注重满足客人的需求，凸显人性化设计的理念。

▶客房窗台下移，以开阔视野及采光面，有的干脆采用落地窗。

▶房内灯光向顶灯、槽灯的方向发展，容易损坏的床头摇臂灯，占地方的落地灯越来越少。

▶房间内越来越多地采用节能光源，同时也有将壁橱灯移出、利用走道灯进行衣柜照明的情况。

▶走廊两侧客房门错开，以保护隐私。

▶电源插座、电话插座抬高，方便客人使用。

▶房号牌设置在门铃按钮的墙上，方便住客和访客找寻。

▶房内设有"不间断电源"插座，方便客人给手机充电。

▶保险箱设置于方便存取之处，保险箱变宽，供客人存放手提电脑。

（2）卫生间革命势在必行

在酒店客房的各种变化中，卫生间的变化带有革命性和根本性，主要变化有以下几点。

▶ 卫生间面积扩大，洁具从"三大件"（淋浴间、洗脸盆、坐便器）向"四大件"（加上净身器）或"五大件"（加上浴缸）的方向转变，向分室、分区布置方向发展。

▶ 卫生间功能增加，卫生间已不仅仅是洗澡及方便之处，一些酒店的卫生间可通过玻璃隔断观看卧室内电视，在卫生间听音响的做法则已较流行了。比如，香港半岛酒店的冲浪浴室面向外景的墙使用玻璃屏障，浴缸的另一面墙上设有内嵌电视机及选台、音量控制器等，客人在沐浴的同时，既可欣赏丰富的电视节目，又能鸟瞰港湾。

▶ 卫生间内的梳妆台镜子采取防结露措施，镜子后面敷设电热丝，并增设带放大功能的小镜子，方便女士化妆及男士刮胡须。

▶ 增设美发设备和体重秤。

▶ 增加紧急呼救按钮、拉绳。

▶ 为降低噪声，卫生间排风不采用排风扇，而采用管井集中排风。

▶ 卫生间坐便器普遍采用节水型产品，可根据需要分大小水量冲洗。

（3）客房更加注重节能

人类只有一个地球，节能是一个永恒的课题。客房在节能方面采取的主要设计举措有：

▶ 将暗卫生间改为明卫生间。卫生间内侧墙改用玻璃隔断，白天可利用自然光，客人进客房或卫生间不需要开灯；夜晚客人睡觉时熄灭卫生间的灯。

▶ 客房内家具布局改变传统的模式，写字台可以面向窗口，客人工作时不需要开台灯。

▶ 客房地面不全铺地毯，可根据不同的区域用不同的材料，过渡区域（入口处）和活动区域（靠窗口处）可以用硬质地面（花岗岩或地板），睡眠区域可以用软质地面（地毯），这既可以降低清洁费用，又可以提高客房的装潢效果。

（4）客房轻装修、重装饰

客房一次性投入大，酒店不可能经常更新和改造客房，但建筑装饰材料更新很快，无法保证若干年之后不落后。如何满足客人常住常新的需求呢？目前，酒店业流行一种新时尚：轻装修、重装饰。基础装修从简，重点在陈设装饰上下功夫。具体的做法是，在客房基础装修完成之后，利用那些易更换、易变动位置的饰物与家具，如窗帘、被套、靠垫、工艺品、装饰布艺，对客房进行二度陈设与布置。

酒店可根据客房空间的大小、形状和客人的生活习惯、兴趣爱好、文化品位，从整体上综合规划装饰方案，体现酒店产品的品位，而不会出现千"家"一面的现象。如果装修太陈旧或过时而需要改变，则不必花过多的投资重新装修或更换家具就能呈现出不同的面貌，给客人新奇之感。

（5）客房需做足睡眠文章

睡个好觉是住客对客房最基本也是最重要的需求。2013年，四季酒店集团针对来自中国、美国、英国和俄罗斯的旅行者进行深入的睡眠调查。结果显示，最影响中国旅行者睡眠体验的因素为噪声、房间异味、较差的通风条件和不舒适的床品。44%的受访者表示，希望酒店的睡床能够如家般舒适；92%的受访者对睡床的柔软度有独特的喜好，中国宾客尤其偏好软硬适中的床垫。全球的酒店业纷纷进入了睡眠研究阶段，有的委托床垫公司定制独家床垫，有的推出个性化的睡眠服务。拥有独一无二的床，已成为酒店赢得忠实住客的关键所在。

第四节　酒店餐厅的布局设计

餐厅是酒店的经营管理中除客房外的最大营收部门，通常还对住店宾客提供早、中、晚餐，同时也是评星标准的主要依据。酒店餐厅的经营管理模式，也在一定程度上决定了其服务形式。

餐厅和休息室应该放置在客人容易看到的地方。在这种情况下，一般建议将休息室设在大堂层，而酒店前台和餐饮服务区则设在同一层，这将带动餐厅和休息室的使用。重要的是，这些设施要重视与客人电梯、会议设施和其他设施的连接性，同时应该从清晨开放到深夜。

一、酒店餐厅的类型

酒店餐厅是前台为客人提供服务的主要项目之一。标准的五星级酒店一般有西餐厅、咖啡厅、大堂酒吧、宴会厅、中餐厅等。

（1）西餐厅是指以西式正餐为主要经营内容的餐厅（见图6-8a），体现档次的如扒房、意大利餐厅等。扒房通常以西方文化、艺术为主题，要求高雅、富丽，形成独特风格，讲究酒水、菜品与餐具的高档搭配，提供一流的专业化服务。西餐厅有别于外国特色餐厅，后者一般则是指以国外其他特色菜品为主要经营内容的餐厅，如日本料理餐厅、东南亚风味餐厅、巴西烤肉餐厅。西餐厅主要提供午餐、晚餐，菜肴和服务相对高级，一般是比较有特色的。

（a）　　　　　　　　　　　　（b）

图6-8　宁波杭州湾凯悦酒店的西餐厅、咖啡厅（酒店提供）

与中餐厅相比，西餐厅可以设置在安静一些的区域，如果与中餐厅在同一楼层，则一般中餐厅靠近门厅，西餐厅靠近里侧。西餐厅内功能布局要考虑摆台，具有一定的灵活性，有时根据经营的需要布置成自助餐厅，如国内不少饭店让住店客人在自助西餐厅用早餐。西餐厅内，餐桌多以方桌或长桌为主，座位常沿墙壁或隔断处布置成半包厢形式，富有隐私保护感。西餐厅用软、硬地面均可。同层应设厨房，并且在餐厅与厨房之间设双道双门，以保证档次。

五星级酒店应根据市场定位、地域特点及经营需要，在上述餐厅类型中灵活选择配置。西餐厅应做到形质兼备、特色鲜明、做工精致、清洁卫生、服务一流，且必须根据餐厅类型配置专业化的专用厨房。

（2）咖啡厅提供国际性的菜肴，并不一定很精致，但是要被一般的国际商旅客人接受，最好选择在全球的五星级饭店都能见到的菜肴，容易为宾客选择和接受。比如，宁波杭州湾凯悦酒店位于酒店一层的全日制餐厅、咖啡厅（见图6-8b）提供自助餐与零点菜单，囊括丰富多样的环球美食，设置开放式厨房，宾客可以欣赏主厨现场烹饪，上乘食材与时令美味新鲜送上餐桌。

（3）大堂酒吧（lounge）是指以吧台为中心、以提供酒水服务为主的经营场所。大堂酒吧一般从中午开始提供简餐、小吃等。因为关键是酒水的销售，所以酒吧的酒水都很丰富，有的酒吧也会提供现场演唱服务。比如，宁波杭州湾凯悦酒店的大堂酒吧（见图6-9）位于酒店一层大堂中庭，融合了自然元素的装修风格，在树木的掩映下，配合自然光线的相互作用，营造出繁华都市中的偏安一隅。大堂酒廊全天候提供各式精致茶点、多款葡萄酒和鸡尾酒、时令下午茶，适合商务接待与休闲聚会。

四、五星级酒店应有专门的酒吧或者茶室。酒吧设计要求体现某种意境或主题，色彩通常浓郁深沉，照明采用团装组合方式，音乐浪漫悠长，讲究轻松、个性、私密性。

图 6-9　宁波杭州湾凯悦酒店的大堂酒廊（酒店提供）

（4）宴会厅提供大型的餐饮、会议等服务。宴会厅一般位于裙楼顶层，整个厅内没有柱网，否则影响装潢效果。宴会厅面积要求在 300 平方米以上。随着会展经济的发展，为了增加经济效益，宴会厅除了提供宴会外，还提供其他服务项目，如开会、表演、T 型台、大型展览。宴会厅面积比较大，一般应设活动隔断，有利于经营。有客情需要时，两个半场可分别提供中型宴会服务，注意活动隔墙移动应灵活，且具有隔音效果。五星级酒店应有 3 个以上宴会单间或小型宴会厅，提供良好的宴会服务。

比如，宁波杭州湾凯悦酒店的无柱式大宴会厅（见图 6-10）总面积达 1130 平方米，层高 8 米，配备固定 LED 屏（5.6 米 × 10.24 米），是举办大型展会、公司会议、社交活动与婚礼的理想场所。

图 6-10　宁波杭州湾凯悦酒店的宴会厅（酒店提供）

（5）中餐厅一般是本地餐厅，对于二星级以上酒店来说都是必不可少的。五星级酒店需要有装饰豪华、氛围浓郁的中餐厅。中餐厅是酒店餐饮服务配套项目，有时用作中餐零点厅。中餐厅的位置选择很重要，客人进出中餐厅要方便，一般位于酒店裙楼部分的低楼层，如一、二层可以缓解客梯交通压力。中餐厅的设计风格应体现中国文化内涵，如门口或玄关采用木质结构造型，配以红灯笼、阿福贴画装饰，厅内墙壁采用木雕花、镂花图案装饰，选用靠背高度在 1 米左右的高背椅，服务员服装作为餐厅动态装饰，使用别具一格的当地、中国传统式样，如印染织布。中餐厅根据面积大小，按流程布局餐桌位置、通道。一般以 10 人桌布局，注意圆桌尺寸直径 =70 厘米 × 餐位 /3.14 厘米，餐位数按 1.5—1.8 米 / 位来设定，客人在厅内能自由起座，服务员能自由走动、提供服务。中餐厅与厨房之间的通道应为双道双门结构，起到隔味、隔热、隔音作用，以保证中餐厅的档次。同时，中餐厅的传菜与收残线路设置要科学，出菜口与餐区的传菜距离一般不超过 40 米，厨房有专用库房和垃圾收集设备。另外，中餐厅内餐具柜数量不宜多，其高度不要超过 1 米（低于椅子高度），否则会影响厅内整体视觉效果，喧宾夺主，因此应在同层设置厨房。

　　比如，宁波杭州湾凯悦酒店的享悦中餐厅（见图 6-11）位于酒店二层，设有大厅及 13 间私人包厢，餐厅设计兼顾传统与现代特色，提供精选优质食材与主厨四季菜单，为宾客带来正宗宁波和慈溪本地菜、精品粤菜和凯悦招牌——老北京果木烤鸭。

（a）　　　　　　　　　　　　　　　　（b）

图 6-11　宁波杭州湾凯悦酒店的中餐厅（酒店提供）

二、酒店餐厅的布局设计

（1）酒店餐厅的总体空间

　　餐厅的总体布局是通过交通空间、使用空间、工作空间等要素的组织共同创造的。餐厅的空间设计必须合乎接待顾客和方便顾客用餐的基本要求，同时还要追求更高的审美和艺术价值。简单的平面配置富于统一的理念，但容易单调；复杂的平面配置富于变化的趣味，但容易松散。配置得当时，添一份则多，减一份嫌少，移去一部分则有失和谐之感。在设计餐厅空间时，因所需空间大小各异，其组合运用亦各不相同，必须考虑各种空间的适度性及各空间组织的合理性。

　　酒店餐厅的主要空间有如下几种。

　　①顾客用空间：如通路（电话、停车处）、座位，是服务大众、便利其用餐的空间。

②管理用空间：如入口处服务台、办公室、服务人员休息室、仓库。

③调理用空间：如配餐间、主厨房、辅厨房、冷藏间。

④公用空间：如接待室、走廊，洗手间。

在运用时，酒店经营者要注意各空间面积的特殊性，并考察顾客与工作人员流动路线的简捷性，同时也要注意消防等安全性，以求得各空间面积与建筑物的合理组合，高效率利用空间。

（2）酒店用餐设备的空间配置

除了对店内空间做经济有效的利用外，店内用餐设备的合理配置也很重要。具体来说，用餐设备的空间配置主要包括餐桌、餐椅的尺寸大小及根据餐厅面积大小对餐桌的合理安排（见图 6-12）。

餐桌可分西餐桌和中餐桌。西餐桌有长条形、长方形的款式，西欧较高级的餐厅都采用圆形餐桌；中餐桌一般为圆形和正方形，以圆形款式居多。如空间面积许可，宜采用圆形桌，因为圆形桌比方形桌更富亲切感。现在，餐厅里也开始用长方形桌做普通的中餐桌。餐桌的形状并不限定，以能随营业内容与客人人数增减机动应用为佳；普通的采用划一的方形桌或长方形桌。方形桌的好处是可在供餐的时间内随时合并成大餐点，以接待没有订座的大群客人。

餐桌的就餐人数依餐桌面积的不同而有所不同，圆形的中餐桌最多能围坐 12 人，但是快餐厅里更多的是单个的小方桌。餐桌的大小要和就餐形式相适应。

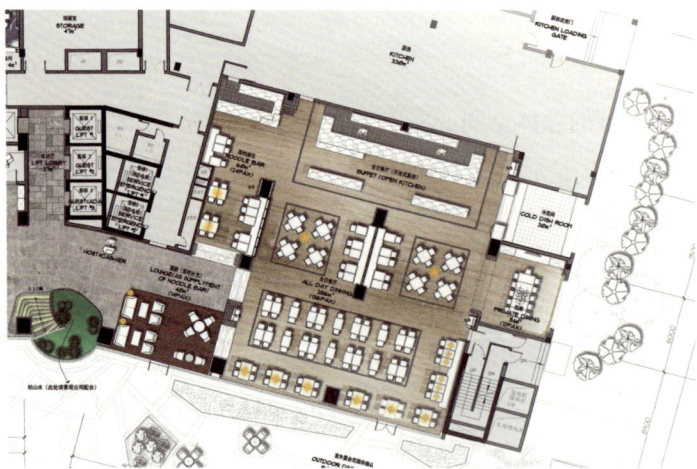

图 6-12　三亚希尔顿花园酒店餐厅的布局设计[1]

---

[1]　https://www.jintangjiang.cn/v_detail-9477.html.

（3）宴会单间的布局设计

宴会单间是举办小型宴会的餐厅，它是高星级饭店餐饮服务与烹饪水平的集中体现。要求包括：①位置合理，方便进出，具有一定的私密性；空间宽敞，便于宾客活动与员工服务。②装修典雅豪华，富有文化特色；家具、设施等与空间面积比例协调，材质高档，制作精良，符合人体工程学原理；灯光设计专业，空气清新，背景音乐曲目考究，音量适宜。③可附设备餐间、独立卫生间。④根据宴会的规格、时间、特点、标准，采用不同的服务程序和方式，提供格调高雅、华丽舒适、技艺考究的服务产品。

第五节　酒店的会议设施

酒店的会议设施是满足客人和社会团体聚会要求的限定性公共建筑空间。有旅游资源的酒店应设置大中型的会议室、展览厅、多功能厅。客人选择酒店开会，能给酒店带来直接的会议室出租、大量客房出租、餐饮、娱乐等综合经济效益。会议设施设置形式应多样，面积搭配应合理，以满足不同的使用需求。

一、酒店会议设施的类型和组成

酒店会议的具体设施组成会根据酒店会议的类型、规模、等级的不同而不同。目前，我国的一星级、二星级酒店对会议设施不做要求。三星级及以上星级酒店应提供与酒店接待能力相适应的宴会或会议服务。其中，五星级酒店需要有两种以上规格的会议设施，有多功能厅，配备相应的设施并提供专业服务。

一般商务型或者会议型酒店的会议场地主要包括以下几个部分。

（1）大、中、小型会议室

在部分会议情景下可能还会涉及更多类型的学术报告厅、多用途大宴会厅等等。多功能会议室以其功能的多样性（如会议厅、视频会议厅、报告厅、学术讨论厅、培训厅），特别适合我国国情，并在这几年得到了迅速普及。在初期的建设投入上，多功能会议室的投资建设可能要高于单一功能会议室，并且从技术的角度来看，其对系统在设计和施工上都有一定的技术复杂度要求，尤其对用户方的使用也有一定的技术要求，这就需要一种技术，来综合管理不同功能的音视频（A/V）设备，使其相互协调，这就是中央控制技术。其中，会议室多媒体显示系统由高亮度、高分辨率的液晶投影机和电动屏幕构成，完成对各种图文信息的大屏幕显示。由于会议室面积较大，因此，为了使各个位置的人都能够更清楚地观看，整个系统可设计多套投影机显示系统。

　　会议室 A/V 系统由多台计算机、摄像机、高密度数字视频光盘（DVD）、盒式磁带录像机（VCR）、微型唱机（MD 机）、实物展台、调音台、话筒、功放、音箱、数字硬盘录像机等 A/V 设备构成。完成对各种图文信息（载体包括各种软件、DVD/CD 碟片、录像带、实物、声音）的播放功能；实现多功能厅的现场扩音、播音，配合大屏幕投影系统，实现优良的视听效果。通过数字硬盘录像机，能够将整个过程记录在硬盘录像机中。会议室环境系统由会议室的灯光（包括白炽灯、日光灯等）、窗帘等设备构成；整个会议室的环境、气氛能自动根据当前的需要改变，譬如播放 DVD 时，灯光会自动变暗，窗帘会自动关闭。

　　比如，宁波杭州湾凯悦酒店 648 平方米的多功能厅（见图 6-13），可拆分成 4 个独立的会议厅，灵活的空间适合举办公司年会、研讨会以及新品发布会等活动。

图 6-13　宁波杭州湾凯悦酒店的大型会议厅（酒店提供）

（2）休息等候区

休息等候区主要为会议茶歇时间准备（见图6-14）。大型会议的休息等候区通常设立在会场的空闲处，一并设有饮食处（摆放茶食的餐桌）；会议贵宾一般有独立的休息区或者休息室。

（3）会议前厅

会议签到、入场等待、会务服务组、会议资料礼品领取等大部分均设立在此处。

（4）会务办公室

会务组（会议组织者）办公的地方。

（5）展览馆

部分有产品展示需求的企业进行产品展示、对外宣传的地方。

（a）　　　　　　　　　　（b）

图6-14　宁波杭州湾凯悦酒店的会议接待设施（酒店提供）

二、酒店会议设施的要求

会议设施是星级酒店尤其是商务会议型酒店的重要服务功能。会议设施的规划必须根据酒店功能来总体布局、合理设计流线、规模和完善相关配套设备。

会议设施的规模应以客房床位数为基准，并应注意以下环节。

第一，会议设施有独立的出入口，如会议设施设在较高楼层上，则应考虑专用电梯、电动扶梯、楼梯等交通连接方式的设置。

第二，安排序厅。所谓序厅，是指连接会议厅与进出口之间的结构空间，用于宾客疏散、交流、休息及提供茶歇服务。序厅要考虑吸烟区域的分隔。

第三，会议厅有足够的照度，灯光分区控制，亮度可调节。有良好的隔音、遮光效果。

第四，配有贵宾休息室，且靠近主席台，专用门与主席台连接。装修豪华、照明充足，具有浓郁的文化特色。配有专用卫生间。

第五，主席台上方有活动自如、方便的会标悬挂系统。

第六，设置音控室。

第七，根据地区差异，可配置衣帽间，方便会议宾客寄存衣物。

第八，配置工作间，用于存放桌布、会议立卡、会标、茶叶、杯具等小件会议用具，并设计上下水管道，配备消毒设施，用于杯具的清洗、消毒。

第九，配置储物间，用于存放桌椅等大件会议用品。

第十，400人以上的会议厅配置位置合理、数量充足的公共卫生间。

第十一，可根据需要配备必要的设备，并按照实际使用情况布置电源插座、器材接口。

第十二，星级饭店应力争将会议设施集中在同一区域，形成饭店统一的会议中心。会议中心应尽量设在低楼层，便于人流疏散，并设置会议专用服务台，配备电脑、传真机、复印机等设施，方便会议宾客使用。

三、五星级酒店会议设施标准

（1）会议设施包括大型多功能厅、贵宾厅、接见厅以及若干中小会议厅。这些会议设施组成一个会议区，应避免设在客房层，最好设在裙房的一层或二层。会议区的出入口应避免与酒店内部客流路线相互干扰。大型酒店会议区一般有对外出租的功能，此时独立的门厅显得尤为重要。门厅外面要配备能停大巴车的停车场，门前还要有回车场地。

（2）多功能厅因其多种用途而得名，可作为会议室、宴会厅、表演厅、展览厅等使用。多功能厅要有音响设备、投影设备、宽带网设备、同声传译设备。要有良好的隔音和充足的灯光，除固定灯光外还要有活动灯光，以供各种表演和展览使用。多功能厅用可折叠的活动家具，可根据需要随时拼装成各种类型的台面。多功能厅一般采用拼装式的活动舞台。

比如，广州白云宾馆设有会议中心，拥有大小各异的会议厅，配备了各种现代化会议设备，所有会议厅都配备宽频高速上网端口，可以依照客户要求，摆放成各种形式，完全符合商务会议、产品展示、新闻发布、培训班等各种商务活动的要求。宾馆具有丰富的会议接待经验，成功接待了 2010 年亚运会，2008 年奥林匹克科学大会，2006 年世界摔跤锦标赛，第 16 届世界模特大赛，广东人大四次、五次会议及广东国际旅游文化节，2016 年 G20 峰会第一分会，2017 年金砖五国运动会等国际性会议。该会议中心面积 540 平方米，层高 6 米，可以灵活间隔，并配备大型 LED 显示屏、智能灯光控制，云状吊灯极其气派，为会议、宴会举办的绝佳之地。

（3）多功能厅的面积一般情况下最好不小于 400 平方米，大的可以到 1000 平方米或更大。国际 / 商务酒店的最大多功能厅通常不小于 40 米 × 24 米（可布置 60 张标准桌），净高通常都在 6 米以上。比如，希尔顿所有酒店必须设有面积最小为 465 平方米的宴会厅，至少可分为三部分。整个功能区（会议室和宴会厅）的最小面积应为 697 平方米。例如，三亚希尔顿花园酒店拥有超过 700 平方米的多功能空间（见图 6-15），包含 7 个大小不同的会议室和一个 300 平方米无柱式豪华多功能宴会厅，简约大气的设计，朴实沉稳的色调，定制图案的地毯，与当地不同元素特色相结合的艺术装置，利用各个层面的多元激荡产生思想碰撞的空间。

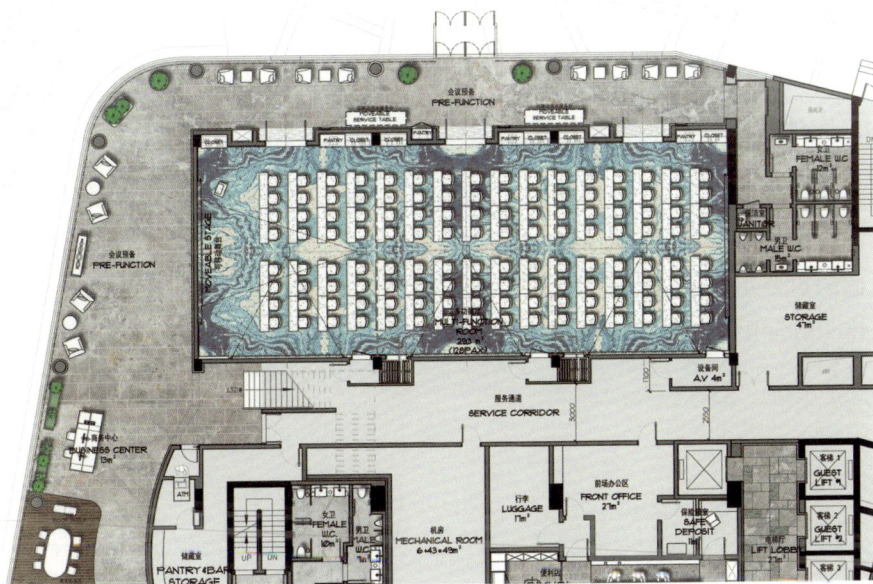

图 6-15 三亚希尔顿花园酒店多功能厅的布局设计 [1]

---

[1] https://www.jintangjiang.cn/v_detail-9477.html.

当不需要过大空间时，可用活动隔墙将大空间分成几个小空间。但要注意，这种做法不适用于过高的空间。同时，要注意隔墙的隔音效果。

（4）与多功能厅相连的部位，要设有贵宾厅和接见厅。该部分的理想面积是多功能厅面积的 1/4—1/3。同时，要有适量面积的厨房或备餐间和一个家具周转库房。

（5）除大的多功能厅以外，还要有能容纳 30 人左右的小会议室。这些会议室也可以多功能使用，可以开会，也可以用作小宴会厅和宴会单间。有条件可再设一个相当于大多功能厅 1/2 面积的中型多功能厅。

（6）会议区要有足够的公共卫生间（包括残疾人卫生间和清洁用具储藏室）。

第六节　酒店的康体娱乐设施

酒店的康乐项目大体上可分为康体和娱乐两大部分。饭店康乐设施设计应严格按照健康、安全、舒适的标准进行。目前，我国对三星级以下酒店的康体娱乐设施不做要求，四、五星级酒店应有康体设施，布局合理，提供相应的服务。

一、康体娱乐设施的类型和布局

酒店的康乐项目一般由酒店的康体部负责。康体部是为住客提供娱乐、健身、美容等活动场所的部门，是酒店吸引客人、招徕生意、提高酒店声誉和营业额的重要组成部分，为宾客提供的服务项目有游泳池、健身房（健身舞房）、水疗（SPA）、儿童乐园、棋牌室、台球、网球等（见图 6-16）。

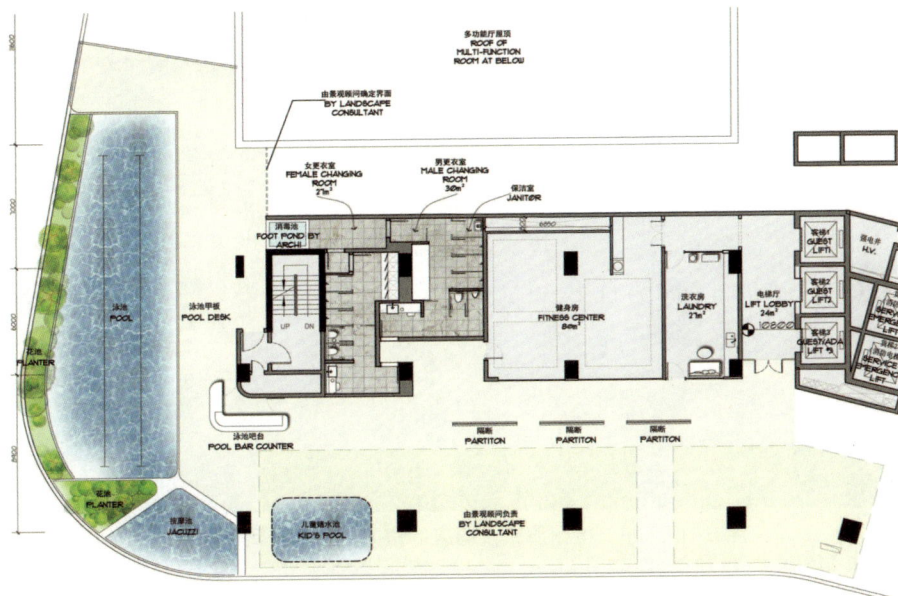

图 6-16　三亚希尔顿花园酒店多功能厅的布局设计 [1]

（1）游泳池

游泳池是酒店业休闲水体建造的重要组成，主要包括室内游泳池（见图 6-17）和室外游泳池两种。酒店行业休闲水体建造因其自身使用特性而和别的泳池有所区别，包含项目繁多。高端酒店一般具有室外泳池系统，酒店水疗中心及美容 SPA 系统，休闲水景系统（园林景观、灯光假山等），泳池水处理、水消毒、水加热系统，酒店室内泳池恒温恒湿系统，酒店直饮水系统，酒店室内外高端家私配套等一系列水健康、水休闲系统项目。

---

[1]　https://www.jintangjiang.cn/v_detail-9477.html.

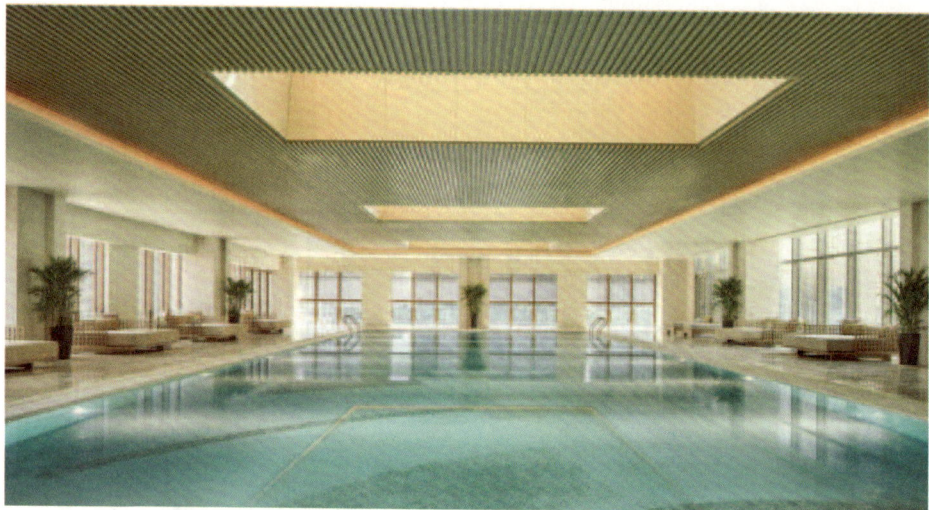

图 6-17　宁波杭州湾凯悦酒店的室内游泳池（酒店提供）

　　酒店的游泳池一般是半标准游泳池，长 25 米，宽 12.5 米，深 1.2 米。若设置于酒店或游乐区，形状较不规则，供戏水之用，则称为"休闲泳池"，一般会依据水深分为成人池和儿童池，以保证儿童戏水的安全性。酒店游泳池不设置客人使用的跳台和跳板，度假酒店游泳池可以设置水滑梯。同时，游泳池区域必须设置管理及救生人员的位置，确保能够无阻碍地全方位监视整个水池区域。

　　希尔顿酒店对游泳池的设计要求有：所有酒店必须有一个游泳池和至少一个漩流池。室内泳池的水面至少为 83.61 平方米，长度不小于 9 米。室外泳池的水面至少为 92.9 平方米。泳池的最小深度为 914 毫米，除非泳池的一侧为斜坡式入口，最大深度为 1.52 米。漩流池必须位于游泳池附近，表面面积至少为 4.65 平方米。室外泳池的定位应使其从晌午到傍晚都能接收阳光而不受到障碍物的阻挡。游泳池围护结构必须使用混凝土或不锈钢建造，游泳池围护结构混凝土上的饰面必须为 11.43 毫米的瓷砖，或者使用寿命为 15 年的游泳池石膏。游泳池围护结构不锈钢上的饰面必须为瓷砖或刷有 320 号饰面涂料的不锈钢。

（2）健身房

　　高星级酒店的健身房一般是 24 小时运营的健身中心（见图 6-18），主要运动健身设施有椭圆机、动感单车、瑜伽球等，可以充分满足顾客的运动需求。不同级别酒店的健身房设施有所差别，酒店等级越高，健身设施一般越完备。如上海的虹桥元一希尔顿酒店健身中心，24 小时营运，300 平方米现代时尚的健身房内，品种繁多、款式新潮的力量训练器械，自由调节重量的杠铃和哑铃均由享誉世界的必确健身器材公司提供。每台机器前方的液晶显示器均配有耳机，让顾客不受外界干扰，在健身的同时，可以欣赏多国频道的精彩节目。此外，该酒店还设计时尚的有氧运动室，是顾客澄净心情、放松身体的好去处。酒店也为会员推出了各类免费的瑜伽、普拉提、拉丁、有氧舞蹈等健身课程。

图 6-18　厦门集美湖豪生酒店健身房和运动设施（作者拍摄）

（3）酒店 SPA

SPA 一词源于拉丁文 "Solus Par Agula" 的首字母：Solus（健康），Par（在），Agula（水中），意指用水来达到健康，或健康之水。SPA 是指利用水资源结合沐浴、按摩、涂抹保养品和香薰来促进新陈代谢，满足人体视觉、味觉、触觉、嗅觉和思考，达到一种身心畅快的享受。

最早的酒店 SPA 也许只是康乐中心的一个附属品，有桑拿房、淋浴间，加上一些能令人舒缓的灯光、音乐或者香薰。而现如今健康养生已经拥有很大的市场。对于酒店行业来说，SPA 已经成为高奢品牌的必争之地。2017 年，凯悦收购米拉瓦耶（Miraval）和呼气（Exhale）水疗两个健康品牌，并将其产品补充到凯悦已有的 220 个水疗和健康中心。

不同高端酒店的 SPA 风格有所区别，也有着各自的特色。比如，日本箱根的凯悦度假水疗酒店是箱根第一家国际酒店旗下的度假酒店，以"山中小屋"概念，为客人营造走访老友般的轻松惬意。其 SPA 使用巴黎芳香理疗品法国雍卡（Yonka），而其独特的蒸熏机中带有药效成分的热气，帮助身体活血排毒，令毛孔扩张，使草药由呼吸系统进入全身，促进血液循环，从而真正达到放松排毒的效果。

（4）儿童乐园

随着家庭游、亲子游的兴起，不少酒店都布局了室内或者室外的儿童游乐设施。酒店儿童游玩设施要尽量多元化，不能单一，要让家长与孩子体会到互动的乐趣，主要设施类型有儿童运动扩展类、电玩娱乐类、手工创作类、大舞台表演类等等，综合性、互动性、安全性强的酒店儿童乐园是吸引游客入住的重要因素之一。

比如，龙门富力希尔顿度假酒店有着 144 平方米的室内儿童乐园（见图6-19），游客一走进游乐园便能见到墙上的熊猫漫画，还有益智积木、蹦蹦床、摇木马、波波池、滑滑梯等。除此之外，酒店养生谷还为孩子们打造了占地7800 平方米的儿童乐园，养生谷门口还有免费班车。各种游乐设施小巧别致，色彩明快。

（a）　　　　　　　　　　　　　　　　　（b）

图 6-19　龙门富力希尔顿度假酒店的儿童乐园[①]

二、康体娱乐设施的设计规范

康体娱乐设施作为供顾客休闲、游玩的重要场所，在设计布局时最需要考虑的就是安全问题。酒店应确保宾客在康体娱乐场所不受任何人身伤害。因此，酒店的各项设施设备必须安全有效，确保宾客及酒店员工在使用时不会发生任何故障，以免影响使用效果。具体应注意以下几点。

---

① https://www.meipian.cn/272lhkmr.

第一，按照康体与娱乐分类，各服务项目相对集中，并与客房区域分隔流线合理，导向标志完善清晰。在游泳池等地严禁使用玻璃器皿。

第二，室内通风良好、照明充足、温度适宜，家具摆放整齐，床单、被套、枕套等布草用料准备充足，绿色植物位置合理、维护良好。服务台内有宾客须知、营业时间、价目表等，提供接待、结账及饮品服务。

第三，安全通道畅通，出入口处及关键位置警示说明清晰，消防设备配置齐全。所有员工都会使用消防器材，懂得基本的消防安全常识。

此外，不同的康体娱乐休闲设施，在具体的设计标准和评定要求上也不尽相同。根据《旅游饭店星级的划分与评定》中的相关规定，针对健身房，有如下的标准和要求：①营业时间不少于 12 小时，热情问候、接待；②提供毛巾及更衣柜钥匙，有安全提示，提醒宾客保管好贵重物品；③温度合理、清洁卫生、感觉舒适、无异味；④健身器械保养良好、易于操作，并配有注意事项，必要时向宾客讲解器械操作指南；⑤照明、音像设施运行正常，照明充足、音质良好，备有饮水机和水杯。针对游泳池，则有如下的标准和要求：①水深标记及安全提示清晰、醒目；②游泳池周边保持清洁卫生、照明充足；③水温适当，室内游泳池水温不低于 25℃，水质洁净，无浑浊；④配备专职救生人员及相应救生设施；⑤提供数量充足的躺椅，且位置摆放合理，保养良好，室外游泳池提供数量充足的遮阳伞，且保养良好；⑥提供毛巾，及时更换宾客用过的毛巾，并应宾客要求提供饮品。

综合来看，作为当今酒店的主打项目，室内休闲娱乐活动的创新，在培育新的盈利点、重塑整体形象、提升综合吸引力等方面都有重要作用。那么，如何才能创新？酒店装潢室内休闲娱乐功能的创新要以市场需求为基础前提，即对一定区域范围内的酒店室内休闲娱乐项目消费情况进行广泛调查与统计分析并得出结果与规律，总结市场需求的特点，明确最为市场青睐的酒店室内休闲娱乐项目，由此形成创新工程的第一步，为创新方向提供最有力的指导。

例如，大连的音乐港湾度假酒店，就是在明确提出以室内传统休闲娱乐项目为主打的基础上，把游泳馆当作酒店室内休闲娱乐的龙头项目来重点培养。之所以这样，是因为对大连市多家酒店的室内休闲娱乐活动消费情况的调查分析显示，游泳馆是最受市场青睐的室内运动健身产品，也是酒店最重要的盈利点之一。在度假酒店中配套建设一座高档次的海水游泳馆，在带动客房销售、餐饮消费方面具有突出作用，能有效缓解淡季经营的不足。

本章小结

1. 通过项目竞争市场的供需状况、区域特征及发展趋势的分析，可确定拟建酒店项目的产品定位、竞争战略定位、经营模式定位及客源市场定位。

2. 酒店的设施主要由大厅及接待区、客房设施、餐饮设施、会议设施、康体娱乐设施等构成。

3. 客房是酒店的最核心设施，不同类型的客房具有不同的功能布局、档次规格等，其对应的消费群体也不同。

4. 餐厅是酒店经营管理中除客房外的最大营收部门，主要包括西餐厅、咖啡厅、酒吧、宴会厅、中餐厅等。

思 考

1. 查阅资料，并思考酒店客房用品主要有哪些。

2. 以你感兴趣的主题为例，设计一个特色客房，并介绍功能布局和主要设施、用品。

3. 找一张你喜欢的酒店餐厅照片，介绍酒店餐厅的布局、特色和你喜欢的理由。

4. 你心仪的酒店需要哪些娱乐休闲设施？

5. 根据前期选址调研，以宁波杭州湾新区为例，设计拟建酒店项目的总体规划布局和功能分区。

第七章
酒店客房定价及预测

Chapter 7
Average Daily Room Rate Projections

学习目标

◎ **知识目标**

1. 理解客房定价的基本原理。

2. 掌握客房定价的基本方法。

3. 掌握客房价格预测的影响因素和方法。

◎ **能力目标**

1. 掌握 Excel、SPSS 等软件的数据分析处理方法。

2. 根据一定预测方法评估拟建酒店的未来房价变化。

◎ **素养目标**

1. 培养学习者的数据挖掘能力和大数据分析意识。

2. 培养学习者实事求是和精益求精的科学精神。

3. 培养学习者的事物洞察和预见能力、灵活定价的应变素养。

问题引入：你认为酒店房价主要受哪些因素影响？

第一节　酒店客房的定价

　　酒店客房定价是酒店经营管理的重中之重，也是拟建酒店项目需要着重考虑的问题。如今，随着我国旅游经济市场化进程的不断深入，酒店行业中的价格形成机制正逐渐向以市场力量为主导、以供求理论为依据的价值规律方向转变。与此同时，房价的决策方法也呈现出多样化、定量化、灵活性以及适应性等诸多特点。因此，看似各类大同小异的价格方案都是酒店投资者、管理者苦思冥想、调研讨论后的心血。要想科学定价、及时灵活地调控，都有哪些规则及要点呢？

一、客房定价的基本原理

　　定价策略是市场营销组合中一个十分关键的组成部分。酒店的客房价格通常是影响交易成败的重要因素，同时又是市场营销组合中最难以确定的因素之一。酒店企业定价的目标是促进客房销售，从而获取利润。这要求酒店企业既考虑成本的补偿，又考虑消费者对价格的接受能力，从而使定价策略具有买卖双方双向决策的特征。此外，价格还是市场营销组合中最灵活的因素，它可以对市场做出灵敏的反映（李晓莉、李诗洁，2005）。

　　客房定价的基本原理是：客房价格一般以供给价格为下限，以需求价格为上限，实际市场成交价格受市场竞争的影响在上、下限之间波动，特殊时期市场成交价格可能会低于产品成本价格、客房产品的价值决定的供给价格、客人支付能力决定的需求价格、市场竞争决定的市场成交价格。

　　酒店客房定价过程的步骤包括：选择定价目标、估算成本、分析竞争对手的产品与价格、选择适当的定价方法、选定最后价格。

　　酒店客房定好价格，提前推向市场，有以下几个好处。

　　（1）可以获得更长的预订期，抢夺那些提前做好出行计划的团队和个人的选择（现在游客旅行的优质计划是会提前预订房间，特别是景区酒店和长线旅游的区域，提前展示价格无疑会得到更多被选择和预订的机会）。

　　（2）可以更好地控制销售进度，避免过度依赖临时订单。

（3）可以规避市场不景气等不可控因素造成的销售风险，也可因酒店房间过多而临时低价抛售。

二、客房定价的影响因素

影响客房定价的主要因素有如下几个。

（1）定价目标。定价目标是酒店等级、规模、设施、服务等的综合体现，涵盖了酒店经营者对目标市场消费群体的预期。酒店企业的定价目标主要有维持生存、利润最大化、市场占有率最大化、产品质量最优化。

（2）成本水平。成本水平主要是酒店的资本投入水平，投入越多、成本越高，客房价格也会相对越高。

（3）供需关系。供需关系反映的是酒店市场的一个平衡特征，也与旅游业的季节性特征密切相关。如果区域酒店建设密集，供给旺盛而大于需求（尤其是在旅游淡季，在住宿消费市场萎靡时），那么客房的均衡价格就需要降低；相反，如果区域酒店分布的密度较小，旅游市场的需求大于客房的供给数量（主要是在旅游旺季，在住宿消费市场爆棚时），则可以提价。

（4）竞争对手的价格。这是一个重要的市场竞争参考因素。同一类型、等级的酒店，在房价上一般互为参照，总体保持一致。同时，也要根据竞争对手的价格变化进行灵活调整。

（5）酒店的地理位置。地理位置在酒店选址时会涉及土地价格和资金投入，在运营时会涉及各类租金和费用支出等，因而会影响成本水平，进而影响最后的房价。同类型的酒店，一般地理位置越好、交通区位越便捷，酒店的客房价格也会相对越高。

（6）旅游业的季节性。旅游业的季节性主要通过供需关系的变化来影响最后的房价。所以，酒店一般在旅游旺季（比如节假日）会通过涨价的方式进行客房价格的调控，并在旅游淡季通过降价的方式来吸引游客的到来和入住。比如，淡旺季不是非常明显的商务型酒店，全年制定4—6档不同的房价就可以满足酒店的需求，而淡旺季差异明显的酒店需制定10档不同的房价才基本够用。

（7）酒店服务质量。服务质量越高、服务类型越齐全，酒店的客房定价相对会越高。比如，有的酒店提供接送服务、婴儿看护服务等，价格可能就较高。

（8）有关部门的价格政策。酒店价格受政府部门的酒店客房指导价格和市场宏观调控等因素的影响。例如，政府为了刺激旅游业的发展和活跃旅游消费市场，对某一区域的酒店住宿行业进行价格补贴，就可以降低客房价格，给消费者以低价和优惠。比如，2020 年出台的《宁波梅山湾省级旅游度假区旅游产业扶持政策》(甬梅物政办〔2020〕18 号)，其第三条对酒店住宿补助进行了明确的规定：鼓励度假区内外旅行社组团来度假区住宿（必须游览 1 个或 1 个以上度假区旅游景区），全年累计在度假区国际品牌、星级、花级、等级民宿（特色客栈）、限上旅游酒店及特色酒店住宿房间为 300—999 间的，按照总房费发票金额的 8% 给予补助；1000—2999 间的，按照总房费发票金额的 15% 给予补助；3000 间以上的，按照总房费发票金额的 20% 给予补助。注册在梅山保税港区的旅游企业按奖励标准增加 2% 来计算补助额。同一家旅游企业每年度酒店补助最高不超过 40 万元。

（9）消费者心理。消费者心理体现的是消费者的个人偏好，比如品牌偏好、对入住某一酒店的情感占有率。酒店一般会对自己的稳定消费群体（如 VIP 客户）提供客房价格优惠，以及其他住宿优惠活动。

酒店最后客房价格的确定要综合考虑以上九种因素，并结合区域酒店市场的实际状况进行灵活、适时的调整；同时，针对不同的消费群体可以采取灵活的定价策略。

三、客房定价的基本方法

客房定价的基本方法主要有以下几种。

（1）以成本为中心的定价方法

①建筑成本定价法（千分之一法）：又称经验定价法，即以酒店总建造成本除以房间数，再除以 1000 作为每个房间的平均价格。公式如下：

$$房价 = \frac{饭店建造成本}{1000 \times 房间数}$$

例如：某酒店有 800 间客房，总投资为 18000 万元人民币，那么：

$$每间客房的平均房租 = \frac{180000000}{1000 \times 800} = 225（元）$$

这种定价方法只考虑了客房的成本因素，而没有考虑会议与餐饮、娱乐等其他各种设施设备投资比例的差异以及供求关系、市场竞争等相关因素，因而缺乏科学性和合理性，只能作为客房定价的参考。

②盈亏平衡定价法（保本点定价）：在既定的固定成本、变动成本和预计客房

销售的条件下，实现销售收入与成本相等时的房间，也就是收支平衡时的客房价格。这种定价法侧重于保本经营，是市场不景气时采用的定价方法。公式如下：

$$保本点房价 = \frac{全年固定成本总额}{全年销售客房数} + 单位变动成本$$

例如：某酒店有客房 400 间，每间客房分摊的固定成本为 150 元，单位变动成本为 40 元，酒店的年平均出租率为 70%，那么：

$$盈亏平衡点房价 = \frac{400 \times 150 + 400 \times 70\% \times 40}{400 \times 70\%} + 40 \approx 294（元）$$

因此，房价高于 294 元方可以盈利。该定价方法的缺点是客房销售数量难以控制，只有达到或超过预期销售量才能取得利润。

③目标收益定价法（赫伯特公式法）：以目标投资回收率为定价出发点，在客房成本计算的基础上，以及保证实现目标利润的前提下，根据计划的销售量、固定费用和需达到的合理的投资率来决定客房的平均价格。公式如下：

$$产品单位售价 = \frac{总成本 + 目标利润}{预期销量}$$

年客房预计销售额 = 饭店总投资额 × 目标投资回收率 + 企业管理费 + 客房经营费用 − 客房以外其他部门经营利润

$$计划平均房价 = \frac{年客房预计销售额}{可供出租客房数 × 预计出租率 × 年天数}$$

例如：某酒店有客房 120 间，全年营业费用为 268 万元，税收和保险费为 356400 元，折旧费为 1484000 元，合理投资收益额为 2158000 元，客房以外其他部门的经营利润为 96 万元，预计年均出租率为 70%。那么：

年客房预计销售额 = 2158000 + 2680000 + 356400 + 1484000 − 960000 =

$$5718400（元），平均房价 = \frac{5718400}{120 \times 70\% \times 365} = 186.5（元）$$

（2）以需求为中心的定价方法

①直觉评定法：在分析酒店产品与竞争对手产品的基础上，根据自身产品特色和可能的服务水平等邀请客人或中间商根据直觉来评定价格。

②相对评分法：通过对周边类似酒店的产品价格进行调查，对不同等级的酒店产品进行测评和评分，以获得的分值权重对目标产品进行产品类别的差级定价。

③特征法：这种方法要求酒店决策者选取周边不同等级的酒店，请消费者对其产品和可感知度、可靠性、保证性和移情性等特征做评分。例如，针对酒店产品的服务设施、服务质量、服务效率、地理位置、酒店安全、情感满足等，逐一做出评价和评分，求取每个特征的权重，以市场平均价格为基础，乘以每个特征权重得出酒店价格。

（3）以竞争为中心的定价法

以竞争为中心的定价法主要是随行就市法，即以同一地区、同档次竞争对手的客房价格作为定价依据，从而确定酒店客房价格。具体定价准则有以下两个标准。

①以同等级别、同类型酒店的平均水平作为定价依据。

②追随"领导型酒店"的价格，以减少风险。

此外，还有以市场变化为中心的动态定价法，因为市场在不停地变化，所以价格也要跟着变。比如，淡旺季的市场需求不同，酒店在淡旺季的价格也就应该不同。周末和平时的需求不同，那么房间在周末和平时的定价也应该不同。只有这样才能顺应市场的需求，把产品以合适的价格销售出去。

当然，以上的定价方法只是基于数学模型和营销理论，影响客房价格的还有诸多因素，需要最后综合判定。

四、酒店客房价格的类型

酒店在收益管理分析中的重点是对细分市场进行各种维度的分析，目的是分析不同客源市场的客户需求和消费习惯，然后提供有针对性的产品和服务，去迎合和满足客户需求，促进交易，获取收入。因此，我们必须进一步了解酒店客房价格的类型。

不同细分市场的客人对产品有着不同的需求，对价格也有不同的要求。所以，经营者既然对客源市场做了分类，那么也就需要对价格进行分类。酒店客房价格大致可以分为散客价、团队价和其他价格三种。

（1）酒店客房的散客价

为了迎合不同细分市场客人的消费能力，散客价可以做进一步的细分，主要包括以下几类。

①门市价，即前台的正常卖价，英文是我们常说的 best available rate，指当日最低价（最优价格保证），包括预付的价格或者活动价。这种价格有时候会有

一定的限制，比如必须预先付费，进行信用卡担保，或者不能取消预订。如果没有特指，本书中出现的客房价格均指门市价。

②网络价，即酒店在直销渠道或者分销渠道售卖的价格。

③会员价，酒店或者酒店集团对会员价有不同的定价规则。有些会员俱乐部的会员还分为普通会员、金卡会员和白金卡会员，享受的价格折扣也不同。

④协议价，即酒店与协议公司签订的合同价。

⑤政府价，即酒店政府、高校、中国科学院等事业单位签约的价格。

⑥旅行社散客价，即个人游的旅行社报价，与此相对应的是团体游的团体价，散客价高于团体价。

⑦客房包价，即除了客房以外还包含酒店其他产品的价格，比如："房间＋SPA""房间＋2份自助晚餐"等打包销售的产品的价格。

⑧异业联盟合作协议价，比如酒店和航空公司、银行等单位的会员俱乐部签订的散客优惠价。

⑨内部员工价，这种价格是给酒店集团员工的专享价格，也可以说是一种员工关怀计划或者员工福利。

⑩长住客房价，即酒店与长包房客人签订的长住协议价，价格比较优惠，但是在长住合同中有一定的限制性要求，比如入住时间、结算规则、附加优惠。

（2）酒店客房的团队价

酒店客房的团队价主要针对会议团队、旅行团、系列旅行团、航空机组等。

会议团队，这种团队除了需要一定数量的房间之外，还需要使用酒店的会议室或者进行用餐及宴会，除了房间以外还会产生其他综合消费。

旅行团，即旅行社代订的旅行团队，这种团队在酒店的房价相对较低，除了房间消费之外很少进行其他消费。

系列旅行团，旅行社根据旅游线路安排的系列团队，这种团队的安排非常有规律。比如每周五，或者每个月固定的某天，一张团队订房单会预订很多日期的房间，这类团队的房间价格比较低。

航空机组，酒店会与航空公司签订给空乘人员使用的机组协议价。

（3）酒店客房的其他价格

在房价分类中，其他类别中的价格还有自用房、免费房。尽管这两种房间不会产生收入，但也要设置专用的价格代码，所以也就有了价格分类。

做好价格分类之后要给每一个价格设置专用的价格代码，并且正确使用。酒店的收益管理负责人在做客房收入组成分析的时候，也会通过价格分类做统计，方法和细分市场收入组成的统计方式相似，可分辨出收入占比最高的价格种类，并根据分析结果制定提升收益的策略。比如，通过不断提升价格较高的房价种类的占比来提升收入。

一般来说，酒店与协议公司签订的价格多数是固定折扣价，这类价格可以变化的空间不大。而在市场需求不同的时候，可以调整的价格是上门散客或者网络散客的价格，也就是 BAR Rate。所以，酒店在制定散客价格的时候，要综合考虑酒店全年淡旺季的需求变化，以及不同时间的需求变化，结合酒店全年平均出租率情况来定出基准价。

第二节　酒店客房价格的预测方法

酒店不仅需要预测客房价格，而且需要反复预测，因为酒店在制定预算时是建立在当时有限的市场信息的基础之上的。而随着时间的推移，市场信息会发生变化，这就需要管理人员根据变化情况及时调整。酒店收益管理人员需要懂得本地社会经济发展的整体趋势和规律，懂得现在是处于市场的哪个阶段，是高峰期、低谷期、增长期还是下降期。把握这些趋势，无疑会对酒店收益管理策略的制定有极大的帮助。

预测分析法是根据客观对象的已知信息而对事物在将来的某些特征、发展状况的一种估计、测算活动。运用各种定性和定量的分析理论与方法，酒店经营者会对事物未来发展的趋势和水平进行判断和推测。

一、预测方法的类型

根据方法本身的性质特点，可以将预测方法分为以下三类。

（1）定性预测方法

定性预测方法根据人们对系统过去和现在的经验、判断和直觉进行预测，其中以人的逻辑判断为主，仅要求提供系统发展的方向、状态、形势等定性结果。该方法适用于缺乏历史统计数据的系统对象。

定性预测法主要依靠人的判断，当然这些判断也建立在调查研究和信息收集的基础上。

①根据市场调查进行预测。酒店经营者系统地收集、记录和分析与酒店产品服务密切相关的信息，以掌握市场需求情况和市场竞争情况，并确定产品、价格、细分市场、销售渠道等的定位和组合，据此预测酒店的销售情况。由于互联网的使用，竞争对手的价格比较容易获取，酒店管理人员可以立刻做出反应，并及时调整价格。比如，酒店经营者通过 OTA 平台可以了解竞争圈酒店价格，而携程 Ebooking 后台的数据中心专门提供了竞争对手变价看板，酒店经营者可查看竞争圈价格趋势、竞争对手调价及参与促销情况。

②根据人员综合意见进行预测。首先，酒店的管理人员需要共同进行分析，汇总所有人的预测结果，反复进行讨论和调整，最终就预测结果达成一致。其次，酒店的管理人员需要综合销售人员的意见，因为他们直接接触客户，贴近市场，所以能对各细分市场有比较深入的认知；让他们对各自负责的领域情况进行预测，最后加以讨论和汇总，可以取得比较可靠的预测结果。

③根据预订进度进行预测。例如，假设现在是 2 月 15 日，某饭店 3 月份的预算客房销售量是 5600 间，现在酒店已经销售了 2600 间，另外还预订了 2800 间。可见，本月头 15 天已经销售和即将销售的客房总数完成了预算的 96.4%，在剩下的 16 天里，只要平均每天能卖出 13 间客房，该酒店就能实现预算指标。从历史资料来看，该酒店在 3 月份后半月，平均每天能卖出 24 间房。因此，进度是喜人的，但收益管理不能只满足于把剩下的房间卖出去，而是要适当提高房价，把握好房间的销售时机，尽量把房间卖给平均价格高、毛利高的细分市场。

④根据产品销售价格及数量进行预测。首先要分析未来一段时间内市场的需求情况，接着估算以不同价格在不同市场销售能得到的产品销售量以及单位产品的平均销售价格，然后按照价格从高到低的顺序，把一定数量的客房预留给销售价格最高的市场，以便在满足最高价格的市场需求之后，把剩余的客房预留给价格次高的市场，以此类推；如果最后还剩客房，那么这些客房将卖给价格较低的细分市场。

根据产品销售价格及数量来预测的方法能达到相当高的预测准确率，而且这种方法"预留"了房间给高价的市场，以防止这些房间被贱卖给低价的市场，因此可以有效提高酒店的收益。

携程 Ebooking 后台的数据中心—流量分析为各商家提供了未来 30 天平均浏览量、平均访客量及流量转化率的预测，同时在数据中心—市场热度中，为各商家提供了未来 30 天的出租率数据以及当地市场热度预测，可以帮助酒店经营者对未来市场需求进行更好的分析。

（2）时间序列分析

这种方法根据系统对象随时间变化的历史资料来进行分析，只需要考虑系统变量随时间的变化规律，并对系统未来的表现时间进行定量预测，主要包括移动平均法、指数平滑法、趋势外推法等。该方法利用简单的统计数据来预测研究对象随时间变化的趋势等。

例如，如果某家酒店的业务量呈现出季节性变化的特点，在过去 3 年中，1 月份的客房出租率比全年平均出租率低 15%，那么按照时间序列的思想，若其他情况相对稳定，则这种情况在明年 1 月份也将出现。所以，在做明年 1 月份房间出租率的预算时，可以将其定得比全年预算平均客房出租率低 15%。

（3）因果关系预测

系统变量之间存在某种因果关系，如果酒店经营者能找出影响某种结果的几个因素，建立因果之间的数学模型，那么根据因素变量的变化来预测结果变量的变化，既能预测系统发展的方向，又能确定具体的数值变化规律。

比如，酒店餐饮部的收入与客房的出租率及每间客房平均住客人数呈正相关关系。当客房出租率和平均每间客房住客人数增加或减少时，餐饮收入会随之增多或变少。因此，可以通过预测客房出租率和平均每间客房住客人数，来预测酒店餐饮的收入。

二、常规的预测方法

（1）趋势外推预测方法

趋势外推预测方法是根据事物的历史和现实数据，来寻求事物随时间的推移而发展变化的规律，从而推测其未来状况的一种常用的预测方法。

趋势外推法的假设条件是：

①事物发展过程没有跳跃式变化，即事物的发展变化是渐进型的；

②研究系统的结构、功能等基本保持不变，即根据过去资料建立的趋势外推模型能适合未来，也能代表未来趋势变化的情况。

由以上两个假设条件可知，趋势外推预测法是事物发展渐进过程的一种统计预测方法。简言之，就是运用一个数学模型，拟合一条趋势线，然后用这个模型外推预测未来时期事物的发展。图 7-1 是 2006—2019 年宁波市酒店入住率的趋势拟合预测结果，其中横坐标为年份，纵坐标为入住率，曲线在四次项的拟合结果较优，拟合优度 R^2 达到了 0.8227，拟合的趋势线结果可信，2020 年及以后的年份数据可以根据图 7-1 中的函数进行估算。

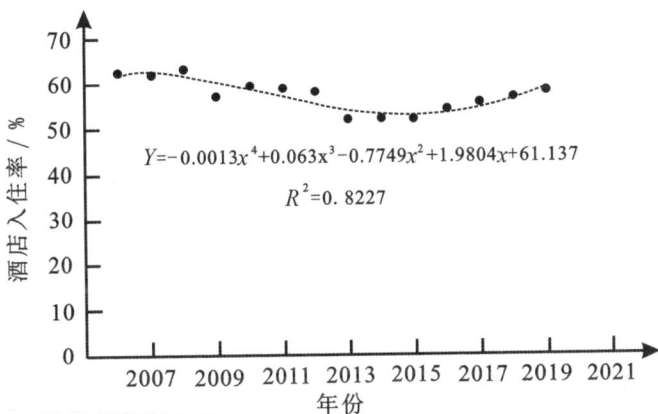

图 7-1　基于趋势外推预测法的 2006—2019 年宁波市酒店入住率的趋势拟合

（2）回归预测方法

回归预测方法指根据自变量和因变量之间的相关性进行预测。自变量的个数可为一个或多个，根据自变量的个数又可分为一元回归预测和多元回归预测。同时，根据自变量和因变量的相关性，回归预测可分为线性回归预测和非线性回归预测。回归问题等价于函数拟合：选择一条函数曲线使其很好地拟合已知数据且能很好地预测未知数据。

多元线性回归的基本原理和基本计算过程与一元线性回归相同，但因为自变量个数多，计算相当麻烦，所以一般在实际中应用时都要借助统计软件。这里只介绍多元线性回归的一些基本问题。

各个自变量的单位可能不同。比如，在一个消费水平的关系式中，工资水平、受教育程度、职业、地区、家庭负担等因素都会影响到消费水平，而这些影响因素（自变量）的单位显然是不同的，因此自变量前系数的大小并不能说明该因素的重要程度；更简单地说，同样的工资收入，如果以元为单位就比以百元为单位所得的回归系数要小，但是工资水平对消费的影响程度并没有变，所以需统一各个自变量的单位。前面学到的标准分就有这个功能，具体到这里，就是将所有变量（包括因变量）都先转化为标准分，再进行线性回归，此时得到的回归系数就能反映对应自变量的重要程度。这时的回归方程称为标准回归方程，回归系数称为标准回归系数。

回归预测分析的常用软件有 Excel、Stata、SPSS 等。SPSS 的基本功能包括数据管理、统计分析、图表分析、输出管理等。SPSS 统计分析过程包括描述性统计、均值比较、一般线性模型、相关分析、回归分析、对数线性模型、聚类分析、数据简化、生存分析、时间序列分析、多重响应等几大类，每类中又分好几个统计过程，比如，回归分析中又分线性回归分析、曲线估计、逻辑（Logistic）回归、Probit 回归、加权估计、两阶段最小二乘法、非线性回归等多个统计过程，而且每个过程中又允许用户选择不同的方法及参数。如图 7-2 中，我们呈现了某地区城市 GDP 产值（Y）与酒店客房均价（X）之间的回归结果，包括了线性回归、二次回归、三次回归和逻辑回归。

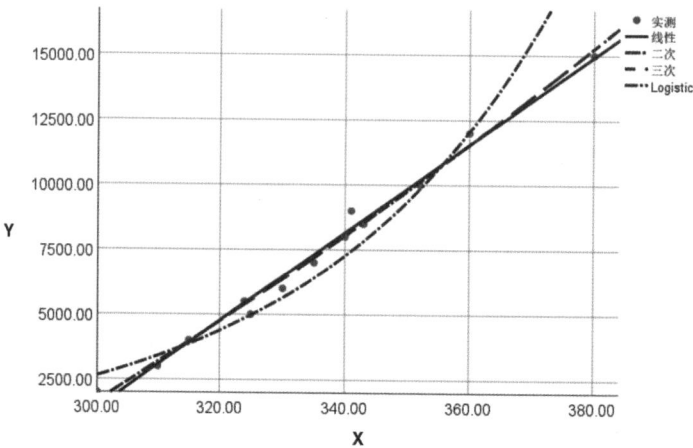

图 7-2　基于 SPSS 软件的回归预测分析

（3）卡尔曼滤波预测模型

卡尔曼滤波是以最小均方误差为估计的最佳准则，来寻求一套递推估计的模型。其基本思想是：采用信号与噪声的状态空间模型，利用前一时刻的估计值和现时刻的观测值来更新对状态变量的估计，以求得出现时刻的估计值。

它适合于实时处理和计算机运算。卡尔曼滤波器问题由预计步骤、估计步骤、前进步骤组成。在预计步骤中，t 时状态的估计取决于所有到 $t-1$ 时的信息。在估算步骤中，状态更新后，估计要与时间 t 的实际观察比较。更新的状态是较早的推算和新观察的综合。置于每一个成分的权重由卡尔曼增益（Kalman Gain）决定，它取决于噪声 w 和 v（噪声越小，新观察的可信度越高，权重越大；反之亦然）。前进步骤意味着先前的"新"观察在准备下一轮预计和估算时变成了"旧"观察。在任何时间都可以通过提前状态转换来进行任何长度的预测。

　　例如，有一辆汽车在马路上匀加速前进，随着时间的推移，汽车的位置和速度都会发生变化。而在真实世界中，汽车的位置和速度跟理想状态下是不一样的，比如，风力影响会导致汽车的运动方式不是严格的匀加速运动。那么，在这种情况下如何对汽车的运动状态进行预测呢？这个问题可以用卡尔曼滤波器（Kalman Filter）来解决（见图 7-3）。

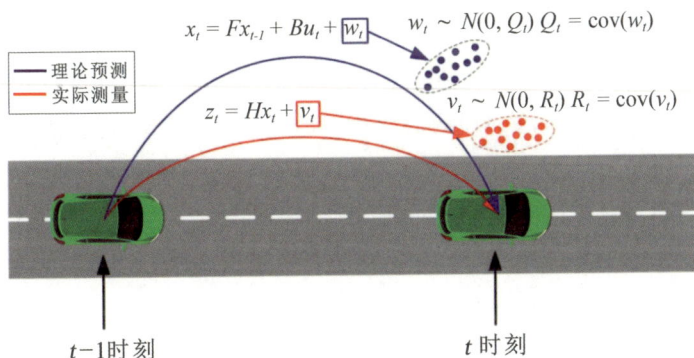

$$x_t = Fx_{t-1} + Bu_t + \boxed{w_t} \qquad w_t \sim N(0, Q_t)\ Q_t = \mathrm{cov}(w_t)$$

理论预测
实际测量

$$z_t = Hx_t + \boxed{v_t} \qquad v_t \sim N(0, R_t)\ R_t = \mathrm{cov}(v_t)$$

$t-1$ 时刻　　　　　　　　　t 时刻

图 7-3　基于卡尔曼滤波预测的分析原理 [①]

　　通过理论估计来预测汽车在 t 时刻的状态，假如我们已经知道汽车在 $t-1$ 时刻的位置和速度，以及匀加速运动的加速度 α，那么，我们首先可以根据匀加速运动定律对汽车在 t 时刻的位置和速度进行一个理想（没有误差）的估计；其次可以进行实际测量，通过各种传感器或其他手段来测量状态变量，比如力传感器、加速度传感器。最后，卡尔曼滤波的思想是分别给理论预测值和实际测量值一个权重，并通过理论预测值与实际测量值的加权线性组合来得到估计值。

---

① https://www.cnblogs.com/louisanu/p/12803272.html.

值得指出的是，最小二乘（least squares）是优化方法中的一种特殊情况，而卡尔曼滤波又是最小二乘法的一种特殊情况。古典最小二乘中，假设了每一次测量的权重相同，但事实上这样并不合理，后来演化为加权最小二乘法，至此最小二乘估计所做的都是批处理（batch），这样比较占内存，不符合动态系统状态估计的需要，即每一次更新输入时，都要重新计算之前所有的记录值。而后，提出递推最小二乘法，模型就不用每次都重新计算了。与递归最小二乘相似，卡尔曼滤波加入了系统内部变化的考虑，即利用过程模型（process model）对系统在下一时刻的状态进行预测。

当我们对系统不够了解时，使用最小二乘法比较合适；而当我们对系统了解得比较多时，则可以采用卡尔曼滤波。改变量测噪声、系统噪声，则都会对卡尔曼滤波的效果产生影响，而不会对最小二乘滤波产生影响；改变最小二乘的阶数，则会对最小二乘滤波产生影响。

（4）组合预测模型

组合预测法是对同一个问题采用多种预测方法，主要目的是综合利用各种方法所提供的信息，尽可能地提高预测精度。组合预测有两种基本形式：一是等权组合，即各预测方法的预测值按相同的权数组合成新的预测值；二是不等权组合，即赋予不同预测方法的预测值不同的权数。这两种形式的原理和运用方法完全相同，只是权数的确定有所区别。根据经验，采用不等权组合的组合预测法结果较为准确。

（5）BP 神经网络预测模型

BP 网络（back-propagation network）又称反向传播神经网络，该模型通过样本数据的训练，不断修正网络权值和阈值，使误差函数沿负梯度方向下降，逼近期望输出。它是一种应用较为广泛的神经网络模型，多用于函数逼近、模型识别分类、数据压缩和时间序列预测等。

三、酒店房价预测的影响因素

酒店价格具有动态性，因此，对酒店未来价格的准确预测是一个具有挑战性的任务。很多酒店经营者为了保证客房出租率，急于把酒店的产品和服务卖出，因此在距入住日尚早之时，客房便已预订一空。其实，酒店如果可以预测到未来有大量需求，就不应急于出售，而要预留一部分房间，等到临近入住日期时便能以更高价格出售，以便提高收入。如果对市场供求状况了如指掌，酒店经营者甚至可以等到竞争对手预订满房后再售卖自己的房间，因为晚预订的顾客可接受房价高于早预订顾客的事实，而且当自己的酒店成为当地唯一房源时，房间价格的主动权就完全掌握在自己手中了。可见，对未来需求的预测能够帮助酒店管理人员更好地把握机遇，增强对未来的信心，以获得高额回报。

酒店房价预测需要考虑的影响因素主要有以下几个。

（1）酒店市场供给情况变化

酒店需对所处市场的供给因素变化情况进行监控。比如，周围是否有新开业的酒店，已有酒店是否增加或减少了客房数量，是否有客房停止销售、装修改造。对于上述情况，管理人员应密切关注，把握提高收入的机会。例如，若竞争对手酒店需要停业装修一年，那么可以与该酒店洽谈，将协议客户在此期间介绍到自己的酒店；此外，未来一年的价格可以适当调高，以获取更多收入。

（2）竞争对手价格变化趋势

酒店必须清楚市场的价格领导者是谁，谁主导价格的变化，竞争对手以往的价格策略和变化趋势，比如竞争对手给协议客户的折扣、各个销售渠道的价格水平。如果周围竞争对手全部涨价，那么自己的酒店也需要及时调整，否则客房以低价大量售出，可以接受高房价的客人反而无房可住，最后只能到竞争对手的酒店入住，这将对自己的酒店带来收入的损失。

（3）市场整体变化趋势

市场整体变化趋势分析是指对未来较长一段时间内市场整体变动方向的预测，其中还会包含季节性、周期性规律。比如，酒店在不同月份会有收入的高低起伏，且一定时期内这些变动特征会重复出现。

（4）影响供求关系的重大事件

重大事件会影响市场的变动方向，使市场需求突然增加或减少。这些重大事件通常包括：①酒店所在地区的学校开学和放假，如遇到考研、高考等重大考试时期，区域酒店的入住需求会扩大，邻近校园的酒店一般价格会上涨；②各种节假日（国庆节、"五一"、春节等）、旅游节庆活动；③地区性大型会议、展览、比赛、文娱表演；④恶劣的天气、自然灾害；⑤其他突发事件，如突发性事故。收益管理人员应及时收集相关重大事件的信息，以便第一时间调整策略。

第三节　拟建酒店的客房价格预测

拟建酒店的客房价格预测是第八章"酒店收支效益的财务评估"和第九章"酒店项目的价值评估"的一个前提和依据。本章第二节重点阐述了酒店客房价格的预测方法和影响因素，但在实际预测过程中还要结合所能收集到的相关竞争酒店的历史房价数据等信息，以便采取适当的预测方法。

一、基于主要竞争者的客房价格预测

该房价预测思路主要依据以竞争为中心的定价法，具体以同等级别、同类型酒店（主要竞争者）的平均水平作为定价依据。拟建酒店的主要竞争者在第四章第三节中已有分析，以此作为历史房价数据的收集来源进行预测，基本思路如下。

第一步：获得主要竞争者的年客房均价。该数据作为酒店企业的重要信息，一般无法从竞争者处直接获得，甚至某些连锁酒店出于酒店信息管理系统不完善等因素，更无法直接得到数据。因此，在实际客房定价估计过程中，酒店经营者可以通过分析某一时间段内的数据，进行换算估计。为了提高估算的准确性，可以将调查的某一时间段分为周末（节假日）和工作日的价格分别进行计算。考虑到酒店客房供需关系的变化，周末和节假日的房价一般会高于工作日的房价。调查的时间段原则上尽量以长一点为宜，调查时限过短可能会导致误差偏大。

主要竞争酒店的年均客房价格具体换算公式如下：

$$竞争酒店的客房均价 = \frac{调查时段的周末均价 \times 年周末天数 + 调查时段的工作日均价 \times 年工作日天数}{年总天数}$$

这里以前述宁波北仑梅山湾新城的酒店新建项目为例进行说明。根据携程网、去哪儿网、飞猪网以及实地、电话调查等形式，我们得到了从 2020 年 9 月 1 日至 10 月 9 日共 39 天梅山湾新城区域内所有酒店的最低、最高和平均日房价（跟不同房型的酒店数量和比重密切相关），并且选择宁波春晓希尔顿逸林酒店作为主要竞争者（见图7-4）。

由图7-4可见，宁波春晓希尔顿逸林酒店的日平均价格波动不大。日均价格仍在721.6元左右。从9月1日到10月9日，最高价格达到2958元，最低价格为427元，总体平均价格变化趋势相对平缓。其中，国庆长假期间（10月1日—10月8日）的平均房价要略高于非国庆长假期间的平均房价。国庆长假期间的最高房价是2703元，国庆长假期间第二天的平均房价达到864.3元，国庆长假期间的整体平均房价普遍为756元。

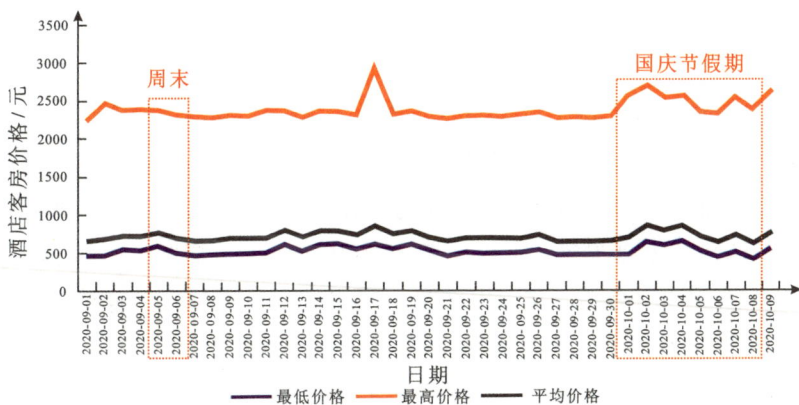

图7-4　2020年9月1日至10月9日宁波春晓希尔顿逸林酒店客房价格变化情况

同时，考虑到周末和工作日房价之间的差别，可以进一步获得周末和工作日的平均房价。图7-5为宁波春晓希尔顿逸林酒店2020年9月1日至10月9日工作日及周末平均价格变动状况。

从中可以看出，周末的日均房价高于工作日的日均房价。据统计，9月1日至10月9日，周末日均房价755元，工作日日均房价为702元。

考虑到2020年是闰年，一共有366天，除去115天的放假日期，工作日是251天。由此，可以估计宁波春晓希尔顿逸林酒店2020年的均价为718元。

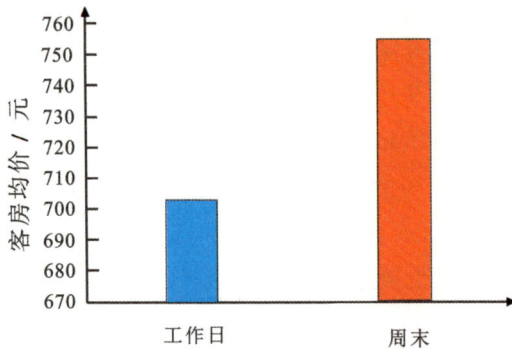

图 7-5　宁波春晓希尔顿逸林酒店 2020 年 9 月 1 日至 10 月 9 日工作日和周末客房均价

第二步：参照第一步估计的客房均价结果，结合拟建酒店的实际情况，可进行年均房价的预测。如果拟建酒店的竞争目标是宁波春晓希尔顿逸林酒店的五星级酒店，那么酒店经营者可以参照的年均房价为 718 元，考虑到拟建酒店的设施和功能，可以此价格为基准。考虑到新冠肺炎疫情、新酒店开业折扣优惠等因素的影响，拟建酒店开业第一年可以按照 8—9 折的优惠活动吸引游客，因此第一年的均价可以定为 600 元。第二年以后，酒店行业会随着疫情的逐渐控制而有更高的市场需求，客房均价可以按照预期上涨 5% 左右。第三年以后，客房均价将以每年 3% 的速度上涨。

表 7-1 为宁波梅山湾新城区域拟建酒店（五星级）项目的酒店客房均价预测统计样表。

表 7-1　宁波梅山湾新城区域拟建酒店（五星级）项目的酒店客房均价预测汇总

年份	拟建酒店的主要竞争者客房均价	拟建酒店的区域客房均价	拟建酒店项目的客房均价预测	拟建酒店项目的总体市场渗透率
2021				
2022				
2023				
2024				
2015				

注：市场渗透率（market penetration rate）是指酒店的实际市场份额和其市场应有份额的比率。如果酒店获得的市场份额超过其应有的市场份额，则该酒店的市场渗透率将大于 100%。

二、基于回归分析的区域客房价格预测

区域客房价格指的是区域酒店所有客房的平均价格，即表 7-1 中拟建酒店的区域客房均价，在第四章和第五章的区域酒店客房供给和需求的分析中也有涉及。例如，表 4-2 中就列出了不同星级的酒店客房均价。

那么，如何较为准确地预测拟建酒店的区域客房均价？这里有两种思路：一是在对区域所有酒店客房数量和价格进行调查的基础上计算，但是，这种调查工作量极其巨大，一般会简化到某一时间段内不同酒店类型客房价格的抽样调查，然后估计区域总体客房的平均价格；二是认为区域酒店的总体客房价格是区域经济总体发展水平、游客人数（代表市场需求潜力）等因素共同作用下的市场表现，同时酒店入住人数的变化也是酒店价格机制调整的一个内在约束条件。因此，可以通过构建历史酒店的客房均价与区域人均 GDP、游客数量的相关关系和回归分析模型进行预测估计。

这里以宁波市的人均 GDP 和五星级酒店的客房均价关系为例，进行一元一次的回归模型构建，来预测区域未来的客房均价。

第一步：准备分析数据。根据前文第二章和第四章相关数据的准备，可以获得宁波市 2011—2018 年的人均 GDP 和五星级酒店的客房均价（见表 7-2）。数据的时间序列越长，模型估计的结果会越准确。

表 7-2　2011—2018 年宁波市人均 GDP 和五星级酒店的客房均价情况

年份	人均 GDP/ 元（X）	酒店客房均价 / 元（Y）	年份	人均 GDP/ 元（X）	酒店客房均价 / 元（Y）
2011	81536	572	2015	106106	567
2012	89893	574	2016	114304	541
2013	97139	580	2017	127790	517
2014	102169	561	2018	138127	560

第二步：将相关数据导入 SPSS 25.0 分析软件中，设五星级酒店客房均价为因变量 Y，人均 GDP 为自变量 X 进行分析。变量名称和属性的设置可以通过变量视图页面进行具体操作。

分析截面见图 7-6。

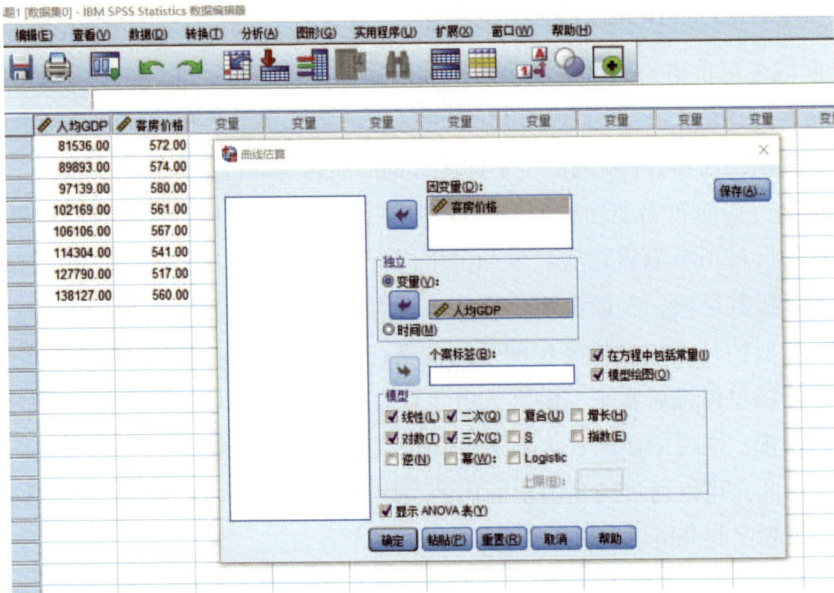

图 7-6　基于 SPSS 回归分析的界面视图

第三步：选择回归分析的模型进行曲线系数估计，包括线性回归、二次回归、对数回归、逻辑回归等。这里以此四种回归模型进行估计。不同回归模型的估计结果如图 7-7 所示，图中曲线为回归估计曲线，散点为实际各个年份对应的数值。

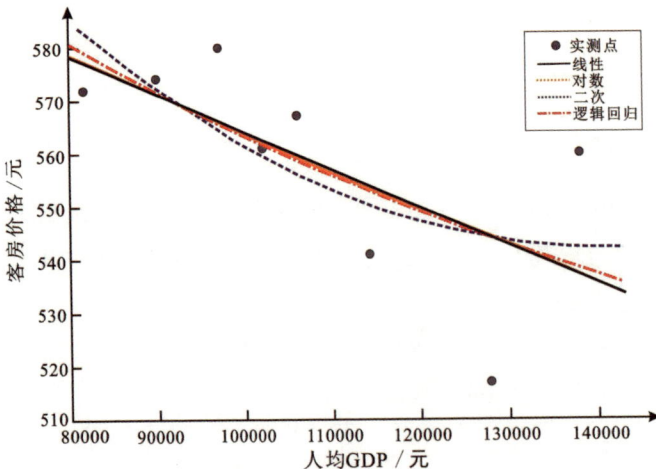

图 7-7　不同回归模型的曲线估计结果比较

第四步：进行回归模型的曲线估计结果比较和显著性检验。一般参考的检验指标主要有两个：曲线的拟合优度 R^2（越接近1，模型估计结果越好）、显著性水平（有1%、5%和10%三个不同水平，在1%水平上显著，意味着回归曲线有更优的估计结果）。在实际分析过程中，建议尽量选择接近于1的拟合优度，并通过显著性水平更高的回归模型进行最后的预测。这里以Logistic曲线为例，进行检验参数的分析（见表7-3），曲线的拟合优度 R^2 为0.418，调整后的 R^2 为0.321，回归曲线总体效果较为一般，但是估计的系数的显著性水平为0.000，较优，方程总体上可以接受。

第五步：根据第四步选择的回归模型，构建最终的回归方程，然后根据区域人均GDP的产值进行因变量 Y 的预测，从而可以获得较为准确的区域总体客房的均价。

表7-3　二次曲线的参数检验和回归估计结果

变量	未标准化系数		标准化系数		显著性
	B	标准错误	Beta	t	
人均GDP	1.000	0.000	1.909	1612306.891	0.000
（常量）	0.002	0.000		14.847	0.000

注：因变量 $Y=\ln$（1/客房均价）。

三、基于需求价格弹性的客房价格预测

此外，还可以从酒店客房需求数量和价格的关系入手，来构建价格—需求的关系曲线，进行酒店客房价格的预测分析。事实上，影响酒店客房需求的因素涉及面很广，主要包括房价 P、目标客人的收入 I、竞争对手的价格 Pc 以及消费者偏好 F 等等。因此，可将酒店客房的需求函数表示为：$Qd=f(P, I, Pc, F)$。但是在这里，我们为了使得分析过程更为简便，可以假设其他的影响因子保持不变，并将价格视为决定需求量的重要因素，即酒店房间需求量是其价格的一个函数，于是将需求函数改写为 $Qd=f(P)$。

此外，在理想状态下，边际效用MU递减的规律常常会导致房间价格与客房需求量呈反向变动的关系。因此，在以Q酒店客房需求量为横轴，以P酒店价格为坐标中的纵轴的情况下，Qd 表现为向右下方倾斜的直线，当然也可以表现为曲线型。为了简化分析过程，在不影响结论的前提下，我们采用直线型需求函数。

根据同品牌类似酒店以往的历史数据，在已知客房价格 P_1 和所对应的房间需求量 Q_1，以及原房价变动之后的价格 P_2 和所对应的房间需求量 Q_2 的情况下，通过价格与需求这两个要素相对变动的弹性原理，可判断酒店房间价格决策的取值方向。

酒店客房价格需求的弧弹性公式为：

$$Ed = -\frac{\text{酒店客房需求量的相对变动}}{\text{酒店客房价格的相对变动}}$$

根据需求定律，酒店客房价格与需求量成反比，所以为了使得 Ed 容易比较，在上式前加了一个负号，使最终结果为正。由此，可以通过同品牌类似酒店以往的历史数据来估计 Ed 值，进而通过 Ed 值及酒店的客房供给数量和出租率来预测拟建酒店项目的价格。但是，在实际中，酒店的客房需求往往不遵循理想的需求定律。比如，在节假日需求爆棚，酒店客房的需求量并不会因为价格上涨而下跌。因此，通过需求价格弹性函数来估算和预测拟建酒店项目的客房价格的做法往往会带来一些不可避免的误差，在实际预测过程中，该方法可作为一种参考。

综合来看，基于不同的预测模型和方法，拟建酒店的未来房价预测评估的分析过程和结果均有所差异。当然，不同的模型对原始数据（指标）的要求也有差异。因此，要结合实际调查情况选择最优的预测模型，以便更好地进行房价预测分析。

📖 本章小结

1. 客房定价的主要影响因素有定价目标、成本水平、供需关系、竞争对手的价格、酒店的地理位置、旅游业的季节性、酒店服务质量、有关部门的价格政策、消费者心理等。

2. 酒店客房的主要预测方法有趋势外推预测方法、回归预测方法、卡尔曼滤波预测模型、组合预测模型、BP 神经网络预测模型等。

3. 基于主要竞争者的客房均价分析是预测拟建酒店项目的客房均价的一个重要参考。

🖋 **思　考**

　　1. 某酒店的客房需求函数为线性函数型。酒店统计的历史数据表明，客房标间现单位售价为 200 元 / 间，全年售房数量共计约为 60000 间，通过统计测算，目前酒店目标顾客属于高弹性客人，其价格需求弹性约为 −1.6。根据此前建立的定价决策模型，推算出可使酒店收益最大化的房间价格。

　　2. 以宁波市北仑区为例，构建区域人均 GDP 和区域酒店客房均价的回归模型等。

　　3. 以宁波市杭州湾新区为例，通过携程网线上数据平台，分析并评估某一家酒店的年均客房价格。

第八章
酒店收支效益的财务评估

Chapter 8
Statement of Projected Revenue and Expense

学习目标

◎ **知识目标**

1. 掌握酒店客房成本、酒店收益的主要指标。

2. 掌握酒店的费用支出和收益组成。

3. 掌握酒店财务收支的编制汇总。

◎ **能力目标**

1. 具备合理评估酒店财务经营状况的分析能力。

2. 具备科学预测酒店财务经营状况的分析能力。

◎ **素养目标**

1. 培养学习者的酒店财务分析专业素养。

2. 培养学习者实事求是和精益求精的科学精神。

3. 培养学习者厉行勤俭节约、反对铺张浪费的文明新风。

引入语： 你知道酒店的收益该如何核算吗？

第一节　酒店财务评估的重要指标

拟建酒店项目的投资者都想知道钱花在哪儿了，以便合理地进行成本控制、收益计算。下面是一些酒店常用计算公式和财务指标，用于合理优化酒店成本结构，把握支出和收益。

一、客房成本指标和公式

$$一次性用品日均消耗量 = 客房间数 \times 平均出租率 \times 单间配备量$$

$$多次性使用日均消耗量 = \frac{客房间数 \times 平均出租率 \times 单间配备量}{单件用品平均使用日数}$$

$$客房每日平均成本 = \frac{酒店每月总成本}{全部可供出租房间总面积 \times 30} \times 客房面积$$

（注：房间面积单位为平方米。）

二、客房收益指标和公式

（1）平均日房价（Average Daily Rate，ADR）

$$平均日房价 = \frac{客房总销售额}{实际客房出售数}$$

例如，A酒店有客房100间，其中：60间为标准间，房价180元/间；40间为单人间，房价160元/间。当日房价以8折优惠，标准间房价144元/间，单人间128元/间，实际出租房为80间，其中标准间40间、单人间40间。

则当日客房总销售额 $=144 \times 40 + 128 \times 40 = 10880$（元）

$$日平均房价 = \frac{10880}{80} = 136（元）$$

（2）出租率（Occupancy Rate，OCC）

$$日出租率 = \frac{实际出租房间数}{可供出租房间数} \times 100\%$$

比如，B酒店有客房125间，当日出租间数为89间，则

$$出租率 = \frac{89}{125} \times 100\% = 71.2\%$$

$$某一特定期间的客房出租率 = \frac{每天出租之和}{实有房数 \times 计算期天数} \times 100\%$$

该指标用来衡量企业住宿设施的出租使用情况，以便说明酒店的营业状况。

（3）每房日平均收益（RevPAR）

前文第四章第二节已经介绍了 RevPAR 的相关计算过程。事实上，RevPAR 主要有两种计算过程：

$$RevPAR = \frac{实际客房收入}{可供房总数}$$

仍以上面 A 酒店为例，A 酒店的 $RevPAR = \frac{10880}{100} = 108.8$（元）。这个数字表明，该酒店每间客房产生了 108.8 元的收入，经营状况尚可。

$$RevPAR = 出租率 \times 平均房价 = 80\% \times 136 = 108.8（元）$$

假如上述 A 酒店实际出租房为 50 间，其中标准间 30 间、单人间 20 间，那么：

$$当日客房总销售额 = 144 \times 30 + 128 \times 20 = 6880（元）$$

$$日平均房价 = \frac{6880}{50} = 137.6（元）$$

$$出租率 = \frac{50}{100} \times 100\% = 50\%$$

$$RevPAR = 50\% \times 137.6 = 68.8（元）$$

RevPAR 是一个非常重要的指标。因为光看出租率并不能判断一个酒店的经营优劣；同理，仅凭平均房价也不能做出判断。而 RevPAR 则可以帮助酒店经营者比较全面地了解一个酒店的经营状况，因为它从出租率和平均房价两个方面来考察酒店的经营。举例来说，假设一个酒店有 100 间客房，它的 RevPAR 是 100 元，那么不用任何计算器，也能够计算得出，客房总营收 $= 100 \times 100 \times 365 = 3650000$（元）。一家客房数为 100 间的酒店，如平均房价下降 5 元，出租率下降 4.5%，而导致 RevPAR 下降 10%，最终造成了全年毛利润严重下滑。全年毛利润比原先减少 $1528750 - 1280423 = 248327$（元），即减少 24 万多元。

（4）**收益率指数**

收益率指数是衡量一个酒店经营好坏的重要指标。

收益率指数的计算公式是：收益率指数 $=\dfrac{\text{客房实际收入}}{\text{理想客房收入}}\times 100\%$。所谓理想收入，就是按门市价出售的房价收入。例如，一家有 100 间房的酒店，假设它的门市价为 100 元，年出租率为 85%，那么：

$$\text{收益率指数}=\frac{100\times 100\times 365\times 85\%}{100\times 100\times 365}\times 100\% = 85\%$$

收益率指数越高，则越接近理想的客房收入。收益率指数达到了 100% 的经济型酒店可考虑涨价。假如收益率太低，如低于 75% 时，则要查找原因：是因为定价错误、房价太高，还是竞争太激烈、生意没有做好；是服务不好、留不住顾客，还是客源结构有问题。收益率指数还可以用来比较 2 家酒店的经营优劣，作为考核拟建酒店项目财务好坏的重要指标。

（5）**平均房价指数**（Average Rate Index，ARI）

平均房价指数指房间平均房价在市场上所占的比例，计算公式为：

$\text{ARI}=\dfrac{\text{酒店平均房价}}{\text{市场平均房价}}$。其中，市场平均房价 $=\dfrac{\text{所有竞争酒店的房间收入总和}}{\text{所有竞争酒店的房间数量}}$。

该指数用于衡量酒店平均房价与细分市场（即竞争群、市场或次级市场）的平均房价数据的对比状况。在所有条件都相同的情况下，与细分市场酒店相比，若目标酒店的平均房价指数期望值为 100，则被称为"公平份额"。若平均房价指数大于 100，则表示酒店平均房价高于细分市场平均房价的预期值；相反，若平均房价指数小于 100，则表示酒店平均房价低于细分市场平均房价的预期值。

（6）**收入产生指数**（Revenue Generation Index，RGI）

收入产生指数的计算公式为：$\text{RGI}=\dfrac{\text{酒店 RevPAR（平均每间可卖房收入）}}{\text{市场 RevPAR（市场每间可卖房收入）}}$。

其中，市场 $\text{RevPAR}=\dfrac{\text{所有酒店房间收入总和}}{\text{所有酒店的可卖房总数}}$。

三、酒店财务分析指标

酒店财务分析是酒店财务管理的一个重要方法，每到经营期末，酒店经营者应当通过编制一系列财务报表来对当期的财务状况、经营成果进行分析，并对成果的有关问题进行总结。下面列出部分重要的酒店经营财务指标。

（1）资产负债率 $= \dfrac{负债总数}{资产总数} \times 100\%$

该指标衡量企业的负债水平，说明企业偿还债务的总能力，该指标一般在50%为宜。

（2）已获利息倍数 $= \dfrac{息前净利}{利息}$

该指标在支付利息方面说明企业的偿还能力，该指标值越大越好。

（3）利润率 $= \dfrac{营业利润}{营业收入} \times 100\%$

该指标用以衡量企业营业收入的利润水平，是衡量企业当期销售水平、控制成本费用能力的尺度。酒店经营决策者一般通过扩大销售收入、控制成本费用来增大营业利润率，根据行业水平一般在30%为宜，过高则会影响酒店的销售额。

（4）净资产收益率 =

$$\dfrac{净利润}{（期初总资产-期初总负债）+（期末总资产-期末总负债）} \times 100\%$$

该指标反映酒店企业运用自有资产获取利润的能力，是投资者最看重的一个指标。

（5）存货周转率 $= \dfrac{成本}{存货期初余额+期末余额} \times 100\%$

该指标衡量企业在一定时期内的存货周转速度，说明企业是否存货过多、占用资金过多、扩大资金成本，该指标对日常采购起监督作用。

（6）应收账款周转率 $= \dfrac{应收账款净额}{应收账款平均余额} \times 100\%$

该指标衡量企业在一定时期内应收账款的周转速度。

（7）毛利率 $= \dfrac{营业收入-营业成本}{营业收入} \times 100\%$

该指标衡量餐饮等加工部门的成本控制情况，在酒店经营中十分重要。

第二节　拟建酒店的费用和效益组成

不管是市场所需，还是政府引导、房地产开发所需，拟建酒店项目都应该把握一个度，投入（费用支出）与产出（收入效益）要成正比。酒店一定要在市场上良性经营，从而使整个行业的发展更趋于健康（薛舒文，2020）。

一、拟建酒店的预期费用组成

在拟建酒店的筹备过程中，酒店建设成本费用是占比非常大的一部分，投入的成本也较高。那么，酒店建设到底有哪些费用呢？

（1）勘察设计费。设计费通常按投资总额计提，也可以由双方议定。勘察费是为设计提供地质资料的地质勘察费用。

酒店设计收费标准主要分为以下几种：①按建筑面积，如以每平方米计算（每平方米收费从 50 元到 200 元不等，行业内一般采用这种收费方式）。不同城市、不同时间、不同酒店级别的设计收费一般不同。其中，5000 平方米以上，三星级别收费 55 元/平方米，四星级别收费 70 元/平方米，五星级别收费 150元/平方米。②按装修造价，以百分点计算，收费为 5%—10%。由政府投资的大型项目，往往按造价的百分比计取设计费，在企业行为中比较少见。③根据项目情况，综合考虑而定（根据项目、设计公司和设计配合深度的不同情况，达成协议价）。

对于精品酒店设计收费的标准而言，综合收费一般为 100—200 元每平方米。精品酒店规划一般来说有两种形态：一种是旧房改造，在原来建筑形态中做文章；还有一种是在某一地形地块上直接规划。这两种不同的形式会有两种不同的规划思想。前者不仅要求将旧房改造和酒店设计相融合，还必须有对周围的老建筑、老房子和酒店功能关系的和谐审美处理；后者是一种全新的规划，需要根据当地的地形地貌、人文环境等进行协调设计。总的来说，就是因地制宜，根据当地的人文、气候等环境而进行不同的设计和收费。

（2）征地拆迁费。这是为清理地面房屋建筑物而支付的拆迁费用、青苗补偿费用和"三通一平"费用，具体在第二章第二节的区域土地利用规划中有所涉及。如果拟建酒店项目涉及征地和拆迁费用，则是一笔重要的大头支出。

（3）建筑安装费用。这包括土建工程费用、固定在房屋建筑物中的设备及其安装费用，如表8-1所示。具体包括土建工程（包括外墙装修及室内装修）、电梯工程、给排水、消防、循环水、防排烟、通风、空调、制冷、锅炉、柴油发电、变配电、动力配线、照明、防雷接地、酒店智能工程、家具器具购置、室外工程等。

表8-1　拟建酒店项目的建筑安装费用统计样表

序号	分项工程名称	计算依据	单方造价 /元 / 平方米	面积	总额	比例
1	给排水（含洁具、锅炉房管线）	总建筑面积				
2	喷淋、气体消防	总建筑面积				
3	污水处理（含管线）	总建筑面积				
4	空调工程	建筑面积				
5	通风工程	建筑面积				
6	照明、防雷、动力、变配电	建筑面积				
7	电话总机及配线、闭路电视、监视、广播音响、管理电脑、火灾报警、共用天线、电报电传	建筑面积				
8	煤气工程	建筑面积				
9	电梯装修	面积				
10	室内精装修连家具	建筑面积				
11	杂项工程	建筑面积				
12	厨房设备	建筑面积				

注：建筑工程根据当地造价水平估算。

（4）市政工程费。酒店在利用现有的市政设施或者为满足酒店的需要新建或扩建现有市政设施时，所在地区按规定要征收一定数额的市政费。例如，北京地区征收的"四源费"就是其中的一种。

（5）设备购置费。酒店的设备除了固定在房屋建筑上的以外，还有其他大量设备，例如厨房设备、影视设备、清洁设备、消防设备、安全设备和运输设备。购买这些设备的费用称为设备购置费。一般性质的单体酒店必须具备以下设备或系统：公共基础设备系统、客房设备系统、餐饮设备系统、会议设备系统、康乐设备系统和其他辅助设备设施（见表8-2）。对于一些具有特殊性质的酒店，如温泉酒店，除上述设备设施外，还应购置相应的温泉泡池或泳池设备及设施。

表8-2　拟建酒店项目的设备购置费统计样表

项目名称	型号或规格	数量	估计单价	估算金额
公共基础设备系统				
客房设备系统				
餐饮设备系统				
会议设备系统				
康乐设备系统				
其他辅助设备设施				
合计				

（6）流动资金。流动资金除了一部分现金外，主要指为开业而购置物料用品、针棉织品、瓷器、玻璃器皿和食品原料、饮料等的资金。

（7）证件办理费用。酒店经营者需要办理特种行业许可证——旅馆业、消防验收检查合格证、餐饮服务经营许可证、卫生许可证、娱乐经营许可证、环评报告及排污许可证等（见图8-1）付出的成本。

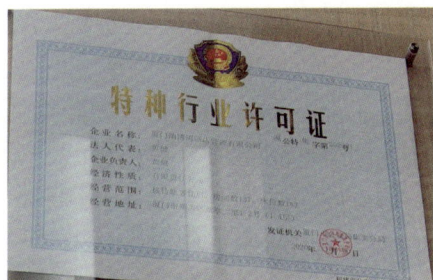 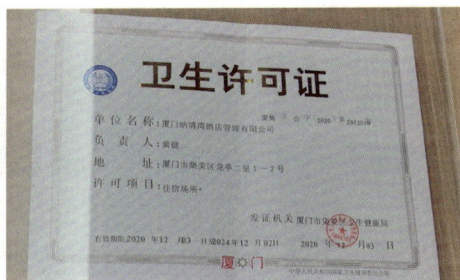

（a）　　　　　　　　　　　（b）

图8-1　拟建酒店需要办理的特种行业许可证和卫生许可证（作者拍摄）

特种行业是指在工商服务业中，因经营业务的内容和性质而易于被犯罪分子利用，由国家或地方法规规定交由公安机关实行治安行政管理的行业，包括旅馆业（旅社、饭店、宾馆、酒店、招待所、有接待住宿业务的办事处、培训中心、住客浴室、度假村等）。

酒店办理特种行业许可证准予批准的条件主要有以下几个。

① 旅馆拥有的客房总面积须在30平方米以上，每一个客房内床位平均占有面积不少于4平方米，房屋高度不低于2.6米，其中设双层床位的平均占有

面积不少于 6 平方米。

② 旅馆须相对独立。综合性建筑的经营旅馆部分应与其他部分分门进出；特定单位开设的旅馆，也应与单位的工作学习、宿舍等场所分离，以保证互不干扰。旅馆客房一侧毗邻其他建筑的须安装隔离设施，出入通道口应有安全防范措施。

③ 旅馆的总体布局（服务台、行李寄存室、贵重物品保管柜、财务室、仓库和通讯、监控等要害部门）的设置须符合防火、防盗、防破坏、防治安全灾害事故要求，旅馆前台应安装"旅馆业治安管理信息系统"。

④ 旅馆的房屋结构、消防设备、出入口和通道等必须符合消防要求。

⑤ 必须按规定建立各项治安管理制度，配备专职或兼职治安保卫人员，并建立群众性的治安保卫组织。

⑥ 在利用人防地下设施开办旅馆的情况下，容纳人数必须严格按规定限额，不得任意加设临时铺位和设置双层床位；须有两个以上的安全出口，楼梯应用非燃烧材料建造；平时使用的出入口疏散通道应有明显的指示标志，并保持畅通；必须装有紧急事故备用电，以满足停电时照明的需要。

酒店经营者还需出具环评报告。拟建酒店项目的工程建设在施工期将会产生一定的噪声、粉尘污染、生活污水、生活垃圾和建筑垃圾，在运营期会产生一定的废水、大气环境和生活垃圾等污染，因此需要进行建设项目环境影响评价工作。

根据相关法律、法规的规定，拟建酒店主要项目的经营，属于《建设项目环境影响评价分类管理名录》中的"三十六、房地产—106、房地产开发、宾馆、酒店、办公用房、标准厂房等（需自建配套污水处理设施的）"，因此需实行环境影响报告表审批管理。图 8-2 是漳州市南靖生态环境局关于南靖博森酒店建设项目环境影响报告的公示。环评报告的编制费用一般是由酒店面积、设施规模等情况决定的。

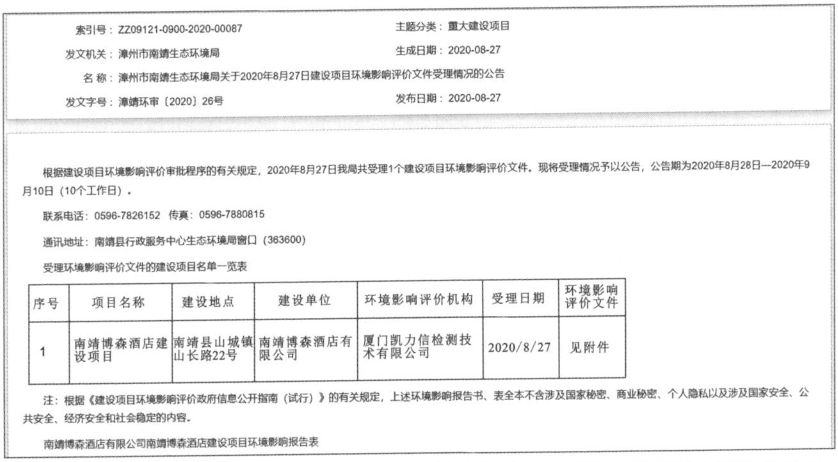

索引号：ZZ09121-0900-2020-00087	主题分类：重大建设项目
发文机关：漳州市南靖生态环境局	生成日期：2020-08-27
名　称：漳州市南靖生态环境局关于2020年8月27日建设项目环境影响评价文件受理情况的公告	
发文字号：漳靖环审〔2020〕26号	发布日期：2020-08-27

根据建设项目环境影响评价审批程序的有关规定，2020年8月27日我局共受理1个建设项目环境影响评价文件。现将受理情况予以公告，公告期为2020年8月28日—2020年9月10日（10个工作日）。

联系电话：0596-7826152　传真：0596-7880815

通讯地址：南靖县行政服务中心生态环境局窗口（363600）

受理环境影响评价文件的建设项目名单一览表

序号	项目名称	建设地点	建设单位	环境影响评价机构	受理日期	环境影响评价文件
1	南靖博森酒店建设项目	南靖县山城镇山长路22号	南靖博森酒店有限公司	厦门凯力信检测技术有限公司	2020/8/27	见附件

注：根据《建设项目环境影响评价政府信息公开指南（试行）》的有关规定，上述环境影响报告书、表全本不含涉及国家秘密、商业秘密、个人隐私以及涉及国家安全、公共安全、经济安全和社会稳定的内容。

南靖博森酒店有限公司南靖博森酒店建设项目环境影响报告表

图 8-2　漳州市南靖生态环境局关于南靖博森酒店建设项目环境影响报告的公示
（来自漳州市南靖生态环境局）

该酒店项目总投资 1128 万元，其中环保投资 58 万元，占总投资的 5.14%，具体环保措施及投资见表 8-3。项目环保工程的建设具有较好的经济效益和社会效益。环保治理设施的运行，减轻了废水、废气、噪声及固体废弃物对环境的污染，其环境效益十分显著。"三废"治理的经济投入主要回报是环境效益，符合经济与环境协调发展的可持续发展战略要求。

表 8-3　南靖博森酒店建设项目环保措施及投资

项目	污染源	建设内容	投资 / 万元
废水	厨房废水、生活污水	隔油池、三级化粪池＋SBR	10
废气	油烟废气	高压静电油烟净化设备＋烟道	5
噪声治理	水泵、风机等	隔声、减振等措施	5
固体废弃物处置	生活垃圾	垃圾收集点	8
生态保护		草坪、花卉、乔木	30
合计			58

资料来源：漳州市南靖生态环境局。

此外，值得注意的是，在环评报告中，还有"酒店项目的选址可行性分析结论"。以上述南靖博森酒店拟建项目为例，其环评报告中呈现的选址可行性分析结论为：项目选址于福建省漳州市南靖县山城镇山长路22号，该地块用地性质为商服用地；项目的建设符合南靖县城乡规划及土地利用规划，与周边环境的相容性较好，选址合理。

（8）不可预见费。这实际上是一部分机动资金，在表8-4中，以资产重置准备金（reserve for asset replacement）的形式进行统计。建一座酒店少则2年左右的工期，其间情况会发生变化，而且很多因素是很难预料的，留一部分机动资金就是为了应付突发情况。不可预见费一般为投资总额的5%—10%。当然，不同规模等级的酒店在不可预见费用方面的占比也会有较大差异。如在表8-4某酒店项目的工程投资估算中，不可预见费用为799.98万元，占到了总投资预算支出的2.03%。

表8-4 某酒店项目的工程投资估算表

编号	项目名称	已投费用/万元	待投费用/万元	总费用/万元	备注
A	土建工程费用	6630.63	51.00	6681.63	待投费用中25万元为土建收尾估价，26万元为网球场屋盖费用
B	安装工程费用	5365.80	2022.42	7388.22	
C	内装饰工程费	6068.52	4140.05	10208.57	只估算了已投入的费用，待投费用未计入
D	外装饰工程费	949.72	63.38	1013.10	
E	设计、报建费及其他工程费	973.28	401.27	1374.55	室外、人防、设计、勘检、监理、报建、车库管理系统等费用
F	零星采购费	865.20	370.90	1236.10	按业主方提供的合同总价的70%计已投费用，30%计入待投费用
G	土地费	4572.90	188.10	4761.00	酒店用地按41.8亩，按45万元/亩估算；别墅按36栋，80万元/栋的市场价估算
H	财务费用	3022.31		3022.31	应计入资产价值
I	开办费	952.00	2000.00	2952.00	已投费用按共计280人，2000元/人，共17个月估
J	不可预见费	599.64	200.34	799.98	按(A＋B＋C＋D＋E)的3%估算
	共计费用	30000.00	9437.46	39437.45	A＋B＋C＋D＋E＋F＋G＋H＋I＋J

二、拟建酒店的预期收入组成

酒店行业的收入一般由三部分组成：第一部分为客房；第二部分为餐饮加会议场所；第三部分为其他，可以是康体、娱乐、商店等。这样三大部分组成的收入总和及其带来的利润率和三者不同比例的组合有关。

以各类酒店的平均水平而言，客房收入部分的利润在 75% 左右，餐饮会场收入的利润在 25% 左右，第三部分其他收入的利润和经营的模式有关：全部自营，平均利润大约为 30%，租赁或外包，计算的就是租赁收入减去应付税款。

目前经营利润可观的酒店，三者的百分比一般为两种模式：第一种的比例为客房 65% 以上，餐饮 28% 左右，其他自营 5% 左右；第二种的比例为客房 50% 左右，餐饮 30% 左右，其他采用租赁外包 18% 左右。这样的两种收入结构模式和比例，都可以保证一个较高的利润水平。

如今，高星级酒店不断增加，除二线城市外，三、四线城市也开始设置。前几年新建的高星级酒店，尤其是三、四线城市的高星级酒店，经营者根据经营现状提出了一种新的说法：客房销售有限，应大力加强餐饮销售比例，因为当地对高星级酒店的住宿消费需求有限，餐饮消费需求则日渐增长，高星级酒店成为公费宴请、婚宴最为理想的场所。这类酒店的收入结构和行业原架构相比发生了极大的变化：客房收入在 40% 左右，餐饮收入在 50% 以上，其他收入在 8% 左右。然而，酒店利润每况愈下。

高星级酒店投资巨大，客房加上餐饮、会议设施，若以目前高星级酒店的投资标准，差不多为 1 万元一平方米的造价。但是，酒店餐饮的收费在三、四线城市并不高，平均消费在 100 元左右，婚宴为 1000—2000 元一桌的水平，这样的消费水平和社会餐饮相差不到 15% 的优势，但是以投资回报计算，巨额的高标准的不动产投资是无法和社会餐饮低廉的租金相比的。所以，酒店做大餐饮后利润不断减少。

第三节　拟建酒店的收入支出分析预测

前两节介绍了酒店收入、支出的相关估算指标和费用组成。这里从各个部门收支费用的角度出发，对拟建酒店项目运营后的总体收支情况做一个综合的分析和预测估算。

一、酒店部门收入支出费用的估计

酒店营业收入就是酒店按一定的收费标准，通过提供劳务或出租、出售等方式所取得的货币收入，包括出租客房、提供餐饮、出售商品及其他辅助项目的服务；从收入项目看，主要包括客房收入、餐饮收入、会议收入、商品收入、商务中心收入及对外租赁收入等方面。营业收入管理环节涉及岗位较多，并且酒店内人员流动性大，顾客类别不一，有当地客人、异地客人、团体客人、零散客人、住店客人、非住店客人等，这些客人层次各异，控制难度较大。加之酒店服务项目多，价格差异大，计价工作量也大，仅酒店餐饮服务项目就包括食品、菜肴、酒水饮料、香烟等上百个品种。同时，酒店收费打折有不同的标准，结账方式呈多样化特征。因此，要做好酒店营业收支管理，必须明确各岗位权限，协调统一，才能达到良好的管理效果。从酒店内部管理入手，分析各个部门的收入和支出情况，是一个有效的管理途径。

根据第六章酒店选址后的总体设计和规划描述，拟建的酒店项目包括一定数量的客房设施、餐饮设施、会议设施和娱乐休闲设施。由此，酒店能带来收益和涉及支出的部门主要有客房部门、餐饮部门、会议部门等。

（1）客房收支

客房部门（rooms department）是酒店的核心业务部门，也是给酒店带来收益的关键部门。客房部门的收入是利用第五章中制定的入住率水平和第七章中估计的平均房价相乘得出的，结果见表 8-5。

表 8-5　拟建酒店项目的客房部收入预测

年份	出租率	可供出租客房总数	平均房价	客房收益
2021				
2022				
2023				
2024				
2025				

注：客房收益＝出租率×可供出租客房总数×平均房价。

客房费用支出包括员工费用、物品费用以及其他费用等。客房部门分工复杂、人员繁多，不同的酒店有着自己不同的岗位设置和安排。一般对高星级酒店而言，客房部门产生费用的员工包括客房部经理、客房服务中心主管、客房服务员、楼层主管、布草房主管、布草服务员、客衣收发员、洗衣工、公共区域主管、地毯清洁工、园艺工、外窗清洁工等。物品费用主要分为客房布草、客用消耗品、客房装修布置用品及日常维护保养费用等。此外，客房费用还包括用电能耗费用等。

客房部门每日需消耗大量的能源，其中有些是必需的（客人的正常使用），有些则常由失控因素造成，如面盆、浴盆、坐便的长流水，房间、卫生间的长明灯，空房空调和暖瓶热水蒸24小时都处于供应状态（可在客人到店前4小时做好准备），服务员清扫卫生间时没及时关灯，等等，在无形的能源消耗中，也随之产生了无形的成本支出。当然，酒店适当而必要的节能和绿色环保，比如前文提到的拟建的宁波梅山湾新城地区的酒店是满足研究区打造近零碳排放示范区的一个必然选择和要求。客房部的最大开支费用为工资和客用品及清洁用品等（如一次性客用的牙具、梳子、面巾纸、礼品袋）。由于客房部涉及的酒店范围较大，员工一般占全店总数的30%以上，因此其人工费用是客房部门经营管理费用中的大项。总的来看，客房部门的开支预计约占客房部门收入的20%—40%，同时需要做好对客用品消耗的成本控制分析（见表8-6）。

表8-6 某酒店客用品消耗分析（酒店提供）

客用品消耗分析：本月较上月差异较大的明细如下（消耗减少）								
项目	单位	单价	本期消耗		本期间夜消耗		对比间夜消耗数量	差异+／－
			数量	金额	数量	金额	上月	
牙具	副	0.70	3582.00	2507.40	0.86	0.60	0.86	0.00
旅游梳	把	0.30	1710.00	513.00	0.41	0.12	0.47	－ 0.06
礼品袋	只	1.42	630.00	894.60	0.15	0.22	0.17	－ 0.02
面巾纸	盒	1.67	672.00	1122.24	0.16	0.27	0.22	－ 0.06
牙具（新客房）	副	0.87	965.00	839.55	0.22	0.20	0.22	0.00
			累计	5876.79				
上月总间夜	4616 间	出租房	4410 间		自用房	93 间夜	免费房	113 间
本月总间夜	4142 间	出租房	3921 间		自用房	98 间夜	免费房	123 间

（2）餐饮部门收支

餐饮部门的收益主要涉及两个关键问题：一是拟建酒店项目餐饮的组成部

分，二是每部分的就餐人数（就餐比率）。酒店的就餐人数可以通过绘制酒店就餐人数分布概率图进行描述，如图 8-3 所示。

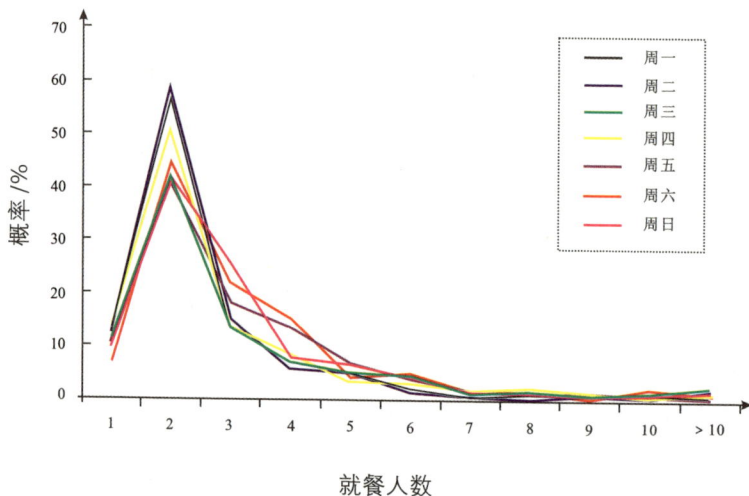

图 8-3　M酒店餐厅就餐人数的分布（曾国军，2017：24）

图 8-3 显示了M酒店餐厅周一至周日就餐人数及比例情况：每天就餐人数为 2 人的比例最高，为 40%—60%，这与餐厅中双人座数量最多的情况匹配；就餐团体为 3 人的占其次，为 20% 左右，而餐厅 4 人座的餐桌数多于 3 人座；就餐人数 6 人以上的比例每天都不超过 10%，其中以周日最高，为 9%。

餐饮某一部门收入的基本公式是：收入 = 日均入住人数 × 就餐比率 × 每日平均就餐花费金额。其中，日均入住人数可以由客房出租率和可供出租客房总数进行相对估计。就餐比率、每日平均就餐花费金额可以通过对主要竞争对手酒店的历史就餐比率进行抽样调查和统计而得。比如，可以进行账单数据分析，通过对一定时间段的账单数据的收集和整理，得出餐厅平均消费额、餐桌利用率、餐厅收益率及就餐时间。每日平均就餐花费金额是每个顾客给餐厅带来的收益，这是衡量餐厅效益的主要传统指标之一。通常情况下，顾客的平均消费额越高，餐厅的效益就越好。然而，如果只是片面追求高平均消费额，可能会出现相反的效果。上述 M 餐厅周一至周日不同就餐团体的平均消费额如图 8-4 所示。

此外，餐厅的客源市场通常都不是单一的，从大的层面划分来说有全价顾客和折扣价顾客。酒店餐饮的折扣价顾客有美食会成员、优惠券使用者等。美食会成员及优惠券使用者都享有餐厅的折扣价。因此，折扣价顾客的餐饮比例和人数最后会影响酒店餐饮的收益。

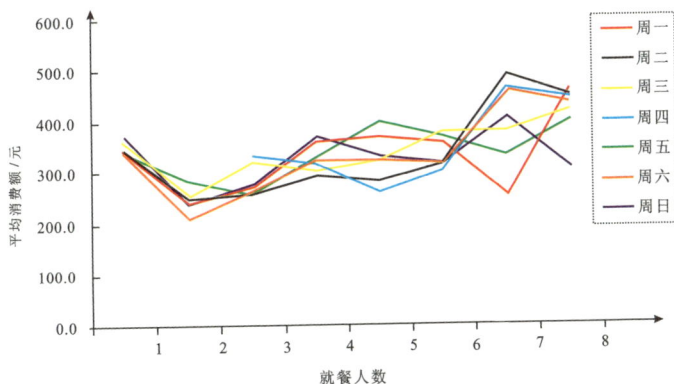

图8-4 M酒店周一至周日各就餐团体的平均消费额（曾国军，2017：25）

事实上，餐饮收益状况还可由餐厅收益率来衡量。它是指餐厅每个可出租的餐位在单位时间内能给餐厅带来的平均收入，具有以下特点：第一，与平均消费额、抵达率等指标相比，餐厅收益率考虑时间因素，能全面反映餐厅创造收入的能力，更准确地反映餐厅的经营业绩；第二，餐厅收益率有利于餐厅经营管理人员横向和纵向比较经营情况，餐厅经营管理人员可依据餐厅收益率来改善管理、增加收入。餐厅收益管理策略包括差别定价、时间控制和存量控制等方面的内容。

由此，可以通过分析、调研主要竞争者的历史账单数据等，进行梳理，得出拟建酒店项目餐饮部的总体收益状况，如表8-7所示。自助早餐一般涵盖在酒店客房价格里面，在餐饮收入部分不再另外计算，需估计的主要是午餐和晚餐的收入。

表8-7 拟建酒店项目的餐饮部收入预测

年份	出租率/%	可供出租客房总数/间	平均每间住宿人数/人	就餐比例/%	平均就餐费用/天	餐饮部门收益/万元
2021						
2022						
2023						
2024						
2025						

餐饮部门的开支主要包括员工费用（后厨工作人员、服务人员、餐饮部主管、经理等工资费用）、餐饮酒水等食物费用、餐厅设备损耗维修费用等。总的来看，餐饮部门的开支预计约占餐饮部门收入的30%—50%。想要增加酒店餐饮部门的收入，可从以下几个方面入手：①做好、做强地方知名特色菜；②加强餐饮业务和服务培训，与大专院校联合举办成人大专班，提升酒店餐饮员工整体综合素质；③建立全员长期培训机制和奖励机制，全方位巩固提升星级酒店整体服务水平与质量；④营造、提升整体就餐气氛、环境。

（3）会议收支

与餐饮部门类似，酒店的会议收益主要涉及三个关键问题：一是拟建酒店项目的会议由哪几部分组成，面积有多大；二是每部分的参会人数会有多少；三是会议持续时间是多久。

会议收入的公式为：

$$会议收入 = 大会议区面积 × 会议持续天数 × 每天每平方米租金 + 小会议区面积 × 会议持续天数 × 每天每平方米租金。$$

会议的场次、规模和数量可以结合第五章第三节酒店细分市场需求预测结果来进行估计。会议持续天数根据前面的会议场次和每次会议时间的评估天数相乘的结果，累加汇总而得。不同大小、层级的会议室，租金有所区别。随着时间的递进，场地租金还可能会有一定幅度的上涨。具体预测结果汇总见表8-8。

由于酒店会议在带来游客入住的同时，也会带来客房住宿和餐饮的收入，这两部分可以认为涵盖在前两部分的计算过程中，这里仅估算会议场地租用和会务安排相关费用的收入。

表8-8 拟建酒店项目的会议收入预测汇总样表

年份	大会议区面积 × 天数	小会议区面积 × 天数	每天每平方米租金	会议收益
2021				
2022				
2023				
2024				
2025				

会议的开支主要包括员工费用（会议清洁、布置费用）、餐饮茶歇食物费用、会议设备费用及场地费用等。部分酒店的会场免费对外开放，免费场地可以扩

大酒店的市场吸引力，进而增加酒店客房和餐饮的相关收入（营销推广）。会议室的清洁和布置由酒店员工负责，而所有的餐饮布置和服务可以由酒店餐饮部门或者外部运营商负责。有关支出费用在整个预测期间约占整个会议收入的30%—50%。

（4）通信收支

酒店的电话、有线电视、网络收入已经纳入酒店客房收入的效益分析之中了，因此这里不再额外计算。对于客人而言，酒店的国内长途、短途和网络都是可以免费使用的。当然，部分酒店也可能收费，比如市内电话费3分钟0.25元。在我们的拟建酒店中，电话和网络均免费提供给顾客使用，以增加对客服务的内容。

电话和网络的支出费用可根据酒店与地方的通信部门协议而定，具体会随酒店的等级和客房数量的不同而有所差异。

（5）康体娱乐设施

酒店的康体娱乐部门有的设施免费，有的设施需要收费，部分收费项目可能又有优惠券等折扣。

康体娱乐部门收入的基本公式是：收入 = 酒店日均入住人数 × 康体娱乐健身比例 × 每日人均费用。每个客人的康体娱乐人均消费，可以根据酒店经营者对竞争酒店的历史数据分析和实际调研而获得。当然，这个费用也是跟拟建酒店的康体娱乐项目设计密切相关的，收费设施项目越多，一般相对收益也会越高。

这部分的计算过程参照餐饮部门的收入计算过程，具体见表8-9。

表8-9 拟建酒店项目的康体娱乐收入预测汇总样表

年份	出租率	可供出租客房总数	平均每间住宿人数	康体娱乐健身比例	人均费用	康体娱乐设施收益
2021						
2022						
2023						
2024						
2025						

康体娱乐健身费用主要包括员工费用（公共区域的清扫人员、服务人员、管理人员、专业教练）、餐饮食物费用、设备及维护费用、安全保险费用、能源

消耗费用（比如浴池水的更换）等。康体娱乐健身的费用开支预计约占该部门收入的 30%—50%。

（6）租金和其他收入

这类收入包括来自进出口商品展示租赁、汽车展示租赁、地方特色农产品及海产品租赁等，也包括海洋文创产品等商业服务销售收入，以及广告印刷、资料打印、报刊销售及其他杂项销售收入。

2021 年按照 20 元 / 间计算，随后按照每年每间 25 元、30 元、35 元、40 元的标准预计递增。最后分别估算获得 2021—2025 年该部分的收入预测。这部分的成本支出费用方面，考虑到诸多项目是外包出租的，其员工的费用不在酒店预算范围内，还有部分本酒店投入的员工费用涵盖到行政办公或者客房支出费用的公共区域员工部分。因此，这里可以不单独测算每年的支出费用。

此外，这部分的收益会是酒店收入的一个新创收点。因此，要做好统筹规划安排，比如在旅游淡季推出某些特殊产品的销售和出租。

二、酒店可变费用的支出估计

酒店可变费用支出主要是指不确定的花费，或者会随着酒店入住人数的变化而发生变化的一些花费（林枝洪，2020）。

（1）办公总体费用

这类费用包括信用卡手续费、会计和法律顾问的费用、办公设备和其他与办公有关的费用。既包括酒店总经理的工资、会计的小时工资和半班制行政助理的工资，也包括旅游旺季临时招聘的服务员工的工资支出。这笔费用开支约占客房总收入的 6%—10%，与行业平均水平一致。

随着酒店客房收益的增加，这部分涉及的费用支出也会随之增加。

（2）市场营销及宾客娱乐

这些费用包括广告、标牌、公共关系和其他促销活动，以及营销人员的工资支出等。广告宣传主要有线上、线下两条途径。线上营销主要包括：顺应互联网的潮流，通过自媒体平台进行营销，比如借助自媒体平台进行推广；通过与 KOL（Key Opinion Leader，如试睡员）进行合作，进行不同渠道的营销推广；请当地有影响力的媒体进行报道宣传；等等。线下广告营销是传统的广告投入手段，诸如传单、广告展板，还有公寓电梯框架广告、公交车广告，以及请明星大咖路演，甚至有些酒店经营者喜欢热闹，结合当地的民俗民风请来舞龙舞狮团队造势。

为扩大酒店会议的影响，酒店需要与宁波和周边地区的企业、高校、科研院所、相关政府部门进行公关交涉，以适当的价格争取会议的举办，接待更多相关人员入住。此外，考虑到拟建酒店距离飞机场、火车站等主要交通站点较远，还需要额外安排部分客人的接送服务，这也是一笔重要的客人服务支出。

这部分的开支预计占酒店全部收入的3%—10%。前期加大市场营销的宣传和投入，可以迅速提升拟建酒店在区域的影响力和知名度。随着入住率的稳定和酒店知名度的提升，预计市场营销费用将在很大程度上下降。

（3）维修保养

这笔费用包括维修人员的工资和津贴，以及与建筑物和场地的维修有关的费用，一般由酒店的工程部门统筹负责。在前述的部门费用中，我们已经估算了客房、餐饮、会议、康体娱乐等项目的日常维修费用。除此之外，主要还包括：酒店运行的给排水维护和管理、电梯保养和年检、消防设备的维护、安保监控设备的维修及保养、发电机供应照明消防及逃生设备、酒店建筑的日常维修等费用。该部分的开支一般占酒店总收入的3%—5%，扣除前述客房、餐饮部门在该部分支出的费用，一般维持在1%—3%。随着时间的推移，酒店日常维护的费用支出也会相对增加。

（4）能耗费用

能耗费用包括热、光、电、水和污染排放处理费用，主要是根据单位价格和日均消耗量的乘积进行计算的，一般以能源成本的形式进行汇总统计。比如，用水消耗估计如下：热水的用量按标准间2人/次计算，淋浴为40—60升，浴缸为100升；热水在60℃以上时冷水占用水量的30%。也就是说，每间客房在淋浴和浴缸同时使用的情况下使用热水130升左右、冷水30升左右。用电消耗估计如下：照明部分，现在房间内多采取射灯、节能灯、T5灯带和LED灯带等照明设备，这样一个光线照度和背景效果的整体光源的用电量在2.5千瓦时以内；电源部分（插座），客房的插座主要是为冰箱、热水壶、电熨斗、电视、电脑、台灯、地灯、阅读灯及卫生间的干手器、座便冲洗器等设备进行供电，这些用电器的高峰用电量在3千瓦时以内。在采用集中供热水和中央空调的情况下，房间内部存在即时加热设备和分体空调时用电量在5.5千瓦时以内，如果采用分体供热水和分体空调还要再加上4千瓦时。

值得注意的是，水费、电费和燃气费都是按照商业用途价格进行估算的。比如，根据《宁波市关于调整市区居民生活污染处理费标准的通知》，酒店的一般工商业到户水价为 6.12 元 / 立方米，一般工商业用电的收费标准如下：当用电量不满 1 千伏时，每千瓦时 0.6964 元，尖峰每千瓦时 1.2064 元，高峰每千瓦时 0.9014 元，低谷每千瓦时 0.3784 元；当用电量为 1—10 千伏时，每千瓦时 0.6656 元，尖峰每千瓦时 1.1638 元，高峰每千瓦时 0.8656 元，低谷每千瓦时 0.3536 元；当用电量为 10—20 千伏时，每千瓦时 0.6494 元，尖峰每千瓦时 1.1414 元，高峰每千瓦时 0.8467 元，低谷每千瓦时 0.3407 元；当用电量为 35 千伏及以上时，每千瓦时 0.6413 元，尖峰每千瓦时 1.1303 元，高峰每千瓦时 0.8373 元，低谷每千瓦时 0.3343 元。具体的水、电、天然气的消耗量可以通过对主要竞争酒店的实际调研而获得。

高星级酒店全年的总能源费用约占总收入的 6%—10%。预计此后该费用将随通货膨胀、能源消耗减排控制的严格要求而增加。酒店可变费用的支出是酒店经营者控制投资成本的主要方向之一，比如对能耗的节约控制。

三、酒店固定费用的支出估计

酒店的固定费用支出一般是指拟建酒店项目确定以后或者投入运营以后的固定投入项目，或者不随着酒店入住人数变化而发生变化的费用投入。

（1）财产和营业税

营业税是按经营收入净额的一定比例征收的。经营收入净额是指扣除折扣（如酒店客房进行房价打折，网吧在非繁忙时段进行上网费用打折）之后的实收款。营业税税额不受成本、费用的影响。酒店服务业的营业税税率为 5%。

（2）保险

酒店涉及的保险主要有：公众责任险，防范火灾造成的客人的财物损失及人身损害赔偿；电梯责任险，防范因酒店的自有电梯造成的财物损失及人身损害赔偿；人身意外伤害保险，为酒店自己的员工投保；财产保险，对酒店自有的固定及流动资产的保障。

酒店保险根据保险金额和保险费率进行计算。其中，星级酒店的综合保险费率如表 8-10 所示。随着酒店业态和服务内容的不断丰富、完善，拟建酒店的年度保险费用要根据保险金额的递增来估算。

表8-10　星级酒店综合保险费率一览表

险别	费率 /%					备注
	五星级	四星级	三星级	二星级	一星级	
财产保险	1.4	1.2	1.0	1.2	1.4	保险费=保险金额 × 费率
现金保险	10.0	11.0	12.0	13.0	14.0	保险费=保险金额 × 费率
雇主责任保险	1.5	1.5	1.5	1.5	1.5	保险费=累计赔偿限额 × 费率
酒店服务安全保险	2.0	1.8	1.6	1.8	2.0	保险费=赔偿限额 × 费率

资料来源：中国保险行业协会，星级宾馆酒店综合保险条款，http://www.iachina.cn/col/col3187/index.html。

（3）特许经营及管理费

特许经营与委托管理最大的区别，就是酒店品牌公司对旗下品牌的使用权以及品牌背后相应的知识产权，所有品牌在建设时期的建造、机电、内装以及在酒店开业之后所有的标准运营程序（Standard Operation Procedure，SOP）的标准全部特许给酒店的业主方来使用，酒店的业主方需要自行组建团队或者是聘用第三方管理公司的团队来运营酒店。

特许经营的管理成本包括特许权使用费（加盟费、品牌使用费）、前期技术服务费、全球市场营销费、前期筹备开业服务费、质量管理监督费、系统成本和预订费用等，通常占酒店总收入的5%—10%。

（4）资产重置准备金

资产重置准备金可以按照酒店预期总收入的一定比例进行提取。比如，预计用于资本重置的年度拨备或储备金在第一年为总收入的3.0%，第二年为4.0%，其后为5.0%，以确保酒店客房和相关设施保持其质量和经营风格。

四、酒店的其他收入来源

酒店的其他收入来源主要是部门收入以外的一些酒店收入状况，这些收入不稳定也不确定，但是可以对酒店的收入做一个补充。

（1）会议食品和饮料租赁

会议的茶歇部分提供的包括两部分：酒店内部茶歇食物的准备和对外提供的（比如给周边高校和科研院所）茶歇食物的准备。这部分的支出费用已经讨论过了，这里不再估算，而是仅仅估算会议提供的食品和饮料的租赁收益。

预测这些租赁金额相当于每年会议餐饮总收入的3%—7%。

（2）零售租赁

零售租赁主要包括酒店的商品零售、自动售货机、可租赁移动充电宝、婚庆场地出租等。这部分的人工等支出费用可忽略不计。比如，亚朵酒店的大堂和线上亚朵商城都展示和出售酒店同款的床品家纺、居家生活用品（布艺画框、桌几椅柜）、差旅出行用品（如箱包）、个护日用品、智能家电、亚朵村的茶（茶叶、茶具等）等商品（见图8-5），这些商品的零售可以在一定程度上扩大酒店的收益，同时也提升了酒店的品牌价值。

图8-5　厦门集美湖亚朵酒店的商品零售展示（作者拍摄）

预测这些零售租赁金额相当于每年康体娱乐总收入的5%—15%。

（3）其他根据拟建酒店项目实际状况的额外收入

酒店客房部的洗衣中心承接的对外洗涤业务等也会产生收益，这部分额外收益有时候也纳入客房部的总体收入当中。

五、酒店的收入支出汇总分析

根据上述情况，在酒店房价和出租率等预测分析的基础上，拟建酒店项目可用于偿债的净收益预测如表8-11所示。我们进而分析可用于偿债的预计收入（纯收入）变化情况。在理想状况下，我们期望的是酒店净收益为正，可以逐步收回投资成本并产生盈利。净收益占部门收益的比重越高，则拟建酒店项目的投资效益越佳。

表 8-11　拟建酒店项目的净收益预测

年份	部门收益	可用于偿还债务的净收益	净收益占比	年份	部门收益	可用于偿还债务的净收益	净收益占比
2021				2024			
2022				2025			
2023							

注：可用于偿还债务的净收益反映酒店的净收益状况。部门收益是第三节第一部分提到的部门收入总和。

表 8-12 是拟建酒店项目从 2021 年到 2025 年的年度收入和支出效益的汇总，全面呈现酒店的收入和支出状况。当然，不同的酒店项目总体规划和设施布局是不同的。因此，其在具体类别上的收入、支出状况会有所不同，需要区分对待（如不同酒店的汇总表 8-12 跟表 8-13 有一定区别，统计的相关财务栏目有异同）。比如，在表 8-12、表 8-13 中，没有列入土地费用的支出。若最终的评估结果是支出远大于收益，则需要重新评估选址的合理性。

表 8-12　拟建酒店项目收入支出效益汇总表（一）

科目	2021	2022	2023	2024	2025
房间总数					
可出租房间数					
出租房间数					
出租率					
客房日均价					
部门收益					
客房部门					
餐饮部门					
会议部门					
通信部门	0	0	0	0	0
康体娱乐					
零售及其他收入					
总收益					
部门支出					
客房部门					
餐饮部门					

续表

科目	2021	2022	2023	2024	2025
会议部门					
通信部门					
康体娱乐					
零售及其他支出	0	0	0	0	0
总支出					
总营收					
可变费用支出					
办公总体费用					
市场营销及宾客娱乐					
维修保养					
能耗					
总可变费用					
扣除固定费用前的收入					
固定支出					
财产和营业税					
保险费用					
特许经营及管理费					
资产重置准备金					
总固定支出					
其他收入前净收入					
其他收入来源					
其他收入 1					
其他收入 2					
其他收入 3					
扣除奖励费后的偿债收入					
奖励管理费					
可用于偿债的收入					

注：其他收入来源要根据拟建酒店项目的实际状况进行估计。

表 8-13　拟建酒店项目收入支出效益汇总表（二）

科目	第一年	第二年	第三年	第四年	第五年	第六年
财务天数						
客房间数						
总间天数						
出租率 /%						
出租间天数						
平均房价 / 元 / 间·天						
客房收入 / 万元						
餐饮收入 / 万元						
其他收入 / 万元					8	
收入合计						
财务成本						
人力成本						
能源成本						
维修成本						
其他成本						
营业税金						
成本合计						
税前收入						
所得税率						

✍ 本章小结

1. 客房的收益指标主要有平均房价、每房日平均收益（RevPAR）、收益率指数和平均房价指数（ARI）等。

2. 酒店的预期收入主要来自客房部门、餐饮加会议场所，以及其他部门，如康健、娱乐、商店。

3. 酒店的预期投入支出项目较多，主要有勘察设计费、征地拆迁费、建筑安装费、市政工程费、设备购置费、证件办理费、流动资金和不可预见费等。

4. 酒店需要实现收支平衡，控制成本投入，拓宽各种收入来源。若评估结果是支出远大于收益，则需要重新评估选址的合理性。

思　考

1. 通过实地调研，分析一家酒店的客房部门收入。

2. 通过实地调研，分析一家酒店的客房部门支出，主要包括人工成本支出和客用品消耗等。

3. 通过实地调研，分析一家酒店的餐饮部门收入。

4. 通过问卷调查，分析顾客的康体娱乐花费意愿和投入。

5. 以第六章设计的宁波市杭州湾新区的酒店为例，评估并预测该酒店的收入和支出状况。

第九章

酒店项目的价值评估

Chapter 9
Projection of Value

◎ **知识目标**

1. 掌握酒店价值评估的方法和思路。

2. 了解酒店价值评估的目的和应用。

◎ **能力目标**

1. 具备酒店价值评估的专业分析能力。

2. 根据一定的预测方法评估拟建酒店的价值变化。

◎ **素养目标**

1. 培养学习者对酒店价值评估和资产投资的严谨专业素养。

2. 培养学习者实事求是和精益求精的科学精神。

3. 培养学习者的资本市场嗅觉和理性思维素养。

引入语：你知道酒店的价值该如何评估吗?

第一节　酒店价值评估的方法

酒店是一种商业性物业。随着中国经济的飞速发展，酒店类物业项目尤其是星级酒店项目的市场集中度不断提升，经济型连锁酒店也迅速扩张。酒店行业的迅速扩张，带来了更多的估价机会（如酒店间的并购、酒店上市需要）。随着酒店行业的迅猛发展，资本市场发生了更多关于酒店并购的交易。如何为企业或酒店并购提供更加精确的公允价值评估，是当下评估行业面临的一个重要问题。

价值预测的评估和编制是为了帮助拟建酒店经营者确定其作为经营企业的潜在价值。目前，有关酒店价值评估方法的研究还没有形成成熟的方法和技术体系。因此，无论是估价机构还是投资者，在评估酒店价值时，往往借用面向其他商业性物业而开发的估价方法。经过多年的发展，评估价值已经逐步形成以《国际评估准则》《欧洲评估准则》、美国《专业评估执业统一准则》等准则为规范依据，以市场法、成本法、收益现值法和期权法为评估方法的评估体系。这里主要介绍酒店价值评估过程中所用到的4种传统方法，即成本法、市场法、收益现值法和期权法（陈曦，2019）。

酒店价值一般由土地、建筑物、内部设施、商誉4个部分组成。就土地和建筑物而言，酒店可以按照和其他商业性物业一样的原理进行估价。但是，酒店业所独有的一些特点，如酒店用途单一、需要特殊的管理经验、酒店价值与其未来产生净收入的能力直接相关等特点，使得酒店估价在较大程度上不同于其他商业性物业（许一鸣，2020）。

一、传统的酒店价值评估方法

（1）成本法

成本法，又称资产基础法，具体指通过科学评估企业的各项单独资产价值与负债来计算企业价值的估值方法。在实际操作中，成本法又可具体分为重置成本法、账面价值法和清算价值法，其中重置成本法一直受到评估人员的青睐。从原理上讲，成本法以企业的会计核算为基础，用重新购置估值资产所需的金额减去已经损耗掉的价值的差额，再结合实际进行调整，计算出各项资产的价值后再求和，然后扣减负债评估值，最终得到被评估企业的价值。企业资产所需重置成本越高，历史损耗越低，则企业价值就越大。成本法只使用资产重置成本与历史损耗进行估值，和资产将来的使用效率不具有相关性。因此，通过成本法得出的最终评估结果，就是估值资产本身的会计价值。

重置成本法，是指假设购买者愿意支付不多于建造具有同等设施水平酒店成本的价格，既不考虑市场愿意支付的价格，也不考虑酒店未来产生净收入的价值。估价时，首先按当前价格估计酒店建造成本，然后根据酒店使用年限减去折旧金额，所得余额就是酒店价值。

重置成本法的基本公式为：

$$评估价值 = 重置成本 - 实体性贬值 - 功能性贬值 - 经济性贬值$$

$$评估价值 = 重置全价 \times 成新率$$

其中，实体性贬值是指资产在存放或使用过程中，由于使用磨损和自然力作用造成实体损耗而产生的贬值。功能性贬值是无形损耗引起的价值损失。经济性贬值是外部环境变化造成的设备贬值。

重置成本法在估价时考虑特定市场存在的进入障碍，如政府对特定区域酒店建设实行严格限制，或拟建酒店无法获得合适的土地，因此在对拟发展项目进行可行性评估时非常有效。新开业的酒店由于缺少经营历史数据而无法应用其他估价方法时，这种方法可能是最合适的估价方法。

酒店折旧由三个部分组成：一是酒店的物理折旧，即财产的物理磨损；二是酒店的功能过时，即与新建的具有同等功能的酒店相比，因酒店内部布置、风格和设计上缺乏吸引力而产生的价值损失；三是酒店的外观过时，即外部原因导致的价值损失。

重置成本法的缺陷包括：①进行高度主观的和非连续的折旧估计；②不能反映基于未来收入的投资理念。

（2）市场法

市场法，又称为市场比较法或者交易金额比较法。该估值方法以整个资本市场环境为背景，选取与被评估企业类似的上市企业为参照物，通过二者的对比来计算估值企业的价值。由于非上市企业的各项财务、非财务数据不公开，获取起来具有一定的难度，而上市公司的相关数据相对公开，且受到证监会等多方机构的监督，因此上市公司的可比性更强。在评估过程中，由于选取指标的不同，市场法又可具体分为市盈率法（市盈率为一个考察期——通常为 12 个月的时间——内股票的价格和每股收益的比率）、市净率法和市销率法。

市场比较法的评估思路为，在公开市场上寻找与被评估酒店类似的同水平酒店，参考可比酒店的价值再除以调整系数而得出目标酒店的价值。但一般交易案例的交易背景等因素很难通过公开途径来获得，故不适合使用交易案例比较法；经分析，评估人员在公开市场上可以找到可比上市公司，可将各种因素量化成修正系数进行修正。因此，本次评估适合采用上市公司比较法。举例来说：（1）2017 年 7 月 19 日，富力地产接盘万达 77 家酒店，总建筑面积 328.6万平方米，总价 199.06 亿元，平均每家酒店 2.59 亿元，平均每平方米 6058 元。（2）2017 年 7 月 12 日，杭州工商信托股份有限公司接盘开元产业投资信托基金的上海松江开元名都大酒店，总建筑面积 71027 平方米，总价 8.36 亿元，平均每平方米 11770 元。万达 77 家酒店中 76 家酒店为 100% 股权，烟台万达文华酒店为 70% 股权，分布在 71 个城市，大部分在二线、三线城市，其中 32 个城市属于全国旅游重点城市，与上海松江的市郊地段具有可比性。这意味着，万达酒店的硬件等级略同于或高于上海松江开元名都大酒店。因此，市场比较法成立。富力的购买价格是市场价格的 51.47%。

值得注意的是，这种方法只关心市场上最近交易的同类酒店的成交价格，而不考虑酒店的重置成本和未来产生净收入的价值。估价结果是对当前市场状况的真实反映，容易为交易双方所接受。为了在实践中有效地使用这种方法，估价机构需要获得及时的、可证实的和可比较的交易数据。

同时，酒店估价在数据收集上存在以下不容忽视的困难。首先，酒店市场上的买主、卖主以及交易数量不多，可作为估价基准的交易更少。其次，大量酒店交易合同不公开，估价机构难以获得足够的可靠交易信息。再次，不同酒店的规模、质量、市场定位和设施等方面往往存在较大差异，难以直接比较。最后，不同时期的酒店交易数据不能直接应用，需要对作为基准的酒店交易价格进行跨时期的调整。

（3）收益现值法

收益现值法是基于货币时间价值的基础理论，通过预测酒店企业未来现金流再加以折现，得出目标酒店获利能力即酒店价值的评估方法。它根据企业的预期收益，按适当的折现率将其换算成现值，并以此收益现值作为股东全部权益的评估价值（郭美君，2020）。具体公式如下。

$$股东全部权益价值＝企业整体价值－有息负债$$

$$企业整体价值＝营业性资产价值＋溢余资产价值＋非经营性资产价值$$

其中，有息负债是指评估基准日被评估企业账面上需要付息的债务，包括短期借款、带息的应付票据、一年内到期的长期负债和长期借款等。

根据不同的企业预期收益表示口径，收益现值法又可以分为现金流量折现法（在下文具体阐述）、经济利润法等。其基本原理是以相匹配的折现率来折现企业未来收益，从而评估酒店企业的价值（范力心，2017）。

（4）期权法

期权法是指在对企业价值进行评估时引入期权概念，即在计算企业价值的具体过程中充分考虑企业并购后价值的增加部分，通过套用 B-S 定价模型来计算企业的价值。该方法在评估企业价值时具有一定的理论创新性，但在实践中存在很大的局限性，因为该方法的运用对评估人员的数学模型造诣要求很高，操作难度较大。该方法的市场认可度不高，一般被视为其他酒店估值方法的辅助方法。

由于传统估价方法未能全面反映酒店特点，因此估价结果的可靠性和精确性难以保证，有时甚至给投资者带来重大损失。比如，20 世纪 80 年代后期，日本投资者在美国购买酒店时支付的价格过高，以致这些买主在 20 世纪 90 年代初期全球经济衰退时陷入了严重的财务危机；20 世纪 90 年代初，英国皇后摩特酒店（Queens Most House）出售时被严重低估，原所有者利益受到损害。这些事件的发生，引起交易各方的广泛关注。

近几十年来，旅游和商务旅行的快速增长使酒店业以前所未有的速度发展，酒店市场竞争日益激烈，行业并购频频发生。例如：2003 年，洲际酒店集团收购兼并了美国的蜡木酒店式公寓集团（Candlewood Suite）。2005 年 3 月，卡尔森酒店集团获取瑞兹多酒店集团（Rezidor SAS）25% 的股份，以强化双方的长期特许经营合作关系。2005 年，胜腾通过收购方式拥有了温德姆（Wyndham）品牌，胜腾酒店管理集团也更名为温德姆国际酒店集团。2005 年 4 月，万豪国际集团出资 14.5 亿美元从香港新世界发展旗下周大福（CTF）控股公司手中收购 32 家酒店。2006 年 9 月，迪拜国际资本公司投资 12.5 亿美元收购英国旅游饭店公司（Travelodge）。2007 年 7 月，黑石集团（Blackstone）以约 260 亿美元的巨资收购了美国希尔顿酒店（Hilton）。2007 年 8 月，美国娱乐经营商美国娱乐经营商美高梅（MGM）获得迪拜世界（Dubai World）购入 52 亿美元，占集团 9.5% 的股权。根据仲量联行酒店集团的统计，2006 年全球酒店业并购交易额达 725 亿元。

酒店并购热潮对酒店估价实践产生了重要影响。一方面，国际资本再配置趋势对酒店估价结果的可靠性和准确性提出了更高要求；另一方面，交易规模的扩大和国际环境的复杂性，要求估价机构采用更能反映行业特点和复杂性的估价方法，以便对酒店价值做出公允评估。

表 9-1 是对上述 4 种方法的对比。每种方法都具有自身的科学性，同时也存在特有的适用性和缺陷，所以在进行酒店价值评估之前，选择一个恰当的估值方法很重要。《资产评估执业准则——资产评估方法》也明确了资产评估方法主要包括市场法、收益现值法和成本法 3 种基本方法及其衍生方法。

表 9-1　4 种估值方法比较（杨春瑶，2017：10）

估值方法	优点	缺点	适用范围
成本法	评估数据易得、准确	考虑的是资产的过去价值，重在单项资产而非企业整体	单项资产评估或无收入、市场中找不到相似企业的评估企业
市场法	简单易行，直观易懂	准确性易受到可比公司、市场价格波动的影响	证券交易市场较为发达和完善、上市公司数量众多、容易找到可比公司的企业
收益现值法	能够系统、完整地预计企业未来的整体盈利能力	过多依赖于假设，主观性强	所处资本市场有效、经营环境稳定且能够永续经营的企业
期权法	能够有效评估企业未来选择权的价值	要估计标的资产价值和它的方差	适用于其他方法难以评估的企业，如陷入经营困境的企业

为了规范资产评估执业行为，保证资产评估执业质量，保护资产评估当事人的合法权益和公共利益，在财政部指导下，中国资产评估协会根据《资产评估基本准则》，制定了《资产评估执业准则——资产评估方法》，自 2020 年 3 月 1 日起施行，对相关方法的使用规范进行了约束和指导。

二、现今的酒店价值评估方法

为了适应时代的需要，对酒店估价方法的研究日益受到重视，估价机构不断开发新的适合酒店的估价方法。进入 20 世纪 90 年代以来，英国皇家特许检验师协会（RICS）、英国酒店会计协会（BAHA）、国际酒店业协会（IHA）、美国旅馆估价服务公司（American Hospitality Valuation Service）等组织纷纷推荐更能反映酒店特点的收入资本化估价方法。这些方法的推出，不仅有效地提高了估价结果的可靠性和精确度，而且大大推动了酒店交易的发展。

收入资本化估价方法是前述市场法和收益现值法的一个综合，指将酒店作为产生现金流的企业实体，根据酒店产生净收入的能力，评估酒店的市场价值。具体评估方法有单一资本化比率法（single capitalization rate methodology）、现金流量贴现法（discounted cash-flow analysis）、同步估价公式法（simultaneous valuation formula）、联合投资法（band of investment method）等。

（1）单一资本化比率法

单一资本化比率法是将某个年份的净收入除以资本化比率（或收入乘数），所得结果即酒店价值。这种方法主要考虑酒店的当前业绩，较少或根本不考虑酒店未来产生净收入的能力，也不考虑资金的时间价值。

资本化比率的取值是市场导向的，需参照最近交易的酒店资本化比率取值。由于不同酒店间可能存在较大差异，因此，应根据酒店使用年限、设备状况、位置和入住率等因素，对资本化比率进行相应调整。

这里，资本化比率反映公司负债的资本化（或长期化）程度。其计算公式为：

$$资本化比率 = \frac{长期负债合计}{长期负债合计 + 所有者权益合计} \times 100\%$$

该指标值越小，表明公司负债的资本化程度越低，长期偿还债务的压力越小；反之，则表明公司负债的资本化程度越高，长期偿还债务的压力越大。该指标不宜过高，一般应在 20% 以下。

（2）现金流量折现法

现金流量折现法是收益现值法的一种，也是当前被广泛采用的一种评估方法。该方法是站在未来的角度，在评估时将企业自身的成长包含进去，预测企业未来的现金流量并对其进行折现，进而得出企业评估价值。根据未来现金流量存在的形式，该方法又可分为股利现金流量折现模型、股权现金流量折现模型和自由现金流量折现模型。股利现金流量折现模型指的是股东唯一的现金流量为股利，企业价值即未来所有股利的现值。在股利分配未定的企业中，运用该方法来评估企业价值较为准确，股利分配不稳定的企业一般不适用于该方法。我国企业在股利分配方面存在较大的不稳定性，因此实务中较少使用该方法。股权现金流量折现模型强调的是企业的股权价值等于企业的实体现金流量扣除其自身投资，再减去需要支付给债权人的部分，最后以股权资本成本为折现率折现得到的价值。自由现金流量折现模型指的是企业价值，即企业所有的现金流入减去各项成本费用及必要投资后的金额，以加权平均资本成本为折现率折现后得到的价值。

以上是对 3 种现金流量折现模型的内涵分别进行的阐释，虽然三者之间存在差别，但只要前提假设相同，3 种方法的评估结果也应相同。但是，在运用不同的模型时需要注意，所选择的现金流要和折现率一一对应。股利现金流量折现模型和股权现金流量折现模型站在股东的角度，以股权价值为基础评估企业价值，且股权的资本成本会随着公司资本结构动态变化，预测难度较大。因此，一般主要使用企业自由现金流量折现模型来评估被并购方企业价值。

现金流量贴现法是假设酒店没有负债经营，所用资金均为自有资金，使用一个总的贴现率，对未来一定年份的预测净收入和资产末期价值或残值进行贴现。不同估价机构对预测年份的取值存在较大差异。1994 年，英国皇家特许检验师协会（RICS）推荐按 10 年进行取值，这一标准现已得到越来越多估价机构的认可。总的贴现率由两部分组成：一部分是当前长期国债利率；另一部分是风险报酬率，由投资者根据实际情况确定。

对于该估值方法的应用，存在 3 个关键因素：未来收益的预测，收益预测期的确定，折现率的确定。

① 未来收益的预测。在使用收益现值法前，需要重点分析掌握评估对象的经营状况，清晰认识其发展前景，系统分析、准确判断并且适当调整公司的有关资料，从而谨慎预测公司的未来收益。

② 收益预测期的确定。收益预测期的确定直接决定估值是否准确。为简化模型、减少误差，一般把评估期分成两个阶段——5—7 年详细预测与永续简单预测。

③ 折现率的确定。选择折现率即选择科学恰当的期望投资报酬率，一般用公司资本成本来代替。需要强调的是，折现率的确定需要和收益口径相互匹配，目前经常使用资本资产定价模型（CAPM）来确定。

现金流量折现法的缺点是，这种方法只关心未来年份产生的净收入，容易让人忽视当前市场状况。

（3）同步估价公式法

同步估价公式法估价原理与现金流量贴现法类似，都是将酒店未来产生的收入贴现为现值。

同步估价公式法采用抵押-资产净值技术（mortgage-equity technique）进行贴现，贴现时需考虑多种因素，如利率、分期偿还期限和贷款价值比（loan-to-value），估价过程更为复杂。其中，贷款价值比是指贷款金额和抵押品价值的比例，多见于抵押贷款，如房产抵押贷款。例如，某客户 A 的房产抵押贷款，抵押房产估值为 100 万元人民币，而银行的信贷政策规定贷款价值比 <70%，银行最多可以贷给 A 客户 70 万元的贷款。不同的抵押品贷款的贷款价值比根据银行自身政策各不相同，反映银行对抵押物的风险预期。

同步估价公式法对多种市场因素进行考虑，真实地反映了典型的酒店投资行为，是一种真正以市场为导向的估价方法。

（4）联合投资法

联合投资法的具体计算过程与单一资本化比率法类似，即用单一年份的稳定收入除以加权平均资本成本。单一年份的稳定收入是指在酒店的经济生命周期内，能够保持稳定和持续的净收入。加权平均资本成本是指根据抵押融资和资产净值比例，对抵押利率和资产回报进行加权。

当酒店预期可以产生稳定收入，即可以长期保持一定水平的入住率和平均房价时，这种方法比较有效。然而，当入住率和平均房价无法保证时，对酒店净收入进行预测相当困难。

其中，加权平均资本成本（weighted average cost of capital）是按资本类别的比例计算公司资本成本，包含所有资金来源，即普通股、优先股、债券及所有长期债务，计算方法为每种资本的成本乘以其占总资本的比重，然后将各项结果相加。

上面 4 种常用的收入资本化方法虽然基本原理相同，但在前提假设、具体估价过程和适用范围等方面存在诸多差异。把握这些差异，有助于我们在实践中选择合适的酒店估值方法，保证酒店估价结果的可靠性和精确性。

三、酒店价值评估的技术思路

不同方法的酒店价值评估的基本思路主要分为三步。

第一步：评估资料收集。

根据酒店综合服务设施的不同，收集具有针对性的资料。除常规资料外，酒店评估需要重点收集的资料有：酒店简介、酒店功能布局图、酒店客房种类及对应的客房数、入住率调查、酒店挂牌价门市价、酒店客房实收价、其他功能区范围及价格、附属服务类项目价格明细及使用概率、酒店装修清单、酒店设备设施清单、财务报表等。

第二步：实地查勘及调查。

根据物业资料，对项目（或者拟建项目）分功能部分进行实地勘察，判断物业类型，结合同区域内实地调研，判断其经营状况、客房入住率、餐厅上座率、会议室使用率、酒店收益的分配等情况。以一个旅游型的集团管理式酒店为例，其整体收益受旅游季节（淡季、平季、旺季）的影响而产生差异，且归属于权利人的酒店收益中应扣除支付给酒店管理公司的相关费用。

第三步：酒店价值评估方法的选取。

基于对酒店房地产的认识和实际数据收集情况，我们可采用不同类型的方法来进行具体价值评估。同时，评估人应根据估价对象自身的特点、所收集的资料及信息状况来选取评估方法。

第四步：评估结果的比较和采纳。

针对不同评估类型的方法所获得的评估结果，结合实际状况进行论证比较，分析并决定最终的价值评估结果。

第二节　酒店价值评估的实证分析

由于涉及相关商业信息较多，目前可公开的、可查询的酒店价值评估案例较少。已有的可查询的相关文献记录较多的是酒店并购或者收购过程中的价值评估。这里基于杨璐（2019）的相关研究成果，对维也纳酒店并购过程中的价值评估进行实证分析和评估思路介绍。

一、确定评估目的及评估范围

本次评估目的为股权收购。

根据锦江国际（集团）有限公司《关于同意对维也纳酒店有限公司和深圳市百岁村餐饮连锁有限公司进行资产评估的批复》（沪锦集〔2016〕41 号），本次评估是为了满足上海锦江国际酒店发展股份有限公司（证券代码 A 股：

600754；B股：900934）收购维也纳酒店有限公司 80% 股权的需要，对维也纳酒店有限公司股东的全部权益价值进行估算，并发表专业意见。

评估范围为评估对象维也纳酒店有限公司的全部资产及负债，包括截止到 2015 年 12 月 31 日资产负债表反映的全部资产以及负债；此外，酒店拥有的账面未反映的 37 项商标、10 项著作权、4 项专利也纳入评估范围。考虑到相关商业信息保护需要，具体的公司资产状况不在此处列出，详见杨璐（2019）。通过资产审计，获得维也纳酒店流动资产 535709779.71 元，占总资产的 50.21%，主要为货币资金、应收账款、预付款项、存货和应收利息；实物资产为原材料和在用低值易耗品，其中原材料主要为牙刷、牙膏等客房用品，在用低值易耗品为酒店的床单、枕套、浴巾、被套、毛巾等酒店用品。

二、确定价值类型

本次评估选取的价值类型为市场价值。

本次评估是为了给股权收购提供价值参考。假设酒店未来处于持续经营状态，那么其可选择公开、公平市场条件下的市场价值作为评估价值类型。具体定义为：在公开市场条件下，买方卖方对资产的信息了解程度相同，且双方均在自愿未受逼迫的状态下进行资产的交易。

持续经营在本案例中是指被评估单位维也纳酒店的生产经营活动会按其现状持续下去，并且不会在可预见的未来发生重大改变。

三、选择评估方法

基于评估实务的现实需求，目前所做评估案例均需使用两种或两种以上评估方法来进行核算和验证。前文第一节已经介绍了相关评估方法（如成本法、市场法和收益现值法）的定义内涵和适用范围。经分析，评估人员在公开市场上可以找到可比上市公司，可将各种因素量化成修正系数进行修正。因此，本次评估适宜采用上市公司比较法（市场法）。

从酒店现状来看，维也纳酒店有限公司成立于 2004 年，在 2015 年中国酒店集团规模 50 强排行榜中位列第 7 名，市场占有率为 1.41%。主要经营中档连锁酒店。截至评估基准日，已开业直营酒店 46 家，有效加盟酒店 519 家，其中已开业的加盟酒店 257 家。维也纳酒店有限公司 2013 年实现收入 88147 万元，实现净利润 2597.37 万元；2014 年实现收入 116144 万元，实现净利润 5348.6 万元；2015 年实现收入 146157 万元，实现净利润 14399.23 万元。

综合上述情况分析可得，维也纳酒店有限公司本年度的盈利将保持在较好的水平，故评估人员判断适用收益现值法。

同时，维也纳酒店有限公司为酒店连锁企业，主要运营直营酒店和加盟酒店业务，盈利情况良好。由于直营酒店物业全部为租赁，加盟酒店的物业及装修款均由加盟业主提供，其品牌、管理团队等无形资产对其经营影响较大，因此资产基础法在反映企业价值时难以对无形资产价值进行合理量化，而收益现值法和市场法更能体现其价值，故本次评估不宜使用资产基础法（成本法）。

综上所述，根据目标酒店的市场条件及资产状况，充分考虑评估目的，本次评估选择采用市场法和收益现值法为目标酒店估值，两种评估方法所得结果互相验证，最终选择其中一种方法的估值结果作为最终评估结论。

四、得出评估结果

（1）收益现值法评估

我们将预测未来经营期的收益值并折现得出评估值，在并购决策制定前，用折现值总和与并购方为获得资产所愿意支付的最多货币量比较，分析目标酒店是否值得投资。评估的具体步骤为：

第一步：选择收益模型。本次评估采用现金流折现模型（discounted cash flow model），收益口径为企业自由现金流（free cash flow of firm），相应的折现率采用加权平均资本成本（WACC）模型。其基本公式为：

股东全部权益价值＝企业整体价值－企业付息负债＝企业自由现金流折现价值＋溢余资产价值＋非经营性资产价值－付息负债。

企业自由现金流＝净利润＋折旧摊销＋负息债务利息（税后）－营运资金增加－资本性支出。

第二步：确定收益年限。本次评估假设收益年限为无限期。

第三步：预期年收益额。根据企业提供的未来经营期内的预测指标，通过企业的财务计划、经营计划，分析企业在未来年度中的收益、成本和费用变化趋势及预期年限内对收益有重大影响的因素，测算预期年限内的净现金流量。

第四步：确定折现率。折现率采用加权平均资本成本。

按照收益途径，采用现金流折现方法（DCF）对维也纳酒店有限公司的股东全部权益价值进行评估。在评估基准日 2015 年 12 月 31 日，维也纳酒店有限公司经审计后的合并口径归属于母公司所有者权益为 484382553.29 元，评估价值为 2212231119.00 元，较账面股东全部权益增值为 1727848565.71 元，增值率为 356.71%。

（2）市场法评估

本评估案例中的市场法，是将目标酒店与可比上市酒店企业或者可比并购案例进行比较，参考可比酒店企业价值，调整差异系数，得出目标酒店评估值。根据评估人员搜集的资料及被评估酒店的特性，本次评估选择市场法中的上市公司比较法。

上市公司比较法是指获取并分析可比上市公司的经营和财务数据，计算适当的价值比率，在与被评估企业比较分析的基础上确定评估对象价值。一般选取市净率（PB）、市盈率（PE）、市销率（PS）、企业价值收益比（EV/EBITDA 倍数），据此计算目标公司股权价值。评估的具体步骤为：

第一步：根据本次评估目标公司和可比上市公司的实际情况，确定采用股权价值（P）/合并口径营业收入（S）指标，并根据公开市场数据分别计算 5 家可比上市公司的价值比率。

第二步：对可比上市公司的价值比率进行资本市场及国家因素修正和个别因素修正（包括行业知名度、所处市场、细分领域发展）。

第三步：根据可比上市公司修正后的价值比率，按照平均权重得到平均价值比率，并结合目标公司参数计算出企业价值评估结果。

第四步：剔除有息负债与现金及现金等价物净额，得出全流通股权价值。

第五步：考虑到可比公司均为上市公司，需对目标公司的股权价值进行缺少流通性折扣调整以及控制权溢价调整，得到初步股权价值评估结果。

第六步：在初步企业价值评估结果的基础上，加计非经营性、溢余资产价值。用上市公司比较法对维也纳酒店有限公司的股东全部权益价值进行评估，在评估基准日 2015 年 12 月 31 日，维也纳酒店有限公司经审计后的合并口径归属于母公司所有者权益为 484382553.29 元，评估价值为 2209965900.00 元，较账面股东全部权益增值为 1725583346.71 元，增值率为 365.24%（杨璐，2019：29）。

五、评估结论分析

对整个评估的结果进行比较和决策，针对不同的评估结果进行论证和比较，以期获得最为科学合理的决策建议。

在本案例中，收益现值法是从企业的预期获利能力角度来评价资产或企业的价值，被评估酒店经营多年，经营模式及管理水平较为成熟，各项经营指标较为稳定，正常情况下，在可预见的未来，酒店发展是稳定上升的，盈利性较好，收益现值法评估结果较充分地体现出企业的整体成长性和盈利能力。而市场法评估采用上市公司作为比较案例，但每个公司的业务结构、经营模式、规模大小、资产配置均不尽相同，客观上很难对上述差异做到准确量化。因此，经分析，我们选用收益现值法评估结果为最终评估结果，即维也纳酒店有限公司的股东全部权益在 2015 年 12 月 31 日所表现的市场价值为 2212231119 元（股东全部权益价值评估值大写：人民币贰拾贰亿壹仟贰佰贰拾叁万壹仟壹佰壹拾玖元整）。

第三节　酒店价值评估的应用和启示

一、酒店并购过程中的应用和启示

在当今现代经济的发展过程中，并购作为一种重要的资本运作形式已经逐渐参与到企业的发展中。并购是企业扩大规模、提高核心竞争力和实现资源优化配置的重要手段（李秉坤、杨璐，2019）。

比如，近年来，首旅酒店集团以酒店经营管理为核心，以兼并收购作为企业扩大规模、资源整合、优势互补的有效手段，力求豪华、高档、中档、经济型各档次酒店均衡发展，努力打造中国最具影响力的、富有民族特色的国际化酒店集团。表 9-2 展示了首旅酒店近年来的并购情况。

表 9-2　首旅酒店集体近年来的并购情况（杨春瑶，2017：14）

年份	并购方	被并购方	收购股权 /%	交易价格 / 亿元	交易价格确认依据
2009	首旅酒店	前门饭店	100	33461.03	成本现值法
2012	首旅酒店	首旅建国	75	6037.50	收益现值法
2012	首旅酒店	首旅京伦	100%	8230.00	收益现值法
2012	首旅酒店	欣燕都酒店	100%	6100.00	成本法

续表

年份	并购方	被并购方	收购股权 /%	交易价格 / 亿元	交易价格确认依据
2012	首旅酒店	首旅建国	25%	2245.00	以收益现值法净资产评估结果作为定价依据，并结合 2012 年的预期收益来确定
2014	首旅酒店	南苑股份	70%	28000.00	成本法
2015	首旅酒店	如家酒店	100%	110.5	收益现值法

根据巨潮资讯首旅股份发布的公告，首旅酒店通常同时采用成本法和收益现值法进行评估，再根据被并购方的企业特性，选择最适合的评估方法对应的评估结果，作为股东权益价值的最终评估结论，为交易价格提供价值参考依据。

通过首旅酒店集团在收购诸多其他酒店的价值评估过程，我们可以得到如下启示。

（1）选择恰当的价值评估方法是并购成功的基础。企业价值评估时，可供选择的方法多种多样，收益现值法与市场法均有各自的适用情况，评估时不可以盲目使用，应该结合交易双方的实际情况选用合适的方法，为并购交易定价打好基础，使得出价处于合理的范围内，从而确保并购活动的有序进行。

（2）想要达到预期的并购效果还需要依赖并购结束后的资源整合。对资源整合的不重视是并购失败的一大原因。而且，对资源整合的重视程度也将决定评估出的企业价值能否实现。有时候预测的企业价值很准确，但是因为并购后的企业不重视整合与管理，有时并购的效果不尽如人意，这不是因为企业估值不准，而是并购后的资源整合存在问题。因此，并购结束后的企业资源整合也很重要。

（3）上市公司估值需要结合所处股票市场。比如，首旅并购如家，被并方如家酒店集团是在美国纳斯达克市场上市的中国公司，对其进行估值与在国内A股市场上市的企业的价值评估在参数选取等方面具有差异，评估过程中需要谨慎选取，以确保公司估值的准确性。

当前，从酒店市场整体行业来看，单体酒店仍占多数，但在发展的过程中，单体酒店将会遭遇困境。单体酒店直销十分困难，主要是因为其实力弱，人力、资源等各方面都构不成规模效应。因此，连锁化、集团化是必然趋势。中国大的酒店企业未来会继续通过各种资本形式来实现并购整合（离不开酒店的价值评估），一些经营不好的单体酒店也会进行集团化改造或并入集团内部，进行连锁化、规模化经营。

此外，为规范执行投资价值评估业务行为，指导评估专业人员从事投资价值评估业务，服务企业并购，中国资产评估协会起草了《企业并购投资价值评估指导意见（征求意见稿）》，可以给酒店资产评估提供实际指导和进行操作规范。

二、酒店品牌价值估算中的应用

酒店的企业价值不仅包括有形资产，还包括无形资产。企业无形资产是企业产品品质、商标、资信、盈利能力等方面综合实力的体现，是企业的宝贵财富。酒店企业要在激烈的市场竞争中立于不败之地，就必须创出名牌，保护好名牌，重视品牌无形资产价值，维护企业权益。因此，为了防止无形资产流失，把无形资产作为重要资产来运营和评估，并将其纳入酒店的整体价值评估当中，就显得极其重要了（周霞、谢林海，2010）。

作为企业重要的无形资产，酒店品牌对于品牌的经营者及投资者来说意义重大，品牌经营的好坏直接关系到企业的成败。著名营销大师科特勒在《营销管理》一书中提出，酒店品牌的内涵可以分解为品牌属性、品牌价值、品牌利益、品牌文化、品牌个性和酒店品牌的使用者等六个要素。当然，酒店品牌价值的形成是以产品和服务的质量为基础的。

酒店品牌价值评估工作的开展一来可以帮助企业找到自身的市场地位，采取有效措施缩短与优势品牌的差距，从而更好地进行品牌价值管理工作，二来可以帮助企业准确地进行品牌延伸和投资活动。目前，基于财务角度的品牌价值评估方法主要有成本法、收益现值法和股票市值法，为定量评估酒店的品牌价值提供了一个重要思路。

王莺莺（2015）给出了如家酒店品牌价值评估的计算思路和流程步骤，运用到了前述酒店价值评估中的相关方法和思路：

（1）确定如家酒店品牌的历史沉淀收益。确定企业历史沉淀收益，即科学地确定无形资产收益，需要将有形资产创造的收益（有形资产收益＝有形资产总额 × 资产报酬率；有形资产总额＝固定资产＋流动资产）从如家品牌的主营业务收益中剔除出来。也就是说，酒店无形资产收益＝酒店运营利润总额－有形资产总额。

（2）计算品牌收益。比如采用未来收益法，其中，品牌是否具有价值取决于其能否给酒店品牌拥有者带来持续稳定的收入，这种方法考虑到了企业的未来发展潜力而不是现实竞争力，符合品牌的本质内涵，是一种比较理想的评估方法。

三、酒店上市的资产评估和应用

　　酒店价值评估的第三个重要应用是对自身公司进行合理的评估（比如为了追求上市，或者上市企业谋求新的融资），适当的评估方法是企业价值准确评估的前提。该评估流程和技术思路跟本章第二节酒店并购过程中的应用总体上相似，只是评估的最终目的有所差别而已。

　　投资一家公司之前，我们都会对它进行估值，估值就是对股价高低的一种预估，是一个系统的工程。上市公司价值评估是资产评估的一部分，然而，由于企业价值具有复杂性，使得任何单一的评估方法都会存在评估结果出现差异的问题，因此，如何使评估结果更加切合实际、尽量避免主观因素影响，这是上市公司在企业价值评估中方法选择的重点。

　　为贯彻落实《中华人民共和国资产评估法》，规范资产评估执业行为，保证资产评估执业质量，保护资产评估当事人的合法权益和公共利益，在财政部指导下，中国资产评估协会根据《资产评估基本准则》，对《资产评估执业准则——企业价值》进行了修订，自 2019 年 1 月 1 日起施行。因此，在酒店企业上市的实际价值或者资产评估的过程中，我们需要参照《资产评估执业准则——企业价值》的规范。

　　最后需要指出的是，酒店项目，尤其是建设运营初期的酒店项目，由于可获得的数据信息较少，对其开展价值评估是一项非常有难度和挑战性的工作。并且，在对企业进行估值的过程中，每一个参数均或多或少存在估计的成分，加上信息量、评估水平以及成本的限制，最终估值无法避免地会和真实值存有偏差，但只要评估过程科学合理，其评估结果就是有意义的，分析讨论估值结果也是需要的。

📝 **本章小结**

1. 酒店价值预测的评估和编制是为了帮助确定拟建酒店项目作为经营企业的潜在价值。

2. 传统的酒店价值评估方法主要有成本法、市场法、收益现值法和期权法等，不同方法有着不同的适用范围。

3. 酒店价值评估的基本步骤为通过资料收集确定评估目的及评估范围、确定评估价值类型、选择合适的评估方法、得出评估结果、比较分析评估结果。

📝 **思　考**

1. 酒店价值评估的技术思路和基本步骤主要有哪些？

2. 比较不同酒店价值评估方法的适用范围和特点。

3. 通过实地调研，选用一种酒店价值评估方法，对某一酒店进行评估。

第十章
酒店选址和评估过程中应注意的问题

Chapter 10
Uncertainty Analysis and Note Summary

◎ **知识目标**

1. 掌握酒店选址和评估过程中的不确定性问题。

2. 掌握酒店选址过程中的特殊性问题（疫情、安全）防控。

◎ **能力目标**

1. 具备不确定性问题的识别和分析能力。

2. 根据特定的选址条件做出风险防控和安全应急设计。

◎ **素养目标**

1. 培养学生的不确定性分析意识。

2. 培养学生的风险防控和安全意识。

3. 培养学生的应急管理素养和应变能力。

引入语：你知道酒店的选址评价过程中，有哪些不确定的因素吗？

第一节 不确定性问题

　　拟建酒店项目的选址和投资是一个综合性商业决策行为，要考虑多个维度、多个层级的复杂因素，同时也会有诸多不确定性和特殊性因素。这些不确定性和特殊性因素，不管是在酒店选址前期论证，还是在酒店选址后投入运营的过程中，多多少少会在某些环节产生正面或负面的影响。因此，有必要在选址决策过程中将这些不确定性因素纳入，以期将决策风险降到最低。

一、区域规划的不确定性

　　区域规划的不确定性主要涉及土地、交通、旅游规划等方面的调整和变更，会对酒店的选址和运营带来一定的影响。

　　（1）土地利用的不确定性。它主要通过土地利用性质和土地利用面积范围等的调整对酒店的项目选址产生影响。比如，原本为商业用地（适合建酒店）的某个地块，由于教育事业发展需要变成了教育事业用地，这样就可能会对拟投资者的前期调研和投入带来影响。拟建酒店项目周边的部分配套设施规划的不确定性，也会对拟建酒店项目所在地块的投资效益带来一定影响。

　　同时，物业用途属性（土地上的建筑物）也存有不确定因素。土地上的物业用途分为工业、科研、金融、办公、商服、商业等。商服、综合和商业用途最适合经营酒店。工业用途肯定是不可以触碰的红线。每个城市的法规和政策不同，其他用途的物业是否可以经营酒店，最好咨询当地相关行政部门并得到确切的纸质回复方可实施。一旦物业的关键性质不符合经营酒店的要求，后续的装修报建、消防、特行证等都会面临无法获得的风险。

　　为了审核选择经营物业是否合规，一个简单的方法为向目标业主方索取房产证。房产证件上可以清晰地看到土地性质、房屋用途、产权来源、建筑面积等相关信息。如果是新物业或在建物业，可向业主索取规划许可证、建设许可证、施工许可证，也可以明确获得以上信息。

　　（2）交通规划的不确定性。这个主要涉及以下几个方面的影响：①积极方面的影响，如交通条件的改善带来酒店投资的良好发展契机，这个时候就要选择一个目标定位合理的酒店项目。②消极方面的影响，比如交通规划建设带来的拆迁问题，如果选址、投资时机不合适，刚投资经营的某个酒店面临交通部门的规划调整和拆迁，就会影响酒店项目的投资经营回报。此外，如果酒店刚刚投入运营，就面临交通建设部门在酒店门口或者周围的市政工程修建，也会影响酒店周边的环境和交通可进入性，进而影响酒店客房的出租率。

（3）旅游规划的不确定性。丰富的旅游资源和良好的区域旅游规划是促进酒店行业选址投资的有利因素。但是，在实际旅游项目开发过程中，有的旅游景区可能由于经营不善或者客源不足，无法为景区周边的酒店业带来持续有益的推动作用。因此，这样的酒店选址就可能存在一定的经营风险。此外，区域旅游规划的调整，包括某些旅游景区的运营时间到期或者关停，比如由于设备老久等原因，宁波北仑凤凰山海港乐园于 2019 年 10 月 15 日正式宣布停止营业并宣布闭园，不再接待游客。目前该区域已经重新打造成为城市建设用地规划的凤凰新城，对该区域周边的酒店行业带来了一定影响。

二、调查数据的不确定性

分析和调查数据的某些不确定性和不全面性，会对酒店投资决策过程中的需求市场细分、客房定价和预测、酒店价值评估等带来一定的偏差，甚至造成效益估算完全失误，带来投资决策的失败。因此，不可忽视在前期调研过程中的数据全面性、完整性和精确性。

（1）数据的公开和披露。由于相关统计部门数据库和信息平台的不完善，在实际调查和分析过程中，我们很难一次性获得计算过程中所需要的全部理想数据，部分数据会缺失，部分数据在时间上不连续，部分数据未纳入统计调查的范围，当然还有诸多数据是不公开的。因此，如何尽可能多地获得可查询的相关调查数据，也是实践环节中的一个重要挑战和难点。

（2）调查样本的不全面性。由于数据的查询限制和不完全公开，会不可避免地给前述章节的数据分析精准性带来影响。比如，在第七章第三节"基于主要竞争者的房价预测"中，通过某一调查时段范围内的客房均价来估计主要竞争者酒店的年均房价，这里的"某一调查时段范围"就是一个不确定的因素，时限范围更长，最后的估计结果更为准确。因此，在课程实施的第一节课开始就可以先安排针对拟建酒店区域的主要竞争者数据收集和整理，以尽量扩大调查的时限范围。

三、分析误差的不确定性

拟建酒店的项目选址和投资决策过程多处涉及计算和数据分析，比如区域酒店的供给和需求预测、客源市场的细分、客房价格的预测、收支效益的预测。

选择合适的数学模型来近似准确地衡量酒店选址投资过程中的决策判断是减少分析误差的一个重要路径。但是，由于历史数据的不完整、未来变化的难预期性，任何模型都会有误差的存在。如何减少误差，并结合拟建酒店区域的总体社会经济发展现状，提高分析计算的准确性，是实践环节中的另一个重要挑战和难点。

因此，在正视分析误差的不确定性存在的前提下，我们一方面要尽可能多地收集相关历史资料、现有酒店竞争者相关资料，另一方面要结合区域现有的规划和广泛而充分的旅游市场调研，来提高分析的准确性。

第二节　特殊性问题

拟建酒店项目在选址、投资决策过程中还存在某些不可抗拒的特殊性问题。比如，新冠肺炎疫情对整个酒店行业的冲击、灾害性环境问题和安全设计问题等带来的影响。这些特殊性问题，有的是需要时常注意的（如安全设计问题），有的是偶尔突发的（如地质灾害），还有的是百年一遇的（如新冠肺炎疫情）。

一、公共卫生事件的冲击和影响

新冠肺炎疫情等公共卫生事件对酒店业的冲击，会使得酒店项目的投资变得更加谨慎。因为投资者越来越重视投资回报率，所以未来的酒店投资不会再像过去那样奢侈和大而全。同时，受到疫情的影响，酒店投资者会更加谨慎，更多地把目光投向小酒店。按照以往经验，高端奢华酒店投资额比较大，投资周期以及回报周期比较长，一般要 15 年左右，这样的投资逻辑肯定会逐步被市场淘汰。

而 OTA 之间出于竞争原因，利用时间差、地域差、网站语言版本不同等特点向消费者提供各种类型的折扣，国内几大 OTA 还曾经开展过大规模、大力度的返券促销活动。折扣、返券都会让 OTA 减少收益，但为了追求市场占有率，损失短期利益以求垄断市场后获得长期收益，已经被证明是有效的手段。

另外，酒店业本身建立了复杂的价格体系，把酒店价格分成不同档次。然而，这套复杂的体系在互联网的冲击下，成为价格不一致的源头。以前投资高星级酒店经常说不指望酒店赚钱，最近这两年，这样的声音少了。现在投资者对投资更谨慎，希望酒店本身可以盈利。酒店业先前都是等客人来，提供服务（软件和硬件设施）。如果疫情持续反复，酒店业需要的可能是走出去，将一些软件和硬件变成可移动式的服务（比如送餐、社区化娱乐设施、社区化洗衣服务和家政服务的提供）。目前看来疫情还会持续，怎么让酒店存活下去，保证酒店人员就业问题，是新建酒店项目之外的另一个重要使命。

二、灾害性环境问题的影响和防控

安全是酒店选址设计与经营的最重要方面。精心设计的酒店不仅仅是艺术的挥洒，还是建立在现实基础上的商业品。有些酒店在选址建设后会不可避免地遇到地质灾害（如滑坡、泥石流、地震），这不仅会增加酒店的资金投入，还会对酒店的整体布局带来影响。比如，2017 年，湖北省南漳县海市蜃楼酒店背后山体发生崩塌，酒店内有 14 人被困，并有人员受伤，这引起了省、市、县多级政府的高度重视，酒店周边现场还有几百立方米的危岩体，有可能发生次生灾害。因此，出于安全考虑，酒店选址过程中还必须注意灾害学评估和地质灾害治理防控。

比如，2015 年 10 月，杭州天溪湖旅游开发有限公司发布了"杭州天溪湖旅游度假酒店边坡地质灾害治理工程"的招标项目，需要对酒店项目的多处边坡段不同程度的崩塌地质灾害（隐患）进行治理。治理工程分段设计、施工，在清除坡面的浮石浮土后，采用削坡、打设锚杆、铺设柔性主动防护网、坡面增设仰斜式毛石砼挡墙（结合锚杆）与衡重式毛石砼挡墙防护的方式，进行治理施工。与此类似，2020 年 10 月 12 日，四川广港文化旅游发展有限公司发布了一则"野奢云涧酒店一号客房东侧不稳定斜坡地质灾害排危除险工程"竞争性谈判公告，以保障酒店的安全。

再如，为及时推动半山酒店建设工作（半山酒店坚持"与山相伴、依山而建，因形就势、融入自然"的标准，见图 10-1），2021 年，云南红河县按照全省半山酒店会议精神，紧扣问题短板稳步推进，加大滑坡治理力度，完成了半山酒店地质灾害治理工程、康藤帐篷营地滑坡地质灾害应急调查及治理工程。强化用地保障，制定乡村规划，将所涉项目土地纳入规划范畴，为后期土地调规和点状供地夯实基础。推动基础要素供给，保障半山酒店的水电路等基础要素，以此作为推动半山酒店建设的先决条件。

图 10-1　云南红河半山酒店

此外，受强降雨影响，有些地势较低的酒店也会面临洪水被困的安全隐患。比如，2021年5月，受强降雨影响，贵阳珠江路格兰云天酒店附近道路被淹，积水严重，导致酒店290余人被滞留。由于格兰云天酒店地势较低，受灾较为严重，因此酒店地下停车场已经被水灌满。

综合来看，拟建酒店项目选址要避开地质灾害易发、存在安全隐患的位置。依山而建的酒店重点要防控滑坡、泥石流等灾害，完善灾害预警和治理投入；依河、依海而建的酒店重点要防控台风、暴雨、洪涝灾害带来的不利影响。此外，某些酒店若选址在活动断裂带周围，可能还会带有地震的风险，需要在选址前进行规避。经营中的酒店因地质灾害拆迁，政府一般需要按照评估价进行补偿。

三、酒店选址设计的安全注意事项

安全工作是酒店经营管理的基础工作，是酒店各项工作顺利开展的保障。酒店安全状况是宾客选择下榻宾馆时考虑的首要问题。酒店应确保宾客的人身安全不受任何伤害。因此，酒店的各项设施、设备必须安全有效，确保宾客及酒店员工在使用时不会发生任何故障，以免影响使用效果。同时，要对拟建酒店项目在选址设计过程中的安全注意事项进行预判，做好充分准备。

例如，酒店要防范洪水隐患。当酒店度假村建在海滨或江河水库边时，为保证设计的合理性和安全性，要向当地水文资源局（站）索取如下资料：①当地水文观测站的资料，按频率50年一遇、100年一遇、200年一遇设置三个水位参考值，并提出建议。②水文特征值，包括水文观测站建站以来的历年最高水位和最低水位，以及观测站每月最高水位分析比较值。

根据以上资料，了解到水位变化后，酒店经营者一定要将酒店建造在安全地带；当酒店度假村建在江岸湖畔时，就一定要建在50年一遇洪水位以上；对于有些温泉度假酒店，设计项目要求更为严格，需在100年一遇的洪水来临时不会造成人员和财产的巨大损失。

再如台风隐患。需向当地气象台站收集当地气象资料，并根据气温、风向来指导酒店的空调设计。尤其对于有台风影响的东南沿海地区，要采取防风灾的措施。这方面有不少沉痛的教训：当强台风登陆时，从门窗缝隙大肆浸水；门下档没有可靠的挡水线，雨水可以直接浸入；双开（尤其是双向）的大玻璃门抵挡不住大风大雨，造成地毯淹水，精装修受损。假如玻璃幕墙和门窗不是由专业单位实施的，没有进行抗风压计算、风载试验和水浸密封试验，那么强风带来的损害会更大。

现如今气候异常现象频发，强暴雨灾害频频发生，雨水管道不堪重负，城市道路变成水路，水漫沿街商店。因此，地下室的防洪排水设备以及下坡道的剖面和截流沟的设计，必须更为周密。

本章小结

1. 酒店在选址投资过程中一般存在区域规划的不确定性、调查数据的不确定性和分析误差的不确定性所带来的影响。

2. 酒店项目在选址、投资决策过程中还存在某些不可抗拒的特殊性问题。比如，新冠肺炎疫情对整个酒店行业的冲击、灾害性环境问题和安全设计问题带来的影响。

思　考

1. 通过实地调研，制定一份酒店地震灾害的应急预案。

2. 如何减少分析误差的不确定性，提高酒店选址决策过程中的科学性？

3. 拟建酒店项目选址设计时需要注意哪些安全问题？

参考文献

曹海霞，唐梦莹．基于顾客需求的文化主题酒店探索性建设研究 [J]. 科技经济导刊，2020（22）：10-11.

陈曦．在线旅游企业价值评估研究 [D]. 北京：首都经济贸易大学，2019.

程玉芳，崔小年，闫紫燕．运用 AHP 法分析新建酒店选址 [J]. 现代企业教育，2011（23）：237-238.

储辙．杭州市精品酒店微观选址质量评价 [D]. 杭州：浙江工业大学，2019.

戴斌，束菊萍．经济型饭店——国际经验与中国的实践 [M]. 北京：旅游教育出版社，2007.

段永峰，罗海霞．熵权法在经济型酒店选址中的应用——以呼和浩特市为例 [J]. 内蒙古科技与经济，2013（20）：18-19，21.

范力心．应用收益还原法评估酒店用地的重难点分析 [J]. 城市地理，2017（6）：27.

郭美君．基于收益还原法的 G 酒店价值评估 [J]. 现代商业，2020（35）：9-11.

黄一庭．快捷酒店选址研究 [D]. 昆明：云南大学，2019.

李秉坤，杨璐．酒店业价值评估问题思考 [J]. 经济研究导刊，2019（2）：34-36.

李建合．JYH 酒店项目投资影响要素分析与收益管理研究 [D]. 天津：天津大学，2019.

李美婷．东莞星级酒店空间布局及形成机制研究 [J]. 现代城市研究，2014（5）：27-31，77.

李晓莉，李诗洁．酒店收益管理中客房价格策略的分析与应用 [J]. 桂林旅游高等专科学校学报，2005（6）：99-102.

李志龙，谢能仕．经济型酒店微观选址影响因素研究——以长沙市中心城区为例 [J]. 现代商贸工业，2019，40（31）：194-196.

林枝洪．价值链下星级酒店成本控制问题探究 [J]. 纳税，2020，14（29）：189-190.

刘世奇 . 基于环境行为学下的三甲医院周边酒店空间适应性设计研究 [D]. 成都：
　　西南交通大学，2016.

龙茂兴，马丽君 . 中国星级酒店空间分布差异及其影响因素 [J]. 经济论坛，2013
　　（8）：87-92.

卢扬丽，吴庆双，王芳 . 粤港澳大湾区星级酒店空间分布特征 [J]. 安徽师范大学
　　学报（自然科学版），2019（4）：375-380，399.

梅林，韩蕾 . 中国星级酒店空间分布与影响因子分析 [J]. 经济地理，2011（9）：
　　1580-1584.

曲小毅 . 经济型酒店微观选址研究——以北京市朝阳区为例 [J]. 北京第二外国语
　　学院学报，2010，32（11）：68-74.

宋文静 . 上海市高星级酒店时空分布规律及影响机制研究 [D]. 上海：上海师范大
　　学，2016.

唐波，彭永超，王丹妮，等 . 基于空间句法的道路结构特征和星级酒店布局研
　　究——以广州市中心城区为例 [J]. 安徽师范大学学报（自然科学版），2020
　　（4）：379-385.

童昀 . 城市酒店业多尺度时空演化特征及选址适宜性评价 [D]. 西安：西安外国语
　　大学，2017.

王莺莺 . 基于多元视角的饭店品牌价值评估研究 [D]. 开封：河南大学，2015.

王悦 . 基于大数据的旅游城市经济型酒店布局适宜性评价 [D]. 青岛：青岛理工大
　　学，2018.

许一鸣 . 酒店如何利用 IP 价值溢价运营——以"辛巴动物酒店设计方案"为
　　例 [J]. 今日财富，2020（7）：69-70.

薛舒文 . 基于价值链的 KL 温泉酒店成本控制研究 [D]. 沈阳：沈阳工业大学，
　　2020.

杨春瑶 . 如家酒店集团 NASDAQ 市场的价值评估研究 [D]. 银川：宁夏大学，
　　2017.

杨璐 . 实物期权视角下维也纳酒店并购价值评估研究 [D]. 哈尔滨：哈尔滨商业大
　　学，2019.

杨晓东，冯晴 . 海景度假酒店选址与布局初探 [J]. 中外建筑，2019（7）：115-
　　120.

曾国军，刘梅 . 餐厅收益管理的测量指标及其改进：基于富力君悦酒店凯菲厅的

账单分析 [J]. 旅游论坛，2017（1）: 22-33.

查爱苹，徐娜，后智钢 . 经济型酒店微观选址适宜性研究——以上海中心城区锦江之星为例 [J]. 人文地理，2017（1）: 152-160.

查根凤 . 上海市精品酒店微观选址影响因素研究 [D]. 上海：上海师范大学，2017.

张禛，刘国雪，李博成 . 经济型连锁区域及区位酒店选址比较研究 [J]. 经济与社会发展研究，2014（11）: 203.

张中译 . 文旅融合视域下新式旅游目的地美食文化主题酒店 SWOT 分析 [J]. 西部旅游，2020（11）: 40-42.

赵皓月 . 浙江旅游总收入破七千亿 成全省服务业支柱产业 [EB/OL].（2016-02-06）[2021-10-20]. http://zjnews.china.com.cn/yuanchuan/2016-02-05/53446.html.

赵冉，谢霞，王松茂 . 新疆 A 级景区与星级酒店空间分布特征及影响因素研究 [J]. 新疆大学学报（自然科学版），2020（3）: 345-352.

周霞，谢林海 . 基于平衡计分卡的酒店业战略投资价值评估研究 [J]. 河北旅游职业学院学报，2010（1）: 14-18.

Coltman, M. M. *Tourism Marketing*[M]. New York: Van Nostrand Reinhold, 1989.

Godinho, P. P. & Moutinho, L. Hotel location when competitors may react: A game-theoretic gravitational model[J]. *Tourism Management*, 2018, 69: 384-396.

Gray, W. S. & Liguori, S. C. *Hotel and Motel Management and Operations*[M]. 4th ed. Englewood Cliffs: Prentice Hall, 2002.

Hao, L. & Yang, Y. Intra-metropolitan location choice of star-rated and non-rated budget hotels: The role of agglomeration economies[J]. *International Journal of Hospitality Management*, 2016, 59: 72-83.

Lado-Sestayo, R., Otero-González, L., Vivel-Búa M., et al. Impact of location on profitability in the Spanish hotel sector [J]. *Tourism Management*, 2016, 52: 405-415.

Fang, L., Li, H. Y. & Li, M. M. Does hotel location tell a true story? Evidence from geographically weighted regression analysis of hotels in Hong Kong[J]. *Tourism Management*, 2019, 72: 78-91.

Li, Y. R. & Du, T. Assessing the Impact of Location on Hotel Development: An Analysis of Manhattan Hotels, 1822–2012[J]. *Applied Geography*, 2018, 4(1): 1-13.

Masiero, L., Yang, Y. & Qiu, R. T. R. Understanding hotel location preference of customers: Comparing random utility and random regret decision rules[J]. *Tourism Management*, 2019, 73: 83-93.

Medlik, S. Market feasibility approach to hotel location[J]. *Tourism Review*, 1966, 21(4): 141-148.

Oppermann, M., Din, K. H. & Amri, S. Z. Urban hotel location and evolution in a developing country the case of Kuala Lumpur Malaysia[J]. *Tourism Recreation Research*, 1996, 21(1): 55-63.

Shoval, N., McKercher, B. & Ng, E., et al. Hotel location and tourist activity in cities[J]. *Annals of Tourism Research*, 2011, 38(4): 1594-1612.

Silva, F. B., Barranco, R., Proietti, P., et al. A new European regional tourism typology based on hotel location patterns and geographical criteria[J]. *Annals of Tourism Research*, 2021, 89(8): 1-6.

Ussi, M. U. & Wei, J. G. The location determinants for hotel foreign direct investment (FDI) in Zanzibar[J]. *Management and Science*, 2011(8): 105-112.

Valentin, M. & O'Neill, J. W. The value of location for urban hotels[J]. *Cornell Hospitality Quarterly*, 2019, 60(1): 5-24.

Yang, Y., Hao, L., & Law, R. Theoretical, empirical, and operational models in hotel location research[J]. *International Journal of Hospitality Management*, 2014, 36: 209-220.

后 记

　　酒店项目的投资、选址、建设和运营是一个复杂的系统工程。本书旨在抛砖引玉，为酒店项目的选址、投资和价值评估提供一个较为合理、系统的分析思路和技术流程。

　　但是，理论和实践始终会有区别，在具体的酒店投资和项目实践过程中还需要注意以下几个问题。

　　（1）不同等级的酒店项目投资选址的差异性。不同等级的酒店项目对区位的选择要求、在投资金额和收支效益的清单栏目等均有很大差别。因此，在项目实践过程中，酒店经营者要坚持自身特色和原则的把握。

　　（2）不同区域的酒店项目投资选址的差异性。在不同区域，城市经济、社会发展的现状和未来的规划有很大的差别，相关的土地利用政策和酒店管理政策也有较大差别。因此，在项目实践过程中，要坚持因地制宜，主动融入和适应地方经济的发展。

　　（3）不可忽视不确定性因素给酒店选址决策过程带来的影响。决策行为所要考虑的因素是多维度、多层级的，是复杂的，同时也会有诸多不确定性和特殊性的因素（比如相关规划的调整、新冠肺炎疫情对酒店业的冲击）。这些不确定性和特殊性的因素不管是在酒店选址前期论证，还是酒店选址后投入运营的过程中都会产生正面的或者负面的消极影响。因此，有必要在选址决策过程中考虑这些不确定性因素，以期将决策风险降到最低。

　　总之，酒店是一个重资产的产业，需要一次性投入成本，再慢慢获得回报。在选址之前，一定要摸清自己的腰包，判断自己能够承受多少投入，还要做好、做细、做深各项准备工作，做到有备无患，降低投资风险。

丁　镭

2022 年 4 月